ro
ro
ro

Bernstein ist ein von Sagen und Mythen umwobener magischer Stein – begehrt und verklärt bis heute. Als «Tränen der Götter» wird das fossile Harz gern bezeichnet. Dass Bernstein aber einst ein äußerst wichtiges Handelsgut war, zeitweilig wertvoller als Gold, und dass es schon vor Tausenden von Jahren auf Handelswegen quer durch Europa transportiert wurde, zeigen neueste archäologische Funde und Untersuchungsmethoden.

Denn im nördlichen Afrika und in Südeuropa wurde Bernstein gefunden, der von der Ostseeküste stammt. Es muss also uralte Handelswege zwischen Ostsee und Nil gegeben haben, die die Enden der damals bekannten Welt verbanden. Das «Gold der Ostsee» wurde durch Händler zu Fuß, auf Ochsenkarren und auch schon per Pferd transportiert.

Dieses Buch ermöglicht einen neuen, überraschenden Blick darauf, wie das frühe Europa Partner der Hochkulturen in Ägypten, der Ägäis und dem Vorderen Orient wurde. Das Buch beschreibt die Spuren eines florierenden Welthandels in der Bronzezeit und die Geschichte eines magischen Steins, der weitaus mehr war als ein schöner Schmuck: ein Stein für Könige.

Gisela Graichen studierte Publizistik, Rechts- und Staatswissenschaften und ist Diplom-Volkswirtin. Für das ZDF hat die Buch- und Filmautorin unter anderem die erfolgreiche Archäologiereihe «Schliemanns Erben» und die Wissenschaftsserie «Humboldts Erben» entwickelt. Sie lebt in Hamburg.

Alexander Hesse studierte Publizistik, Politikwissenschaften und Betriebswirtschaft. Er ist Geschäftsführer einer TV-Produktionsfirma in Köln. Von 2006 bis 2012 war er Redaktionsleiter für Geschichte und Gesellschaft beim ZDF und zeichnete dort unter anderem für das Sonntagabend-Programm «Terra X» verantwortlich.

Zusammen mit Rolf Hammel-Kiesow veröffentlichten die Autoren bei Rowohlt den Bestseller «Die Deutsche Hanse» (2011).

Gisela Graichen • Alexander Hesse

Die Bernstein-straße

Verborgene Handelswege zwischen Ostsee und Nil

Rowohlt Taschenbuch Verlag

Veröffentlicht im Rowohlt Taschenbuch Verlag,
Reinbek bei Hamburg, November 2013

Lizenz durch: ZDF Enterprises GmbH
Lektorat Uwe Naumann
Umschlaggestaltung ZERO Werbeagentur, München,
nach einem Entwurf von
Anzinger | Wüschner | Rasp, München
(Abbildung: paulbewegt, München)
Karte auf S. 366/367 Peter Palm, Berlin
Satz DTL Documenta PostScript, InDesign,
bei CPI books GmbH, Leck
Druck und Bindung GGP Media GmbH, Pößneck
Printed in Germany
ISBN 978 3 499 63005 7

«Für Eurymachos bracht er ein köstliches Halsgeschmeide,
Golden, mit Bernsteinperlen besetzt und hell wie die Sonne.»
Homer, Odyssee 18, 295–296

«Wer nicht von dreitausend Jahren
sich weiß Rechenschaft zu geben,
bleib im Dunkel unerfahren,
mag von Tag zu Tage leben.»
Johann Wolfgang von Goethe, West-östlicher Divan

Inhalt

Der bronzezeitliche Schatz
vom brandenburgischen Eberswalde
aus 2,6 Kilo purem Gold ➤

EINFÜHRUNG

Goldene Zeiten – die ersten Eliten im Herzen Europas

Seltsames begab sich im frühen Europa. Keine Schriften zeugen davon, doch die Archäologen präsentieren Beweise. Die Bronzezeit im Herzen Europas – grob vor vier- bis dreitausend Jahren – kannte keine Hieroglyphen wie in Ägypten, keine Keilschrift wie im Vorderen Orient. Aber wie in einem Tagebuch der Antike enthüllen Funde und Befunde Unglaubliches. Eine neue Zeit war angebrochen, eine aufregende Zeit. Ein unbekanntes Metall eroberte die Welt, leichter zu schmieden und doch widerstandsfähiger und härter als alles, was die Menschen bisher gesehen hatten: Bronze.

Die Legierung aus Kupfer und Zinn, meistens 90 % zu 10 %, gab einer ganzen Epoche zwischen Stein- und Eisenzeit ihren Namen. Das Wundermetall war geschmeidig, hart, recycelbar. Der Trojanische Krieg wurde mit Bronzeschwertern geführt, Fürsten und Pharaonen ließen sich mit Gold und Bronzen begraben als Ausstattung für das Jenseits. Die Welt gierte nach dem neuen Werkstoff wie wir heute nach Erdöl. Auch der im Vergleich zum Mittelmeerraum arme und menschenleere Norden wollte nicht länger mit Klingen aus Flintstein hantieren. Doch hier setzte sich die Bronzezeit erst mit fast tausendjähriger Verspätung durch. Zum einen mussten Wissen und Technologie erst einmal nördlich der Alpen ankommen, zum anderen: womit sollte das rohstoffarme Mittel- und Nordeuropa das Zinn bezahlen, das von weit her importiert werden musste? Was man zum Tausch anzubieten hatte, waren Felle und Salz, vielleicht ein paar blonde Sklavinnen, wie tausend Jahre später die Germanen.

Und doch entdeckten und entdecken die Archäologen in noch heute nicht vor Reichtum strotzenden Gegenden Brandenburgs, Niedersachsens oder Sachsen-Anhalts und Mecklenburg-Vorpommerns unermesslich reiche bronzezeitliche Schätze.

Was war geschehen in unserem Land vor unserer Zeit? Woher kam dieser plötzliche Reichtum?

Die Schatzkammer des Archäologischen Museums in Schleswig glänzt voller Gold aus dieser Epoche, goldene Schüsseln, Teller, Tassen – was boten die Bauern von Marsch und Geest dagegen? Mykenische Bronzegefäße wurden in Niedersachsen und Schleswig-Holstein gefunden – wie kamen sie von der Ägäis dorthin über Tausende von Kilometern? In Neustrelitz entdeckte man in einem reichen Hortfund Perlen aus ägyptischem Glas – die ägyptische Hochkultur vor dreieinhalbtausend Jahren in Kontakt mit Mecklenburg-Vorpommern? In Nebra wurde vor 3600 Jahren die berühmte Bronzescheibe deponiert mit der ersten konkreten Himmelsdarstellung in der Geschichte der Menschheit – wie kam dieser Wissensquantensprung ausgerechnet nach Sachsen-Anhalt?

Und dann der Schatz von Eberswalde. Die entsprechende Sage aus dem Brandenburgischen war schon 1868 von Johann Georg Theodor Grässle im *Sagenbuch des Preußischen Staates* aufgezeichnet worden. Der arme Sattler, der im noch ärmeren Eberswalde nordöstlich von Berlin auf einen versunkenen Goldschatz stieß, war leider so unvorsichtig, dabei zu sprechen. Der Schatz versank wieder. Die Überlieferung endet: «So blieb jener Schatz für alle Zeit ungehoben.» Aber nur bis zum 13. März 1913. Da bewahrheitete sich die alte Sage. Bei Ausschachtungsarbeiten auf dem Gelände eines Messingwerks stießen die Arbeiter auf den größten vorgeschichtlichen Goldfund Deutschlands. Er beträgt satte 2,6 Kilo pures Gold. Nach Kriegsende 1945 verschwand der Schatz von Eberswalde aus dem 10. Jahrhundert v. Chr. zusam-

Die Himmelsscheibe von Nebra – gefunden am Knotenpunkt bronzezeitlicher Handelswege

men mit Schliemanns trojanischem «Schatz des Priamos» noch einmal spurlos, bis er vor wenigen Jahren im Moskauer Puschkin-Museum in einem Geheimdepot ausfindig gemacht wurde.

Doch der «bedeutendste mitteleuropäische Bronzezeitfund» hat hundert Jahre nach seiner sensationellen Entdeckung Konkurrenz in Niedersachsen bekommen: Am 4. April 2011 stieß Grabungstechniker Jan Stammler mit seinem Metalldetektor südlich von Bremen in einem Acker bei Syke-Gessel auf einen bronzezeitlichen Goldschatz. Sein Gewicht beträgt zwar «nur» 1,8 Kilogramm, doch die 117 Schmuckstücke sind von einmaliger Qualität. Im 14. Jahrhundert v. Chr. waren sie in 60 Zentimeter Tiefe sorgfältig in einem mit Bronzenadeln verschlossenen Leinenbeutel im Erdreich deponiert worden.

Goldene Zeiten in der geheimnisvollsten aller Vergangenheiten, der sagenumwobenen Bronzezeit, einer der glanzvollsten Epochen der Vorgeschichte. Auch die in jener Zeit errichteten mächtigen Fürstengräber mit üppigen Grabbeigaben, deren gewaltige Hügel noch heute unsere mitteldeutsche Landschaft prägen, zeugen von einer neuen gesellschaftlichen Hierarchie, von Autoritäten, die diese gigantischen Arbeitsleistungen organisiert haben müssen. Häuptlinge, Fürsten, Priester? Eine erste Elite entstand nördlich der Alpen, die zu Macht und Reichtum gekommen war und die weitreichende Handelskontakte pflegte. Mitteleuropa und die Welt wuchsen zusammen.

Was war der Antrieb dieser Entwicklung in Alteuropa? Claus von Carnap-Bornheim, Landesarchäologe von Schleswig-Holstein, weist in der Museumsschatzkammer auf einen unscheinbaren gelblichen Stein: «Das sind diese kleinen Stücke, die der Motor der Entwicklung sind.»

Bernstein! Im Hochsicherheitstrakt des Schleswiger Landesmuseums Schloss Gottorf liegen die «kleinen Stücke» gleichberechtigt geschützt neben den Goldschätzen, gleich wertvoll. Wurde der mühelos an unseren Küsten gesammelte Bernstein etwa in der Bronzezeit mit Gold aufgewogen? Kann das sein? Und dann noch Tausende von Kilometern entfernt, an den Gestaden des Mittelmeers und am Nil?

Die Indizienkette gleicht einem Krimi. Manfred Moosauer, Hausarzt in München und Hobbyarchäologe, lieferte ein gewichtiges Puzzleteil. Wie einst Heinrich Schliemann in Sachen Troja glaubte er an den historischen Wahrheitsgehalt eines alten Textes. Die im 19. Jahrhundert in Bayern aufgezeichnete Überlieferung besagt: «Es geht eine Sage, dass zwischen Tünzhausen, Bernstorf und Kranzberg eine versunkene Stadt liegt.» Jahrelang hatte Moosauer systematisch danach gesucht, im Jahr 2000 war es so weit. Unweit von Freising, hoch über dem Ampertal, stieß er in Bernstorf auf beispiellose Schätze. Die unermesslich reiche Stadt gab es vor dreieinhalbtausend Jahren tatsächlich. Die eiligst verständigten Archäologen haben seitdem die Überreste einer gewaltigen Befestigung ausgegraben mit einer fast zwei Kilometer langen, etwa 4,50 Meter hohen Stadtmauer. Was sollte sie schützen? Der Wert der Schätze ist enorm, die Besiedlung war eher gering. Und wieso konnte sich die Erinnerung an die versunkene Stadt so lange im Gedächtnis der Bevölkerung erhalten?

Das Rätsel von Bernstorf ist noch lange nicht gelöst, die Wissenschaftler arbeiten auf Deutschlands wohl spannendster aktueller Grabung unter Hochdruck daran. Doch so viel steht fest: Moosauers sensationelle Funde weisen eindeutig bronzezeitliche Handelsbeziehungen mit den Hochkulturen im Mittelmeerraum nach. Und gleichzeitig belegen sie Kontakte mit dem Ostseeraum. Hier in Bayern lag eine Drehscheibe des Fernhandels mit den Luxusgütern Gold und Bernstein. Unter anderem entdeckte Moosauer das älteste Krondiadem Mitteleuropas aus purem Gold. Es erinnert deutlich an die von Schliemann ausgegrabenen Dia-

Das geheimnisvolle Bernsteingesicht aus dem bayerischen Bernstorf. Ist die Ähnlichkeit mit der mykenischen «Agamemnon»-Maske Zufall?

deme der «Königsgräber» im griechischen Mykene. Und die Goldanalysen zeigen exakt die gleiche Zusammensetzung wie der in München restaurierte, etwa zeitgleiche Echnaton-Sarg, ein Hinweis, dass das Gold aus Ägypten stammt. Ein weiteres Indiz: Organische Reste auf dem Krondiadem wurden als Weihrauch bestimmt – eine Pflanze, die in Bayern eher selten vorkommt...

Damit nicht genug der Sensationen: Neben dreißig unbearbeiteten Bernsteinstücken legte der Hobbyarchäologe zwei gravierte Bernsteine frei – sorgfältig in Tonhüllen eingebettet und vergraben. Das eingeritzte, geheimnisvoll lächelnde Bernsteingesicht ähnelt verblüffend der sogenannten «Goldmaske des Agamemnon, des Siegers von Troja», aus den mykenischen Schachtgräbern. Und das Siegel wiederum trägt die im Bayerischen kaum zu erwartende mykenische Linear-B-Schrift.

Für unsere Dreharbeiten zur Fernsehdokumentation «Die Bernsteinstraße» ließen wir die beiden originalen gravierten Bernsteinstücke aus Bernstorf in einem Essener Labor untersuchen. Das Hightech-Verfahren zur Herkunftsbestimmung des Rohbernsteins ergab sowohl beim Gesicht als auch beim Siegel eindeutig: Es handelt sich um baltischen Bernstein. Mit derselben Methode wurden in Mykene gefundene Bernsteinketten geprüft: Auch deren Rohstoff stammt von der Ostseeküste.

Das Harz aus dem vor rund 50 Millionen Jahren versunkenen Bernsteinwald an der baltischen Samlandküste erreichte in der Bronzezeit die Hochkulturen des Mittelmeerraums, die bereit waren, es mit Gold aufzuwiegen. Auch wenn der «baltische Bernstein» durch Verlagerung bis an den Küsten der Nordseeinseln und Englands gefunden wird, der größte Teil kam und kommt von der Bernsteinküste des ehemaligen Ostpreußens. Doch wie gelangte er in die Königsgräber von Mykene, in das Grab des Pharaos Tutanchamun und in das Fürstengrab von Qatna im heutigen Syrien, wie neue Untersuchungen beweisen? Was reizte die Mächtigen an dem Baumharz von der Ostsee – Männer wie Frauen? Die Ket-

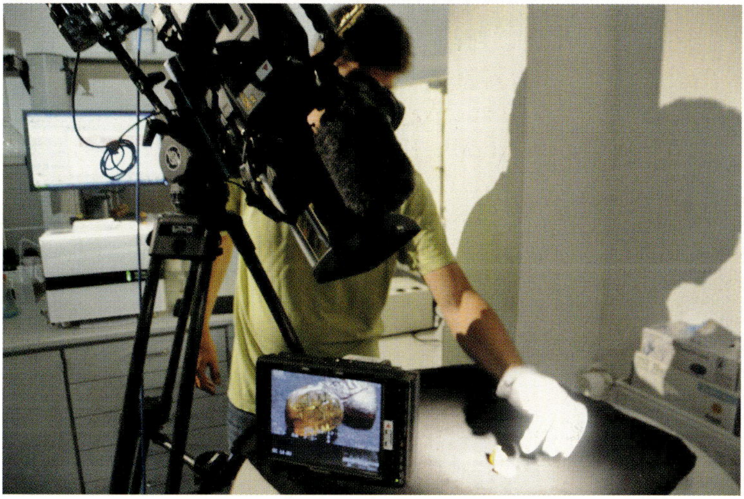

Dreharbeiten im Essener Büchi-Labor. Zum ersten Mal kann die Herkunft von Bernstein zerstörungsfrei festgestellt werden: Es ist baltischer Bernstein!

te auf Nofretetes berühmter Büste sieht genau so aus wie eine in Ingolstadt gefundene große Bernsteinkette aus dieser Zeit. Sogar der gleiche Verschluss hinten am Hals der schönen Pharaonin ist noch deutlich zu erkennen. Der Ingolstädter Bernstein stammt, wir ahnen es inzwischen: von der Ostsee.

Es muss uralte Handelswege zwischen Ostsee und Nil gegeben haben, die die Enden der damals bekannten Welt verbanden. Quer durch Deutschland, durch Wälder und Moore, dann weiter über das Bollwerk der Alpen gab es ein weitgespanntes Austauschsystem. Das setzte vor dreieinhalbtausend Jahren eine straff organisierte Logistik und ein ausgebautes Kommunikationsnetz voraus. Heute würden wir von einer ersten Globalisierung im Herzen Europas sprechen. Das Gold der Ostsee wurde durch Händler zu Fuß, auf Ochsenkarren und auch schon per Pferd transportiert.

Wer organisierte den Warenaustausch – und wer verdiente

daran? Die Handelsrouten mussten vor Überfällen geschützt, Nahrung und Transportmittel bereitgestellt werden. An den Fernstraßen lassen sich Reste von Burgen archäologisch ausmachen. Mussten die Bronze- und Bernsteinhändler (gab es auch Händlerinnen?) Wegegeld bezahlen? Gab es Raubritter schon in der Bronzezeit? An einer Furt im Flusstal der Tollense südlich von Greifswald, einem Wasserweg über die Peene direkt zur Ostsee, wurden kürzlich spektakuläre Funde gemacht: Hinweise auf eine große Schlacht vor 3200 Jahren mit bisher freigelegten Hunderten von Leichen in einer damals äußerst dünn besiedelten Gegend. Während der Krieg um Troja tobte, «fassen wir hier die Anfänge des Krieges in dieser Dimension in Mitteleuropa», sagt Grabungsleiter Thomas Terberger und hofft auf weitere Aufschlüsse durch die hochspannenden Ausgrabungen der nächsten Jahre.

Handel macht reich. Die ersten Elitengräber im Herzen Europas zeugen davon – und auch die kiloweisen Goldfunde von Gessel bis Eberswalde. Ganz selten finden wir noch Spuren der alten Wege, wie in Thüringen, auf denen Krieger, Künstler, Händler wanderten. Deutlichere Hinweise für den Verlauf der Straßen, auf denen Gold, Kupfer und Zinn, Bronzen und Bernstein transportiert wurden, gibt die Karte der entdeckten Depots aus dieser Zeit. Waren die sorgfältig der Erde überlassenen Horte Verstecke der Händler oder Weihegaben an die allmächtigen Götter, die es günstig zu stimmen galt?

Auch wenn noch in historischer Zeit Bernstein ein heißbegehrter Stoff war, wie das Bernsteinzimmer der russischen Zaren beweist, für die Bronzezeit gehen die Wissenschaftler von einer kultischen Bedeutung aus. Es muss für die Alten ein magischer Stein gewesen sein. Ein Stein, der brennt wie Holz, der schwimmt und nicht versinkt, der elektrische Kräfte hat – das altgriechische Wort für Bernstein ist elektron – und der sogar Leben bannt: im Harz eingeschlossene kleine Tierchen, bei denen so mancher heute an *Jurassic Park* und eine Wiederbelebung nach Millionen von Jahren denkt.

Die physikalischen Eigenschaften dieses Baumharzes waren für die Mächtigen der Bronzezeit natürlich unerklärlich, es konnte nur ein Stein der Götter sein. Und den ließ man sich etwas kosten in den Palästen am Mittelmeer. Sogar eine ägyptische Hieroglyphe ist für den Begriff Bernstein identifiziert worden: Skr. In der griechischen Mythologie hieß er «Tränen der Götter», wie Ovid berichtet.

Wie die von den sturmumtosten Gestaden des 4000 Kilometer Wegstrecke entfernten Nebellandes in die Pharaonengräber am Nil gekommen sein können und welche Umwälzungen der erste globale Handel in der Mitte Europas auslöste, davon handelt dieses Buch: wie die weite Welt im Herzen Europas zusammenwuchs auf längst versunkenen Wegen, auf denen nicht nur Waren, sondern auch Wissen, Technologien, Kulte und Religionen transportiert wurden. Und wie das frühe Europa Partner der Hochkulturen in Ägypten, der Ägäis und dem Vorderen Orient wurde. Auf der Spur eines florierenden Welthandels in der Bronzezeit und eines magischen Steins, der weitaus mehr war als schöner Schmuck: die Tränen der Götter. Ein Stein für Könige.

Bronzezeitliche Unterweltsgötter im Felsheiligtum bei Hattuscha – dem heutigen türkischen Boğazkale –, der alten Hauptstadt der Hethiter

KAPITEL 1

Die Bronzezeit – eine weite Welt

Waren die Deutschen Kannibalen? Die Antwort war so heikel und unter den Gelehrten Europas heftig umstritten, dass unter Mitwirkung des bekannten Berliner Arztes und Altertumsforschers Rudolf Virchow 1880 eine Tagung zur Klärung des skandalösen Problems einberufen wurde. Die Frage eines vorgeschichtlichen Kannibalismus bewegte die Gemüter vor allem deutscher Wissenschaftler seit Jahrhunderten. Auf dem Internationalen Kongress für Prähistorische Anthropologie und Archäologie in Lissabon sollte sie nun in einem Symposium geklärt werden. Doch die vorgelegten Beweise überzeugten nicht, die Gelehrten ereiferten sich weiter, eine einhellige Meinung über Menschenfresserei war nicht zu erzielen. Also schritt man zur Abstimmung. Bei drei Enthaltungen stimmten zwei Koryphäen dafür, zwei dagegen.

Was war geschehen, dass vorgeschichtlicher Kannibalismus in Deutschland wieder auf die Tagesordnung kam? Hatte doch Gottfried Schützen schon gut hundert Jahre zuvor 1773 seinen «Beweiß, daß die alten Deutschen keine Cannibalen gewesen sind» vorgelegt.

Welche Funde brachten Virchow zu der erstaunten Diagnose einer «Neuigkeit ersten Ranges», dass Anthropophagie (griech. anthropos = der Mensch und phagein = essen) nicht nur in der Steinzeit, sondern auch in der Bronzezeit, einer «Periode schon vorgerückter Cultur», üblich gewesen sei? In dieser dramatisch neuen, goldglänzenden Zeit, die die Menschheitsgeschichte doch strahlend aus dem steinzeitlichen Dunkel befreit hatte. In der wie durch Zauberei jene wundersame Stoffumwandlung gelang, das

Mischen von unansehnlichen Gesteinsbrocken in leuchtendes, hartes, leicht zu bearbeitendes Metall. Die erste europäische Zivilisation mit einem Beziehungsnetz von der Ostsee bis an den Nil. Diese Phase zwischen Jungsteinzeit und Germanen, in der ein Quantensprung der Entwicklung vollbracht wurde: die Beherrschung des Steins durch Feuer. Bis nach spannenden, folgenreichen, bewegten anderthalb Jahrtausenden mit der Entdeckung des Eisens eine neue Epoche begann.

Virchow hatte nicht nur schon zehn Jahre zuvor die Deutsche Gesellschaft für Anthropologie, Ethnologie und Urgeschichte gegründet, der Universalgelehrte hatte sich auch zu diversen Grabungen in sogenannten Opferhöhlen aufgemacht und selber zur Schaufel gegriffen. Das strikte Gebot der heutigen Archäologie, Funde an ihrem Platz zu belassen, um die Umgebung, die Befunde analysieren zu können, galt damals noch nicht. In Raubgräbermanier sammelte er ein, was ihm unter die Hacke kam. Das Ergebnis ist noch heute in Berlin zu «bewundern»: Von den über 5000 menschlichen Skeletten und Schädeln, die er wortwörtlich einsackte, haben sich in der medizinhistorischen Sammlung der Charité und in einem ehemaligen Bunker in Berlin mehr als 3000 erhalten. Doch soll hier keineswegs «Virchow-Bashing» betrieben werden. Er hat enorm viel für den Stellenwert der neuen Wissenschaft Archäologie getan, auch für ihre interdisziplinäre Verknüpfung, und nicht zuletzt war er es, der seinen Freund Heinrich Schliemann dazu brachte, seine Troja-Sammlung dem Berliner Museum für Vor- und Frühgeschichte zu vermachen. Die «Grabungen» Mitte des 19. Jahrhunderts waren eben überwiegend Schatzsucherei, bei der Funde mitgenommen und vorzugsweise in der heimischen Vitrine ausgestellt wurden. Oft dauerten sie auch nur zwei Tage wie Virchows Untersuchungen der westfälischen Balver Höhle oder gerne auch nur einen Sonntagvormittag. Denn noch aus dem vorigen Jahrhundert ist uns ein «Grabungsbericht» von einem Professor Eiermann aus Säckingen erhalten, der auf dem Röthekopf am 28. November 1920 «an einem Sonntage, vormittags zwischen halb 11 und 11 Uhr, bei leichtem Regenfalle» Teile eines menschlichen Schädels freilegte, den er bei nun stärker einsetzendem Regen «sorgfältig» mit einem «Kratzstein» loslöste. Leider zerbrach dabei das Schädeldach in drei Teile und «ging weiterhin die noch ziemlich gut erhaltene Augenhöhle verloren». Doch der Professor ließ sich nicht verdrießen, die Reste wurden im Rucksack heimbefördert.

Wir mögen das heute belustigend finden. Ist es aber nicht. Anders als in den Hochkulturen des Mittelmeerraums ist die Bronzezeit in Mittel- und Nordeuropa schriftlos. Die Nachrichten aus der Vergangenheit, unserer Vergangenheit, liefern uns nur die archäologischen Entdeckungen und deren interdisziplinäre Erforschung.

Vereinbarungsgemäß beginnt die Geschichte der Menschheit mit Schriftzeugnissen. Deswegen heißt es davor: «Vor»geschichte. «Früh»geschichte bedeutet, dass einige schriftliche Überlieferungen erhalten sind, etwa zur germanischen Zeit die der römischen Autoren wie die *Germania* des Tacitus oder Caesars *De Bello Gallico*. Ehe Germanien dann wieder bis zu Karl dem Großen für 700 Jahre im schriftlosen Nebel versinkt.

Denn wie lebten, feierten, starben unsere Vorfahren, die namenlosen Stämme vor den Germanen und Kelten, während zeitgleich etwa 1760 v. Chr. in Babylon König Hammurapi eine Gesetzessammlung von 281 Paragraphen auf einer zwei Meter hohen Steinstele festhält, in dieser seltsamen Keilschrift, die aussieht, als sei ein Vogel über nassen Lehm spaziert? Was passierte in unserem Land lange vor unserer Zeit, während Pharao Thutmosis III. sein Kriegstagebuch über den siegreichen Palästinafeldzug im Amuntempel von Karnak detailliert in Stein meißeln lässt? Sogar in wörtlicher Rede ist uns erhalten, wie er die an seinem Schlachtplan zweifelnden Generäle vor Megiddo am 13. Mai 1457 v. Chr. zur Ordnung ruft. Was war los im Herzen Europas, während weiter im Süden Ramses II. seine Niederlage in der Schlacht von Kadesch im Mai 1274 v. Chr. auf gewaltigen Reliefs im Toten-Tempel von Luxor nett verbrämt darstellt? Angeblich besiegte er im Alleingang die Hethiter und rettete doch mit knapper Not sein Leben. Geschönte Eigenpropaganda, skrupellose Geschichtsfälschung und politische Desinformation gab es eben schon in der Bronzezeit.

Wie beteten unsere Ahnen ihre Götter an, wie residierten unsere Priester und Fürsten – gab es sie überhaupt? –, wie kommunizierten sie, während der große Ramses Briefe mit seiner Schwiegermutter wechselt, der Frau des hethitischen Großkönigs Hattuschili III., und – ein Meilenstein der Geschichte – ein Friedensvertrag der beiden mächtigen Herrscher geschlossen wird? 1259 v. Chr. wurde er in einem genau paragraphierten Text besiegelt, gleich mehrsprachig in ägyptischen Hieroglyphen und in der akkadischen Keilschrift der Diplomatie: der älteste erhaltene Friedensvertrag der Welt. Er wurde nie gebrochen. Eine meterhohe Abschrift befindet sich im UNO-Hauptquartier in New York gleich in der Eingangshalle.

Das Bergvolk aus Anatolien gleichrangig mit der Großmacht am Nil? Ein Angstgegner der Pharaonen? Doch vor 3300 Jahren besaßen die Hethiter etwas, wovon die anderen Staaten nur träumten, wie die erhaltenen Bettelbriefe der benachbarten Könige beweisen: Eisen. Das elastischere, härtere und wegen seiner weiten Verfügbarkeit preiswertere Metall, das auf Bronze folgen sollte. Nur Tutanchamun hatte mit seinen Bitten offenbar Erfolg: Im Grab des Pharaos fand sich ein eiserner Dolch. Zusammen mit einem Käfer aus Bernstein. Erst etwa ein halbes Jahrtausend später um 800 v. Chr. kam das Metall auch in Nordeuropa an und läutete die Epoche der Eisenzeit ein. Die Hethiter beherrschten als Einzige die neue Technologie; ihre Waffen machten sie unbesiegbar. Der hethitische Großkönig saß auf einem eisernen Thron. Was war dagegen schon eine Maske aus Gold wie die des Tutanchamun?

Dies alles wissen wir durch schriftliche Aufzeichnungen. Und es ging nicht nur um praktische Dinge, um Liefermengen, Zahlen, Handelsverträge, sondern bereits um die «schönen» Künste. In dem von deutschen Archäologen freigelegten Tontafelarchiv im Palast von Hattuscha, der Hauptstadt der Hethiter, fand sich auch ein Text, der uns heute noch anrührt, die sogenannten Pestgebete nach einer langanhaltenden Seuche. Ein wunderbares, sensibles Stück bronzezeitlicher Literatur. Es zeugt von der Reflexion des Menschen über seine Umwelt, die Götter, sich selbst. Da ist die Rede von Schuld und Sühne, Gnade und Vergebung:

Ihr Götter, es ist so: Man sündigt.
Und auch mein Vater sündigte.
Ich aber habe in nichts gesündigt.
Es ist so: Die Sünde des Vaters kommt über den Sohn.
Aus dem Herzen die Pein verjaget mir,
aus der Seele aber die Angst nehmet mir.

Schuld zieht Schuld nach sich. Als Beginn aller Literatur werden die Pestgebete des Großkönigs Murschili angesehen. Auch das gehört zur Bronzezeit. Und während zeitgleich die minoischen und mykenischen Fürsten zwischen Kreta und dem griechischen Festland Post in der Linear-B-Schrift austauschen, der Trojanische Krieg tobt und Odysseus umherirrt, haben unsere bronzezeitlichen Ahnen nichts an schriftlichen Botschaften verfasst, die uns Auskunft geben könnten. Keine Gesetze und Verwaltungsakte, keine Bettelbriefe und Handelsverträge, keine Kriegstagebücher und Eheversprechen, keine Kultanweisungen oder Gebete sind uns in Worten überliefert. Auch keine ärztlichen Rezepte mit den Wirkungen von Heilpflanzen wie im altägyptischen Papyrus Ebers aus dem 16. Jahrhundert v. Chr., einer 20 Meter langen

Keilschrifttafel aus dem Palastarchiv in Hattuscha

Schriftrolle, in dem schon Mittel zur Empfängnisverhütung beschrieben werden, gegen die klinische Depression und die Staublunge von Steinmetzen. Das alte Medizinbuch liegt heute in der Universitätsbibliothek Leipzig, gekauft 1872 mit Geldern des Königs von Sachsen. Verlorenes Wissen wird uns von den Hochkulturen vielfach überliefert, das wir erst wieder neu entdecken müssen. Wie zum Beispiel die Einsatzmöglichkeiten des Rizinusstrauchs: Wir kennen nur die abführende Wirkung seines Saftes. Die alten Ägypter wussten noch um die Heilkraft seiner Blätter bei frischen Hautwunden und dass ein bis zwei Samenkörner genügen, um einen Menschen zu töten. Übrigens: Rizinussträucher wachsen noch heute wild in alten Gärten am Ufer des Nils oder auch am Rande von Kanälen mitten in Kairo.

Solche Dokumente und Sammlungen sind in Mittel- und Nordeuropa nicht erhalten, weil es sie schlichtweg nicht gab. Träumen wir einmal, in einer Höhle im Harz, einem Großsteingrab bei Kiel oder einem Felsspalt im Alpenvorland stießen wir auf ein Archiv mit herrschaftlichen Befehlen, Wirtschaftskontrakten, privaten Briefen, Ritualanweisungen und den Namen der Götter. Welchen unermesslichen Reichtum besäßen wir, um unser Weltbild zu ergänzen!

Trotzdem wissen wir sehr viel vom Leben, Opfern, Sterben in der geheimnisvollsten aller Zeiten zwischen Alpen und Ostsee. Wie in einer Zeitkapsel sind die Spuren in Böden, Mooren und Meeren erhalten, die es zu entschlüsseln gilt. Das ist ein mühsames Unterfangen, schwieriger als altbabylonisches Akkadisch oder ägyptisches Hieratisch zu lesen, das können die Experten inzwischen wie unsereins die Morgenzeitung. Vor allem: Es ist immer eine Frage der Interpretation der Funde und Befunde. Auch wenn es nicht gleich um «Cannibalismus der alten Deutschen» geht. Stellen Sie sich vor, eine dieser neu entwickelten Vernichtungswaffen würde morgen alle unsere Bücher, Schriften, Bilder, Fotografien, Filme, E-Mails zerstören und unsere Zivilisation auslöschen. In dreitausend Jahren hat die Menschheit sich so weit erholt, dass man sich für die versunkenen Kulturen interessiert. Für unsere Kultur. In meterhohem Schutt fängt man an zu graben. Und entdeckt Seltsames: überall Grundrisse von Gebäuden in Kreuzform, ost-westlich orientiert. In den mysteriösen Bauten werden keine Siedlungsspuren freigelegt, auch keine Feuerstellen. Häufig liegen in diesen Anlagen und um sie herum Gräber. Eine profane Nutzung ist also auszuschließen. Gefäße weisen auf Speise- und Trankopfer, die hier über- oder unterirdischen Mächten dargebracht wurden. Es müssen sehr grausame Götter gewesen sein, denen man opferte: Reste von Holzkreuzen haben sich erhalten, an die ein Mensch genagelt ist. Bei anderen ist die Brust aufgeschlitzt und stecken Pfeile im Körper. Der Befund ist klar: Zweifellos wurden in diesen Gebäuden barbarische Menschenopferkulte gefeiert.

Die Gelehrten im fünften Jahrtausend müssten so über ein schriftloses Christentum und seine dinglichen Zeugnisse, die Kirchen, urteilen. Vor ebendiesen Interpretationsfragen stan-

Die mächtige Stadtmauer von Hattuscha. Warum die Hethiter ihre Hauptstadt um 1200 v. Chr. besenrein verließen, ist bis heute ein Rätsel.

den die Wissenschaftler 1880. Und stehen sie noch heute trotz oder gerade wegen aller naturwissenschaftlichen Hilfsmittel. Die aktuelle Fehde der Experten geht um die Einschätzung der Tausenden von Hortfunden in der Bronzezeit. Metalle und Bernstein von unermesslichem Wert wurden deponiert: Gaben an die Götter, wie die Mehrzahl der Forscher glaubt, oder doch profane Verstecke der Händler und Mächtigen in kriegerischen Perioden? Aber warum dann die auffällige Häufung in prosperierenden friedlichen Zeiten? Ergibt das einen Sinn? Deswegen kommt es bei einer archäologischen Entdeckung auf jedes kleine Indiz an. Deswegen müssen die Funde am Ort bleiben und unverzüglich den Fachämtern oder der nächsten Polizeidienststelle gemeldet werden. Deswegen ist es bei Strafe verboten, unbefugt in der Erde zu buddeln. Deswegen werden Schatzsucher und «Hobbyarchäologen» verfolgt und verurteilt – bei Wiederholung auch mit Gefängnis –, weil sie uns unserer Geschichte berauben, die sie für immer zerstören. Denn Funde aus dem Zusammenhang gerissen sind wertlos, sagen nichts mehr aus über die Umstände – verloren, vergraben, deponiert? Wie und wann? Mit welchen Beigaben? Auf einem Schlachtfeld, einem Heiligtum, in einer Siedlung? All diese Auskünfte sind unwiederbringlich verloren oder werden mühevoll rekonstruiert wie bei der Himmelsscheibe von Nebra, die von Raubgräbern auf der Suche nach Militaria mit einem Metalldetektor entdeckt und beim Ausbuddeln beschädigt wurde.

Menschenopfer in der Leichenhöhle

Die Sachlage im Fall bronzezeitlicher Kannibalismus war in der Tat schwierig. Bis heute wird vehement über die Bewertung von menschlichen Überresten in diversen Höhlen, Klüften und Schächten gestritten und damit über Religion und Kult in der Bronzezeit. Sakrales und Profanes war eine Einheit und bestimmte das Leben und den Tod der Menschen. Als Rudolf Virchow 1870 in der Balver Höhle im südlichen Westfalen grub, war hier im Hönnetal wie in anderen deutschen Mittelgebirgen die Entdeckung von aufgespaltenen Menschenknochen bekannt. Die Kriterien hören sich einfach an: Wenn am Schädel und an den Röhrenknochen künstliche Schnittspuren zu erkennen sind, also Spuren, die nicht von Bärentatzen oder anderen Tieren stammen konnten, wird von einem rituellen Kannibalismus ausgegangen, in dem das wohlschmeckende und kräftigende Mark entnommen wurde – denken wir an die Markklößchen in unseren Suppen. Die Öffnung des Schädeldachs diente zur Gehirnentnahme. Wenn dann noch Schmorspuren an den Knochen festgestellt werden, glaubt man an eine kultische Mahlzeit mit geröstetem Fleisch. Weitere Merkmale zur Bestimmung urgeschichtlicher Opferhöhlen sind ein versteckter enger Eingang, keine Siedlungsspuren, keine Bestattungen, also keine im Ganzen erhaltenen Skelette, und Altarplatten mit Deponierungen wie in der Rothesteinhöhle im niedersächsischen Ith. Der Archäologe Hartmut Polenz vom Westfälischen Amt für Bodendenkmalpflege hat nicht weniger als 25 Höhlen in Südwestfalen als Kulthöhlen identifiziert, in denen es zu religiös motivierten Deponierungen kam. Die Gaben an die allmächtigen Götter reichten von einfachen Getreidekörnern bis zu wertvollen Metall- und Bernsteinhorten, wie wir später sehen werden. War die Not besonders groß, opferte man die höchste der Gaben: einen Menschen.

Wobei es jetzt wieder schwierig wird: Menschenopferungen an ein höheres Wesen sind nicht umstritten. Aber kannibalistische Mahlzeiten, wie wir sie aus der Völkerkunde kennen? 14 Kilometer nördlich der Balver Höhle, in der inzwischen Rockkonzerte stattfinden, fand man in der Karhofhöhle an den Feuerstellen zerstückelte Menschenknochen, niemals zu einem Skelett vereinigt, zusammen mit Topfscherben. In der Leichenhöhle bei Eisborn im Sauerland – sie heißt tatsächlich bis heute so, welche uralten Erinnerungen haben sich hier erhalten? – wurden Reste von Opfermahlzeiten noch aus der frühen Eisenzeit ausgegraben: an der Herdstelle mit Holzkohle fanden sich neben Bronzeohrringen mit Bernsteinperlen Kochtöpfe, menschliche Oberschenkel, Teile von genau zwölf Schädeln, bearbeitete Menschenknochen und 400 menschliche Zähne. Diese Ansammlung von Zähnen kennen wir auch von anderen Kultstätten, eine Erklärung ist bisher nicht geliefert.

Von der Steinzeit über die Bronzezeit bis in die Eisenzeit gibt es in unseren Landen Hinweise auf kultische Anthropophagie, die engste Kommunikation mit den jeweiligen Göttern. Seit der neolithischen Revolution, der Sesshaftwerdung der Menschen, die jetzt Ackerbauern und Tierzüchter sind, hat sich auch ihre Geschäftsgrundlage zu den höheren Wesen geändert und drückt sich in ihrer Religion aus: mit dem Begreifen von Zusammenhängen in der Natur, wie Aussaat und Ernte, sah sich der Mensch den Naturgewalten ausgeliefert und stieg der Wunsch, selber einzuwirken – und sei es über die Götter direkt. Man ist selbstbewusster und gleichzeitig abhängiger als noch die Jäger und Sammler, die eben bei Klimaveränderungen mit den Tierherden wanderten. Das Opfer, das Geschenk, wirkt im magischen Sinn. Indem es eine Kraft in Bewegung setzt, die den Beschenkten, die jeweils zuständige Gottheit, beeinflusst. Die galt es gnädig zu stimmen, wie zeitgleich Tausende von Kilometern entfernt der hethitische König Murschili es mit seinen Pestgebeten versuchte oder der griechischen Mythologie nach König Agamemnon von Mykene, der vor dem Kriegszug gegen Troja seine Tochter Iphigenie opferte. Die Götter galt es um den Sieg zu bitten, bei Dürre zu besänftigen, bei Krankheiten zu beschenken, von ihnen wollte man vor langen Reisen eine heile Rückkehr erwünschen und gute Ernten erflehen. Und ihnen, nicht zu vergessen, bei erfüllten Wünschen danken. Nach dem Prinzip *do ut des* – ich gebe, damit du gibst – machte man einen Handel mit den jenseitigen Mächten. Und je größer das Problem, um so üppiger die Gabe.

Religion ist beharrlich und konservativ, über Jahrtausende waren unseren Vorfahren herausgehobene Plätze in der Natur heilig, an denen sie ihren überlieferten Kult, ihre Religion ausübten, oft über Jahrtausende an immer denselben «von Natur aus» heiligen Orten, ohne dass die Generationen voneinander wissen konnten.

Der bronzezeitliche Mensch hatte sich vom steinzeitlichen Bann des Jagdzaubers gelöst, den man in kleinen Figürchen beschwor oder an die Wände steinzeitlicher Höhlen malte. Die Kommunikation mit den diversen Göttern geschah an außergewöhnlichen Orten, an denen rätselhafte, uns fremde Opferhandlungen stattfanden, die bis heute ihre Spuren hinterlassen haben: auf Felsgipfeln, wo man dem höchsten Wesen ganz nah war, in Flüssen, Mooren, Quellen und Höhlen, die in Mutter Erde führten, im Alpenvorland an Brandopferplätzen, deren Rauch zu den Himmlischen stieg. Im Norden gab es ab 1800 v. Chr. einen rätselhaften Steinkult, wie die Hunderte von entdeckten Schälchensteine mit künstlich eingepickelten Vertiefungen beweisen, in die man Gaben deponierte, oder geheimnisvolle Rituale an den uns von *Asterix und Obelix* als Hinkelsteine bekannten Menhiren, die sich ab 2000 v. Chr. über weite Teile Mitteleuropas verbreiteten. Übrigens geographisch großenteils tatsächlich in dem Gebiet, das später von den Kelten / Galliern bewohnt wurde. Noch im vorigen Jahrhundert wurden an französischen Menhiren Fruchtbarkeitsriten beobachtet.

Die längste Grabung Deutschlands

Welche Rituale bei den bronzezeitlichen Opferpraktiken im Einzelnen vollzogen wurden, wie die Kulthandlungen genau aussahen, welcher Sinn, welcher Glaube, welcher geistige Hintergrund dahintersteckt, das wird zu großen Teilen wohl für immer Spekulation bleiben. Auch wenn in den 50er Jahren des vorigen Jahrhunderts gleich zwei Höhlen mit deutlichen Hinweisen auf Kannibalismus ausgegraben wurden: die Jungfernhöhle im bayerischen Tiefenellern und die Kyffhäuser-Höhlen in Thüringen. Letztere mit vielen bronzezeitlichen Opfergaben, darunter Bernsteinperlen. Auch in niedersächsischen Höhlen, die Virchow kannte, gab es Indizien, wie in der Rothesteinhöhle im Ith, einer Kultstätte der frühen Bronzezeit. In einer Felswand führt ein schmaler Spalt in einen engen, 70 Meter langen Gang, der plötzlich 20 Meter in die Tiefe fällt. Die Archäologen fanden auf einem Altar Bronzeklingen und zahlreiche zerschlagene und angebrannte Menschenknochen. Wobei nur die das leckere Mark enthaltenen Röhrenknochen aufgespalten und angekohlt waren, die kein Mark enthaltenen Knochen waren unverletzt. Für die ersten Ausgräber ein Beweis, dass hier am Rande von Feuerstellen Opfermahlzeiten stattfanden. Anhand der Beigaben – Getreide, Tieropfer – konnte in fast allen Höhlen festgestellt werden, dass keine Hungersnöte der Grund für die aus unserer Sicht eher ungewöhnlichen Mahlzeiten waren.

Wie hartnäckig religiöses Brauchtum ist, belegen noch im Mittelalter deutliche Hinweise auf Kannibalismus. Die *Capitulatio de partibus Saxoniae*, ein 782 von Karl dem Großen erlassener Gesetzestext, besagt: *Todesstrafe erleidet der, der vom Teufel getäuscht, nach heidnischer Sitte wähnt, irgendein Mann oder eine Frau sei Hexe und Menschenfresser und sie deshalb verbrennt oder deren Fleisch verzehrt bzw. zum Verzehr weitergibt.* (Übersetzung E. Schubert)

Doch die üblichen Interpretationen werden neuerdings zurückgewiesen: Speziell in den letzten Jahren korrigieren Wissenschaftler bei einigen Knochenfunden mit modernen Untersuchungsmethoden und naturwissenschaftlichen Analysen gängige Lehrmeinungen über rituelle Menschenopferungen. So jüngst in der von Sagen umwobenen Lichtensteinhöhle bei Osterode im Harz: Aktuelle Genuntersuchungen an den Menschenknochen beweisen einen familiären Zusammenhang. Offenbar lag hier die Bestattungshöhle eines größeren Familienclans über mehrere Generationen. Der Bronzeschmuck, die Glas- und Bernsteinperlen waren wohl Grabbeigaben. Makaber wurde es, als die Wissenschaftler im örtlichen Gasthof Speichelabstriche alteingesessener Bewohner nahmen. Drei Männer konnten identifiziert werden, die direkt mit den Toten verwandt sind. Die schauten dann in die Gesichter – sie waren auf Grundlage der Schädel rekonstruiert worden – ihrer direkten, vor 3000 Jahren verstorbenen Vorfahren.

Da wir keine Schriftzeugnisse haben, sind unsere Wissenschaftler nicht wirklich klüger als die Koryphäen des Prähistorischen Kongresses von 1880. Hunderte von Höhlen und Felsspalten in Deutschland werden inzwischen als Kultstätten angesehen. Doch eindeutige Beweise für oder gegen die Kannibalismustheorie sind nach gegenwärtigem Stand der Forschung noch immer nicht vorhanden. Es bleibt spekulativ. Aber welch wichtige Rolle im Leben des bronzezeitlichen Menschen Kulthandlungen spielten, wie abhängig er sich von den jenseitigen Mächten wähnte, zeigt die Menge an Deponierungen, die bis jetzt ans Tageslicht kamen. Also Funde, bei denen es sich nicht um Grabbeigaben oder Siedlungsreste handelt. Wobei keiner weiß, was noch alles verborgen in der Erde liegt. Archäologen glauben, dass 90 Prozent der Hinterlassenschaften unserer Ahnen noch nicht entdeckt sind.

Die überwiegende Zahl der Hortfunde wird als Zeugnis einer Kulthandlung angesehen. Doch – und jetzt wird es wieder schwierig – woher wissen wir, dass es nicht schlichtweg das Versteck eines Händlers war, der die Pretiosen aus welchen Gründen auch immer nicht wieder ausgraben konnte? Das Gegenargument lautet: Warum sollten in ruhigen Zeiten Unmengen von Händlern Hunderte und Tausende von Verstecken anlegen? Wie sieht es denn bei dem jüngst im Acker entdeckten kiloschweren Goldschatz von Gessel aus? Wer hat ihn verborgen und warum? Und woher kam dieser Reichtum? Wie hängt er mit den gewaltigen gesellschaftlichen Umbrüchen der Bronzezeit zusammen, mit den ersten Eliten im Herzen Europas, in einem Europa ohne Grenzen von den Britischen Inseln und der Ostsee bis zu den Hochkulturen am Mittelmeer?

Der Glücksfund war kein Zufall. Um West- und Mitteleuropa mit sibirischem Erdgas zu versorgen, wird derzeit eine Pipeline gigantischen Ausmaßes gebaut. Das 440 Kilometer lange Teilstück NEL – Nordeuropäische Erdgasleitung – führt 200 Kilometer in einer Breite von 36 Metern durch Niedersachsen und kostet eine Milliarde Euro. Bei Diepholz endet die Trasse, der dortige unterirdische Speicher ist mit einer Kapazität von über vier Milliarden Kubikmeter der größte in Europa. Es geht also um sehr viel Geld. Der Zeitdruck ist enorm, denn die Leitung soll bereits 2013 Erdgas führen. Doch davor kommen die Archäologen und untersuchen die Strecke Meter für Meter. Ganz genau und sorgfältig, wie es ihre Aufgabe ist. Und da es etliche Jahre, wenn nicht Jahrzehnte, dauern würde, ehe die wie überall chronisch unterbesetzte Mannschaft vom Landesamt für Denkmalpflege in Hannover den Survey beendet hätte und die Arbeit losgehen könnte, zahlen die Investoren nach dem Verursacherprinzip das schwierige mehrjährige Archäologieprojekt. Selbständige, erfahrene Grabungsfirmen führen seit November 2010 die Ausgrabungen durch. Die gute Zusammenarbeit zwischen NEL, den zuständigen Fachbehörden, den Munitionsbergern, Naturschützern, örtlichen Behörden, Anwohnern, den Grabungsfirmen und Spezialisten diverser Forschungseinrichtungen unter der Koordination des Niedersächsischen Landesamtes für Denkmalpflege ist eine logistische Meisterleistung. Diese längste Grabung Deutschlands, eine der größten Europas, hat nichts mehr zu tun mit den Pirschgängen eines Professors aus Säckingen keine hundert Jahre zuvor. Das gesamte Instrumentarium interdisziplinärer Zusammenarbeit kommt zum Einsatz. Eine große Herausforderung, aber auch eine riesige Chance für die moderne Archäologie. Auf 200 Kilometern werden durch Dokumentation und Bergung über 10 000 Jahre Kulturgeschichte in Niedersachsen erfasst.

Es stellt sich aktuell heraus, dass nur etwa 10 bis 20 Prozent der Zeugnisse der Vergangenheit vor Baubeginn bekannt waren.

Nach Abtrag des Oberbodens wird der Blick freigegeben auf das archäologische Archiv in der Erde, das durch den Bau der Trasse für immer zerstört werden wird. Neu ist, dass die gesamte Strecke lückenlos «hart» prospektiert wird, damit keine Fundstellen übersehen werden. Das bedeutet, im Vorfeld der Baumaßnahmen wird durch sechs Meter breite Schnitte in den Boden geschaut. Sobald die Fläche von den Archäologen freigegeben wird, kommen die Baufahrzeuge. Besondere Funde werden im Ganzen als Block aus dem Erdreich ausgestanzt und ins Labor gebracht. Das geht schneller und gewährleistet eine exakte Freilegung ohne Zeitdruck und Gefährdung durch Raubgräber. Wie an einer Perlenschnur reihen sich entlang der Trassenführung Siedlungen, Gräberfelder und Einzelfunde von der Altsteinzeit bis in die Neuzeit.

Codewort «Besonderer Fund»

Bei sieben Millionen Quadratmetern (!) Ausgrabungsfläche passiert schon mal etwas gänzlich Unerwartetes, Beispielloses. So ein Tag war der 4. April 2011, ein warmer Mittwochmorgen in Gessel, Landkreis Diepholz, eine halbe Autostunde südlich von Bremen. Als Grabungstechniker Jan Stammler den hohen Piepton seines Metalldetektors hört, denkt er zuerst an alte Munition, die findet er öfter. Doch Stammler tätigt den goldenen Schnitt und entdeckt den Fund seines Lebens. Als er vorsichtig mit der kleinen Kelle gräbt und dann zwei grün schimmernde Bronzenadeln und eine goldene Spirale aus dem Erdreich ragen sieht, stellt er die weitere Freilegung ein und informiert den niedersächsischen Landesarchäologen Henning Haßmann. Auch der «ahnt die Sensation» und gibt ein Codewort aus: «Besonderer Fund». Vielleicht nicht gerade besonders einfallsreich, aber inhaltlich richtig: der 1,8 Kilo schwere Hortfund ist der größte archäologisch sauber geborgene bronzezeitliche Goldschatz Deutschlands.

Noch am selben Abend wird der gesamte Erdblock unangetastet nach Hannover gebracht. Im Baumarkt hatte man noch schnell das Holz für eine den Transport sichernde Kastenkonstruktion besorgt. In den diversen Laboren beginnt die systematische Untersuchung mit allem Hightech, das die Zunft zu bieten hat. Schon die ersten Röntgenaufnahmen zeigen die Größe des Fundes. Die Computertomographie der Leibniz-Universität Hannover enthüllt nach vier Messtagen und unter Hinzuziehen eines Experten von «Volkswagen Nutzfahrzeuge» Genaueres über Form und Lage der Objekte in 3D. Aber erst die Durchleuchtung des Erdblocks mit sechs Megaelektronenvolt der Y.LineScan-Detektoren liefert ein in Schichten von einem halben Millimeter detailliertes 3-D-Bild von dem noch im Erdblock verborgenen Fundkomplex. Eine auf Modellvorlagen für Mund-, Kiefer- und Gesichtschirurgie spezialisierte Neusser Firma entwickelt eigens ein Softwareverfahren für noch höher auflösende 3-D-Daten, die ein präzises dreidimensionales Modell virtuell auf dem Computer und dinglich im Verhältnis 1:1 in Epoxidharz ermöglichen. Das können die Restauratoren in die Hand nehmen und drehen und wenden bei der vorsichtigen endgültigen Freilegung der Objekte, deren Anordnung nun genauestens bekannt ist. Die Feinteiligkeit der filigranen Stücke ist für den Betrachter unglaublich – noch bevor er sie mit eigenen Augen gesehen hat. Diese Untersuchung hat nichts mehr zu tun mit dem Bild von Archäologie als Spatenwissenschaft.

Der Goldschatz von Gessel bei der Entdeckung, bevor er im Block als Ganzes geborgen wurde. Die Bronzenadeln schimmern grün.

Doch jetzt endlich kommen auch Pinsel und Pinzette zu Ehren. 117 Einzelteile aus massivem Gold werden herauspräpariert. Zum ersten Mal nach dreieinhalbtausend Jahren kommen sie wieder ans Tageslicht. Wer mag sie zuletzt in der Hand gehalten haben? Und warum? Was passierte bei der – feierlichen? – Niederlegung? Oder war es ein Diebstahl, ein hastiges Verstecken in einem relativ kleinen, unauffälligen Beutel? Wenn man die Teile hebt, ist man erstaunt, wie schwer sie sind. Große, mittlere und kleine Spiralen lagen ineinandergesteckt in einer kompakten, platzsparenden Anordnung zum bequemen Transport in einem Säckchen, das wohl mit den Bronzenadeln verschlossen war. Auch Ringe, Fibeln – die Sicherheitsnadeln der Antike –, Goldketten waren gestapelt und verzahnt verpackt. Der Korrosion der Nadeln und der daraus folgenden antibakteriellen Wirkung ist es zu verdanken, dass sich Reste von Fasern erhalten haben. Die konnten vom Landeskriminalamt Hannover datiert werden. Die organischen Reste sind aus Leinen und stammen aus dem 14. Jahrhundert v. Chr. Die Untersuchung der Fundstelle zeigt den Umriss der Eingrabung und dass der Hort in einem Beutel in einer sehr kleinen Grube deponiert wurde, die sofort mit dem entnommenen Bodenmaterial wieder verfüllt wurde.

Von besonderem Interesse ist natürlich die Herkunft des Goldes. Der chemische Fingerabdruck des Goldes wird aufgrund minimaler Unterschiede in der Zusammensetzung der Spurenelemente, den prozentualen Anteilen am Gold von über 20 Elementen wie zum Beispiel Silber, Mangan, Eisen, Zinn, Kupfer, Kobalt, und einer internationalen Vergleichstabelle bestimmt. Was die moderne naturwissenschaftliche Analytik zu bieten hat, kommt zum Einsatz. Mit Hilfe einer zimmergroßen teils selbstgebauten Apparatur, weltweit eine der genauesten und die einzige für archäologische Fragestellungen, wird die Provenienz geklärt. Das Gold stammt keineswegs aus heimischen Flüssen oder Minen der Nachbarländer, sondern wohl aus Zentralasien, etwa Afghanistan. Das wirft ein neues ungeahntes Licht auf den bronzezeitlichen Goldhandel. Die Wissenschaftler sind immer noch verblüfft. Fernhandelswege müssen Niedersachsen mit dem Hindukusch verbunden haben – vor dreieinhalbtausend Jahren! Auch die Metallherkunft einer der Bronzenadeln konnte bestimmt werden. Staubkorngroße Krümel wurden untersucht, die beim Bergen der Nadeln abgefallen waren. Der Ursprung zeigt in die gleiche Richtung wie die des Goldes: südöstlich von Europa. Dass ein staubkorngroßer Korrosionskrümel eine präzise Herkunftsbestimmung mittels Bleiisotopenmessung zulässt, stellt einen Durchbruch in der archäologischen Provenienzanalytik dar.

Die kleinen Spiralen waren vor der Deponierung in längerem Gebrauch. In der 10 000fachen Vergrößerung erkennt man Gebrauchsspuren, die auf eine generationenlange Nutzung hinweisen. Für eine rituelle Niederlegung spricht, dass sie vor dem Verbergen gebrauchsunfähig gemacht wurden. Was den Göttern geweiht ist, soll der Mensch nicht mehr benutzen. Das kennen wir von anderen Opferplätzen. Der bis auf die Bronzenadeln ausschließlich aus purem Gold bestehende Hort muss einen enormen Wert gehabt haben. Wer mag im vorgeschichtlichen Niedersachsen so reich, so mächtig gewesen sein?

Die Antwort könnte uns die Zusammensetzung des Schatzes liefern. Denn irgendetwas ist höchst seltsam. Diese traumhaften Goldketten sind offenbar nicht als Schmuck getragen worden. Acht Ketten mit genau je zehn feinen Drahtspiralen, die ineinander verschränkt sind wie unsere heutigen Schlüsselringe, also leicht voneinander zu lösen – das kann kein Zufall sein. Da ging es nicht um Schmuck, sondern um den Rohstoff. So denkt Henning Haßmann an eine Währung, die vielleicht hier niedergelegt wurde. Dafür spricht auch, dass einige Objekte Halbfabrikate sind, es also um den reinen wirtschaftlichen Wert geht. Doch der Materialwert ist zu hoch, als dass es ein bloßes Händlerdepot war. Haßmann glaubt, dass es sich um den «Staatsschatz» einer Sippe oder eines Stammes handeln könnte, der über Generationen gesammelt worden war und der rituell der Erde anvertraut wurde.

Da auch kein Zusammenhang mit einem Grab oder einer Siedlung zu erkennen ist, sieht er einen sakralen Hintergrund, wobei er betont, dass die heutige Trennung zwischen kultisch und profan in früheren Zeiten nicht bestand. Doch warum die Niederlegung erfolgte – eine langanhaltende Seuche, eine nicht enden wollende Dürre, ein gewonnener großer Kriegszug? –, das werden wir wohl nie erfahren.

Doch selbst wenn ein Großclan alles Wertvolle zusammengetragen hat oder es sich um einen mächtigen Fürstenschatz handelt, woher kam der Reichtum? Wogegen kann das Gold eingetauscht worden sein? Henning Haßmann zählt auf: Frauenhaar, Bernstein, handwerkliche Arbeiten, Prostitution. Auffällig ist das Versteck an einer Weggabelung alter Fernstraßen. Die Weser als Wasserweg ist nicht weit, und noch heute führen A 1 und die Eisenbahnlinie hier entlang. Der Verdacht liegt nahe, dass schon in der Bronzezeit Handel reich machte – wie heute.

Die Grabkammer des Fürsten

Das Goldene Zeitalter wird die Epoche zwischen Stein- und Eisenzeit gelegentlich genannt wegen seines fassbaren Metallreichtums und der poliert wie Gold glänzenden Bronze, bevor sie grünlich oxidiert. Nach dem vorangegangenen reinen Gold und Silber und dem reinen Kupfer verarbeiteten Menschen zum ersten Mal eine Legierung. Die Mischung aus rund 90 Prozent Kupfer und 10 Prozent Zinn war härter, haltbarer, leichter zu schmieden und recycelbar. Alle Welt gierte nach dem neuen Werkstoff. Die Menge an Metallfunden in Gegenden, in denen die entsprechenden Rohstoffe nicht vorkommen, beweist einen intensiven Transport, der Fernbeziehungen voraussetzt. In einem Netzwerk wechselnder Routen, möglichst auf Wasserwegen, gab es einen regen Warenaustausch quer durch Europa, von England bis zum Balkan, von der Ostsee nach Griechenland, zwischen Skandinavien und Oberitalien. «Kronzeuge für diese Fernbeziehungen ist die Verbreitung der Bernsteinfunde», heißt es in dem Begleitband zur Ausstellung des spektakulären Jahrhundertfunds von Nebra mit dem wunderbaren Titel: *Der geschmiedete Himmel. Die weite Welt im Herzen Europas vor 3600 Jahren.*

Wie genau dieser Austausch von Gütern über Tausende von Kilometern stattfand, wie zum Beispiel der Ostsee-Bernstein in die Schachtgräber von Mykene kam, wissen wir nicht. Wahrscheinlich wurde er über verschiedene Zwischenstationen verkauft. Ein Handel in Etappen macht jedes Mal die Ware teurer und kostbarer und den Zwischenhändler reicher. Ehe Bernstein in Mykene oder gar am Nil ankam, wird es wohl einen tausendfachen Aufschlag gegeben haben im Vergleich zum Lohn der Fischer an der Bernsteinküste.

Die umfangreichen Bernsteindepots geben einen Hinweis auf den Streckenverlauf der Nord-Süd-Verbindung. Auf den «Straßen» der Bronzezeit wuchs die damals bekannte Welt zusammen. Die Menschen nahmen über weite Entfernungen Kontakt zueinander auf. Doch anders als in Ägypten oder dem Orient kennen wir nicht die Namen der Völker, Götter und Könige. Es gab nicht *die* Bronzezeit. Nicht nur der Vergleich zu den Hochkulturen am Mittelmeer zeigt die Unterschiede. Mit einer Verzögerung von fast tausend Jahren erreichten das Metall und die Technologie Mittel- und Nordeuropa. Zuerst das Alpenvorland und irgendwann auch unsere Küsten.

Anhand der Bronzefunde können die Archäologen Wege und Zeitstellungen nachvollziehen. Von etwa 2200 v. Chr. bis ins 8. Jahrhundert v. Chr., als sich langsam das neue Metall Eisen durchsetzte, siedelten im Herzen Europas Dutzende Stämme, die nach dem Fundort ihrer Hinterlassenschaften oder dem Entdecker ihrer Kultur benannt wurden. So gibt es einen Flickentep-

Eisenschwert aus Hattuscha um 1400 v. Chr. Die Hethiter beherrschten mindestens bereits im 15. Jahrhundert v. Chr. die Eisentechnologie.

pich an Namen und Kulturen, die sich geographisch und zeitlich überlappen. Aufgrund der unterschiedlichen Bestattungsformen wird die Bronzezeit in frühe – ca. 2200 bis 1500 v. Chr. mit Flachgräbern –, mittlere – 1500 bis 1250 v. Chr. mit Hügelgräbern – und späte – 1250 bis 750 v. Chr. mit Verbrennung und Leichenbrand in Urnen – Bronzezeit eingeteilt.

Der Goldschatz von Gessel aus dem 14. Jahrhundert v. Chr. wird datiert in die Zeit der Hügelgräberleute, also der mittleren Bronzezeit. Bis ins 13. Jahrhundert v. Chr. wurden die Toten unverbrannt in flachen, später hohen Erdhügeln bestattet. Deren Größe zeigt uns heute den Rang des Verstorbenen.

Weit oben muss der Fürst von Leubingen, einem Ortsteil von Sömmerda in Thüringen, gestanden haben. Wie die dendrochronologische Bestimmung, also die Datierung der Baumjahresringe der Eichenbohlen, ergab, aus denen die Totenhütte unter dem Hügel errichtet war, stammt sein Grab vom Beginn des zweiten Jahrtausends v. Chr., als die «normalen» Toten noch in flachen Gräbern beerdigt wurden. Mit einer Höhe von 8,5 Metern und einem Umfang von 145 Metern überragte der Erdhügel vor fast 4000 Jahren die Landschaft des Thüringer Beckens und ist bis heute ein schon von weitem sichtbares Zeichen von einstigem Reichtum und großer Macht. Bereits 1877 wurde er im Auftrag der Historischen Kommission der Provinz Sachsen von dem Jenaer Universitätsprofessor Friedrich Klopfleisch freigelegt. Für die Archäologie des 19. Jahrhunderts wurden die Ausgrabungen und deren Dokumentation mit größter Sorgfalt ausgeführt. Die unversehrte Grabkammer war mit Schilf bedeckt und mit Steinen aus weißem und rotem Sandstein ummantelt. Aus bis zu 30 Kilometern Entfernung waren sie aus verschiedenen Gegenden wie Nebra geliefert worden – von den Untergebenen des mächtigen Herrschers? Zeigen die unterschiedlichen Regionen sein Einflussgebiet? Darauf wurden über dreitausend Kubikmeter Erde zu einem gewaltigen Hügel gehäuft. Diese gigantische Arbeitsleistung kann nur in einer hierarchisch gegliederten Gesellschaft vollbracht worden sein.

2011 gelang Thüringer Archäologen auf einer flachen Anhöhe in Sichtweite eine spektakuläre Entdeckung. Sie legten Reste eines zeitgleichen monumentalen hallenartigen Gebäudes von 462 Quadratmetern Fläche frei, eines der größten urgeschichtlichen Gebäude Mitteldeutschlands, vielleicht der Wohnsitz des Fürsten. An der Stirnseite war ein umfangreicher Hort von Bronzebeilen vergraben. Eine Opfergabe an die Götter? Diese an die hundert Beile aus dem begehrten neuen Material waren unermesslich viel wert. Ausgrabungsleiter Mario Küßner glaubt, dass die Hausherren die Fernstraße an der Mündung eines Flusses in die Unstrut kontrollierten und die Beile eine Art «Transitsteuer» waren.

Der Reichtum des «Fürsten» mag mit der Kontrolle des Umschlagplatzes für die nahen Kupferlagerstätten des Harzvorlandes und der Salzvorkommen bei Halle zusammenhängen. Sein Prunkgrab enthielt prächtige Beigaben, Schmuck aus massivem

Gold, bronzene Waffen und die Utensilien eines Schmiedes. Wer wurde hier dermaßen geehrt? Ein Stammeshäuptling, Priester, Kriegsherr? Auch andere mächtige Grabhügel aus der Zeit, wir nennen sie die Aunjetitzer Kultur nach einem Fundplatz bei Prag, zeigen den Beginn einer Elitenbildung im Herzen Europas. Denn diese Bauwerke können nur in strenger Disziplin und Hierarchie mit unangefochtener Befehlsgewalt geschaffen worden sein.

Leubingen liegt nicht weit von Nebra, dem Fundort der berühmten Himmelsscheibe. Und so wird der Herr von Leubingen auch gern als Auftraggeber gehandelt. Richtig ist, dass die Scheibe aus seiner Zeit stammt und nach mehreren Bearbeitungen um 1600 v. Chr. rituell im Boden versenkt wurde, sicher nicht zufällig, als die alte Welt der Frühbronzezeit und die Aunjetitzer Gesellschaft zu Ende gingen. Ohne dass wir die Gründe kennen, versank eine bedeutende, wohlhabende jahrhundertealte Kultur, deren Spuren über ganz Europa verbreitet sind und der wir die Himmelsscheibe verdanken, das einmalige Bild des bronzezeitlichen Kosmos. Ein Unikat des Wissens, ein Werk ohne Vorläufer. Heute ist die Scheibe für jedermann in einer Nachbildung wohlfeil für 139 Euro in einem Versandhaus zu haben. Im Angebot heißt es: «Seit Juli 1999 muss germanische Geschichte neu geschrieben werden.» Folglich wird der «faszinierende Schmuck» angepriesen als «verblüffender Beweis für die Hochkultur der vermeintlich primitiven Ur-Germanen». Nun ja, die Aunjetitzer Kultur als urgermanisch zu bezeichnen, da wabert doch einiges Unausgeräumte in den Dichterköpfen der Werbetexter.

Das Netzwerk der Mächtigen – durch Heirat gesichert

Der gesellschaftliche Wandel, den das neue Metall provozierte, zeigt sich nicht nur beim Fürsten von Leubingen, der 1942 v. Chr. starb. Der hundert Jahre später errichtete Grabhügel von Helmsdorf im Mansfelder Land weist ähnliche Ausmaße auf, auch die zeltförmige hölzerne Grabkammer und die Beigaben wiederholen sich: Gold, bronzene Waffen und Werkzeuge zur Metallverarbeitung, Symbol der Herrschaft über die Rohstoffe der Natur. Noch heute genießen in manchen afrikanischen Gesellschaften wie in Mali die Schmiede einen herausgehobenen Status als heimliche Herrscher des Dorfes und als Zauberer, mit denen man sich besser nicht anlegt.

Mit der Bronzezeit setzt die erste echte Spezialisierung der Menschheit ein. Das führte zu sozialen Unterschieden. Die Kunst der Prospektion, Verhüttung, Verarbeitung war hoch angesehen. Die Metallexperten mussten sich nicht mehr selber um ihr täglich Brot kümmern, es kam zu einer komplex gegliederten Gesellschaft mit individuellem Eigentum, zu Arbeitsteilung, ungleicher Verteilung, sozialer Hierarchie, Herrschaft von oben nach unten. Das war neu. Bisher hatte man ohne «Staat» und zentrale Herrschaft gelebt. Der Priester des Clans war in der vorangegangenen bäuerlichen Gesellschaft der Jungsteinzeit die wichtigste Instanz gewesen, der im Wissen um die richtigen Rituale für die Gesundheit von Mensch und Tier und eine gute Ernte zu sorgen hatte.

Profiteure der neuen (Metall-)Zeit waren die Fürsten / Priester / Häuptlinge, deren Aufgabenbereiche in der jeweiligen hochgestellten Person wohl vereinigt waren. Sakrale und profane Ämter und Obliegenheiten waren noch nicht getrennt. Auf der Gier nach Rohstoffen wie bei uns heute nach Gas und Erdöl gab es nicht nur den Austausch zwischen regionalen Sippen, sondern der Handel wurde «international». Besonders der Bedarf an dem sehr seltenen Zinn – vor allem aus Cornwall und der Bretagne – führte zu weitgespannten Geschäftsbeziehungen in einem Netzwerk der Mächtigen. Der Strom von Rohstoffen und Fertigprodukten musste gelenkt werden. Das erforderte eine zielgerichtete Organisation des Transports zu Wasser und Land. Von hochbegabten Handwerkern geschaffene Aunjetitzer Metallerzeugnisse wurden von Skandinavien bis Südeuropa gefunden. Als Gegengabe für die Metalllieferungen hatte der Norden vor allem Bernstein zu bieten. Bernsteindepots und herrliche Bernsteinketten als Grabbeigabe zeigen die Verbindungswege von der Ostsee zu den Alpen und über die Pässe.

Wer den Export kontrollierte, hatte die wirtschaftliche Macht. Die Spuren von befestigten Höhensiedlungen an wichtigen Verkehrsknotenpunkten zeugen davon. Macht ohne Hierarchie ist nicht denkbar. Wer die Fernverbindungen beherrschte, auf denen Rohstoffe wie Kupfer, Zinn, Bernstein, Salz transportiert wurden, war zwingend Teil eines überregionalen Netzwerkes zum Warenaustausch. Das erforderte «international» gültige Wert- und Maßvorstellungen, also eine weiträumige Kommunikation der regional Mächtigen. Die Kontrolle des Handels in der Frühbronzezeit wird in der Forschung als Hauptgrund für die Entstehung von Eliten genannt.

Die archäologischen Quellen bestätigen diese ersten Elitenbildungen im Herzen Europas: Die frappierende Gleichheit, die genormte Ausstattung der Gräber wie in Leubingen und Helmsdorf beschränkt sich nicht auf Mitteldeutschland. In weiten Teilen Europas fanden sich in der Frühbronzezeit ähnliche Fürstengräber mit gleichen standardisierten Statussymbolen. Es wird vermutet, dass eine Herrschaftsschicht, die ihren Status vererbte, über weite Teile Europas verwandtschaftliche Beziehungen hatte. In der Wissenschaft werden die Anführer neuerdings *head men* und *big men* genannt. Wobei die politische Autorität eins war mit der kultisch-religiösen. Die «internationalen» Kontakte der *big men* zeigen sich auch im Fundgut von England bis Italien. Die

Menschen waren mobil geworden. Von der Ost- und Nordsee bis zum Mittelmeer gab es ein Handelsnetz, das wahrscheinlich über Zwischenstationen organisiert war. Ähnliche Bearbeitungstechniken über weite Entfernungen können aus Im- und Exporten, aber auch von reisenden Handwerkern stammen. Europa war ein Wirtschaftsraum ohne Grenzen geworden. Die Welt rückte zusammen. Die Menschheit erlebte ihre erste Globalisierung.

Was war der Preis dafür?

Die Ungleichheit der Grabausstattungen aus dieser Zeit spricht eine deutliche Sprache auch ohne Schriftzeugnisse: Die Fürsten lagen in einer gezimmerten Grabkammer ausgestreckt auf dem Rücken mit dem Blick zum Himmel unter einem monumentalen Hügel. Üblich bei normalen Menschen war eine Bestattung in flachen Gräbern in Hockstellung auf der Seite liegend wie zum Schlaf. Für «die da unten» gab es keine Beigaben, etwas höher Gestellten legte man einfache Keramik bei, noch wichtigere Verstorbene bekamen Keramik und Bronzen, schließlich gab es für die Nächsthöheren – nennen wir sie Unterhäuptlinge – auch Gold fürs Jenseits. An der Spitze der Pyramide standen die sehr seltenen Fürstengräber mit der europaweit genormten prunkvollen Ausstattung.

Die Differenzierung in Arm und Reich zeigt sich auch in den Horten, den Gaben an die Allmächtigen. Die Zusammensetzung der Depots besteht schließlich aus standardisierten Zahlungsmitteln im Handel zwischen Menschen und Göttern: neben Gold und Bernstein auch Metallrohstoffe.

Doch auf den Fernhandelsrouten wurden nicht nur Waren transportiert. Mit den Händlern reisten Handwerker und Künstler, wurden Ideen, Wissen, Technologien verbreitet. Fremde neue Glaubensvorstellungen, Mythen, Religionen, Weltbilder wurden getauscht, die auch ohne Schrift die Partnerschaft zu den frühen Hochkulturen in der Ägäis, in Ägypten und im Vorderen Orient zeigen.

Bernsteinketten: geschmolzen im Scheiterhaufen

Und dann wird das Tagebuch der Antike deutlich unleserlicher. Nach der mittleren Bronzezeit vom 16. bis zum 13. Jahrhundert mit Körperbestattungen in Hügelgräbern gibt es einen radikalen Wandel in der Grabform und Bestattungssitte. Die Hügelgräberleute müssen den Urnenfelderleuten weichen. Die Verstorbenen werden verbrannt, ihre Knochenreste und Asche in Urnen auf zum Teil riesigen Urnenfriedhöfen vergraben. Die Botschaften der Vergangenheit sind nun schwieriger zu entziffern. Das Bodenarchiv enthält keine Totenhütten mehr, keine Skelette, kaum Hinweise auf Brauchtum, Rang des Toten oder materielle Zeugnisse für Handel, Handwerk, Kunst. Die Beigaben sind überwiegend verbrannt, die Bernsteinprodukte im Scheiterhaufen geschmolzen.

Doch zum Glück versenkten die Menschen weiterhin kostbare Gaben an die Götter wie den berühmten zweieinhalb Kilogramm schweren Goldschatz von Eberswalde mit den glänzenden Ornamenten der Sonnensymbolik aus dem 10. Jahrhundert v. Chr. Von der These eines Händlerverstecks hat man sich inzwischen verabschiedet. Die Wissenschaftler vermuten, dass es sich um den Besitz einer hochgestellten Persönlichkeit handelte. Die heute eher menschenarme Gegend in Brandenburg war in der Bronzezeit dicht besiedelt. Der größte Goldfund Deutschlands wurde 1945 von der Roten Armee aus Berlin nach Moskau verschleppt. Im Rahmen der Rückgabe von Beutekunst bemüht man sich um eine Rückführung vom Moskauer Puschkin-Museum. Die Hoffnung stirbt eben zuletzt ... Bis dahin ist eine Nachbildung im Neuen Museum auf der Berliner Museumsinsel zu bewundern.

Glücklicherweise wurde der Berliner Goldhut der ausgehenden Bronzezeit erst nach Kriegsende gefunden. Er wird im Original prachtvoll im Neuen Museum präsentiert, ein paar Stufen über

Der Berliner Goldhut, ausgestellt im Neuen Museum. Die bronzezeitlichen Ornamente sollen einen präzisen Kalender darstellen. Ein Zauberhut für einen Priesterkönig?

Nofretete, doch inhaltlich ungleich spannender als die ägyptische Büste. Deren bunt bemalte Stuckhülle verbirgt nur das echte Antlitz einer älteren Frau mit schiefen Schultern, dürrem Hals und tiefen Mundfalten. Das wahre Gesicht der Nofretete?

Dass der Goldhut in Berlin steht, ist ein Krimi und sein Erwerb nicht unumstritten. Es begann am 21. Dezember 1995 um 14.40 Uhr mit einem Besuch eines Frankfurter Kunsthändlers im Büro des damaligen Hausherrn des Museums für Vor- und Frühgeschichte Wilfried Menghin. Wolfgang W. legt eine großformatige Farbfotografie vor. Der Professor ist enttäuscht. Den abgebildeten sogenannten Goldkegel von Ezelsdorf kennt er. Er liegt im Germanischen Nationalmuseum Nürnberg. Und da war er vorher Direktor. Das soll also die angekündigte sensationelle Überraschung sein? W. lässt nicht locker, hält das Foto weiter hoch. Menghin erstarrt. Bei genauer Betrachtung zeigt das Foto einen ähnlichen, aber bisher unbekannten Goldkegel. Drei Goldhüte waren in den letzten anderthalb Jahrhunderten ausgegraben worden. Aber dieser hier ist unglaublich gut erhalten. Das kann nur eine Fälschung sein. Zumal das Stück vom grauen Markt stammt, also auf das übliche Alibi von Raubgräbern setzt: aus einer Erbschaft der Oma, vom Dachboden etc. Es befindet sich in Schweizer Privatbesitz, W. ist der Vermittler, die Forderung millionenschwer.

Menghin steckt in einem Dilemma. Sollte der Kegel echt sein, also der vierte in dieser Fundgattung, dann muss er unbedingt dranbleiben, damit das kostbare Stück nicht auf dem grauen Markt vielleicht für immer verschwindet. Am 4. Februar 1996 sehen Menghin und sein Chefrestaurator Hermann Born im Konferenzraum eines Züricher Hotels das Original zum ersten Mal. Der Generaldirektor der Staatlichen Museen zu Berlin ist eingeweiht. Der Erhaltungszustand auch der eingravierten Ornamente ist fast zu makellos, als dass es echt sein könnte. Born darf zwei kleine Goldproben entnehmen. Das renommierte Rathgen-Forschungslabor sagt: Das Stück ist echt und stammt aus der Zeit um

1000 v. Chr. – ein Kultobjekt europäischen Ranges. Das Problem: keine eindeutig nachgewiesene Provenienz, geschätzt wird es auf Süddeutschland. Nur so viel ist sicher, bisher war das Stück nicht bekannt, es ist nirgendwo abgängig, und Ansprüche Dritter sind nicht vorhanden, wie eine Anfrage im In- und Ausland ergibt.

Was tun? Kann eine staatliche Sammlung immerhin aus Steuergeldern 1,5 Millionen DM bezahlen für einen womöglich aus einer Raubgrabung erworbenen Gegenstand? Leistet ein solcher Ankauf aus dunklen Quellen nicht der Schatzsucherei Vorschub? Grabräuberei steht in Deutschland unter Strafe und wird im Wiederholungsfall mit Gefängnis geahndet. Unter zum Teil harscher Kritik der Kollegen wird am 12. Dezember 1996 der Ankauf beschlossen. Wilfried Menghin erklärt dazu: «Es war mir sofort klar, hinter diesem Goldobjekt steckt mehr als nur Glanz und Schönheit, das muss für die Wissenschaft erhalten werden. Koste es, was es wolle. Wenn ein solches Stück in den Kunsthandel nach Amerika oder Japan floatet und irgendwo im Keller eines texanischen Multimillionärs verschwindet, ist es für die Forschung für immer verloren. Das galt es zu verhindern.»

Und der Professor bewies in den folgenden Jahren die Einzigartigkeit seines Goldhuts. Das Innenfutter zeigt, dass er als Kopfbedeckung gedient hatte, getragen von einem Priesterkönig, der bei Zeremonien erhöht gesessen haben muss: Die Krempe trägt auch an der Unterseite Eingravierungen. Die Ornamentik stimmt mit den anderen drei Zauberhüten überein, doch jetzt konnte sie endlich entschlüsselt werden. Menghin knackte den Code der «Goldenen Hüte» und ist überzeugt, damit einen Quantensprung für das Wissen über die Religionsgeschichte der späten Bronzezeit vollzogen zu haben. Er konnte beweisen, dass die Symbole nicht als Schmuck oder Verzierung angebracht waren. Hier ist nichts dem Zufall überlassen, meint er: «Mit diesem Goldhut habe ich einen Kalender, der Sonnen- und Mondzyklus umfasst, auch die Schaltjahre. Damit kann ich für die Vergangenheit und Zukunft die Sonnen- und Mondphasen bestimmen, Aussaat und Ernte.

Wer diesen Hut trug, wer diese Zeichen zu lesen vermochte, der hatte das Wissen, der hatte die Macht, der konnte die Zeit bestimmen, der konnte Dinge vorhersagen. Auf diesem Zeremonialhut ist das gesamte astronomische Wissen der späten Bronzezeit festgehalten.»

Etwa 50 Generationen umfasst die Bronzezeit. Sie umfängt die Lebensgeschichte vieler Millionen Menschen. Eine Überlieferung ohne Worte. Und doch haben die Wissenschaftler eine Menge herausgefunden über eine der geheimnisvollsten, spannendsten Epochen unserer Vergangenheit, die sagenhafte Bronzezeit. Nur, ob die alten Deutschen nun Kannibalen waren oder nicht, das wissen wir immer noch nicht genau. Die Gelehrten streiten sich heftigst ...

Die Bronzezeit im Herzen Europas – eine goldene Zeit. Über die Schattenseiten werden wir später sprechen. Und auch über den anderen Rohstoff, von dem die Bronzezeitforschung bis heute fasziniert ist, wie Albrecht Jockenhövel, Professor für Ur- und Frühgeschichte in Münster, schreibt, den Bernstein: «Da er nur an wenigen Plätzen als Rohstoff zu finden war bzw. gewonnen werden konnte, andererseits an fast allen Stellen Europas Bernstein als Perlen und Schieber, auch als Einlagen, verwendet wurde, war er der Baustoff für sich quer durch Europa ziehende ‹Bernsteinstraßen›. Der exportierende Norden soll hierfür qualitätsvolle Gegengaben wie Gold und Bronzegefäße oder Bronzeschwerter erhalten haben.»

Dem wollen wir nachspüren, den uralten verborgenen Handelswegen, die einst die Enden der bekannten Welt verknüpften und die Menschen, ihre Ideen, Kulte, ihr Wissen, miteinander bekannt machten. Routen, auf denen neben Gold und Bronze auch das Fernhandelsgut Bernstein transportiert wurde, heiß begehrt von den Mächtigen der Welt und an unseren Küsten nach Stürmen doch so leicht von jedem Spaziergänger zu finden.

KAPITEL 2

Bernstein in der Geschichte – Faszination und Mythos

«Doch auch das Meer durchsuchen sie, und als einzige unter allen Germanen sammeln sie an seichten Stellen und schon am Strande den Bernstein, der bei ihnen ‹Glesum› heißt. Was er ist und wie er entsteht, haben sie nach Barbarenart nicht untersucht oder in Erfahrung gebracht; ja, er lag sogar lange Zeit unbeachtet unter den übrigen Auswürfen des Meeres, bis ihm unsere Prunksucht seinen Namen verlieh. Sie selbst verwenden ihn gar nicht; roh wird er gesammelt, unbearbeitet überbracht; und staunend nehmen sie den Preis entgegen.» Mit diesen Worten beschreibt Tacitus das Treiben der Bernsteinfischer an der Ostsee. Voller Geringschätzung verhöhnt der römische Geschichtsschreiber in seinem 98 n. Chr. verfassten Werk *Germania* die sogenannten Barbaren im Norden, die aus seiner Sicht nicht die leiseste Ahnung haben, welchen besonderen Schatz sie aus den Wellen fischen und den Händlern verkaufen. Ein überheblicher Irrglaube. Die Bernsteinfischer folgten einer uralten Tradition. Schon mehrere Jahrtausende zuvor wollten Menschen an der Küste, aber auch fern des Meeres das Gold der Ostsee besitzen. Ein Stein mit Sogwirkung – ob als Kultobjekt oder kostbarer Schatz. Das goldgelbe Harz wurde zum Treibstoff neuer Entwicklungen. Zur Zeit des römischen Imperiums hatte Bernstein seine Strahlkraft längst entfacht.

Das verschollene Original war einst die teuerste Tapete der Welt: das Bernsteinzimmer. Eine halbe Million Bernsteinplättchen geben der Rekonstruktion neuen Glanz.

Bernsteinzauber

An einem warmen Junitag im Jahr 10 000 v. Chr. schlagen Rentierjäger an einer Wasserstelle ihr Sommerlager auf. Sie haben einen guten Platz gefunden: Am Ufer des Teichs ist die niedrige Tundra dicht bewachsen – die Tiere werden sie nicht so leicht entdecken. Gespannt erwarten sie den Zug der Wildpferde und Rentiere. Ihre Gedanken sind bereits bei der Jagd. Mit einer frisch geschärften Klinge ritzen sie das Antlitz ihrer erhofften Beute in den weichen Stein.

Es ist eine Scheibe aus Bernstein, die zwölftausend Jahre später bei Meiendorf in der Nähe von Hamburg entdeckt werden wird. Die genauen Vorkommnisse an diesem Tag kennen wir nicht, wir können sie nur erahnen. Anders als die Waffen, die Speerspitzen und Faustkeile der Steinzeit verraten uns die Bernsteinfunde etwas über die Kultur, die Gedankenwelt, die Mentalität und die Sehnsüchte unserer Vorfahren – und das über Jahrtausende hinweg.

Vieles deutet darauf hin, dass die Bernsteinplatte Teil eines rituellen Jagdzaubers war. Sie wurde aus einem ehemaligen Teich der späten Altsteinzeit geborgen und ist durch die dort abgelagerten Torfschichten sehr gut erhalten. Auf der Oberfläche der Platte wurden stilisierte Umrisse von verschiedenen Tieren entdeckt, die offenbar zunächst hineingeritzt und wahrscheinlich nach der Jagd wieder wegpoliert wurden. Das letzte erhaltene Bild zeigt einen gekonnt abstrahierten Pferdekopf, der fast modern anmutet. Auch in Polen wurden Bernsteintafeln aus dieser Zeit entdeckt, die Spuren von Schleif- und Glättungsvorgängen zeigen.

Bernstein hatte für das tägliche Überleben der Steinzeitmenschen keinen praktischen Nutzen: Viel zu weich in seiner Konsistenz, konnten damit weder Tiere erlegt noch Holz oder gar Steine bearbeitet werden. Der Mensch nutzte Bernstein zunächst als Kultobjekt – die archäologischen Funde sprechen dafür, dass das fossile Harz Teil ritueller Handlungen war. Neben Feuerstätten aus der Steinzeit wurden rohe Stücke Bernstein entdeckt. Viele Bernsteinfunde weisen prägnante Risse auf, die entstehen, wenn das fossile Harz erhitzt wird. Bereits ab 300 Grad Celsius beginnt es zu brennen und entfaltet dabei nicht nur zarten Rauch, sondern auch einen süßlichen Geruch – ähnlich wie Weihrauch. Was für ein seltsames Material! Ein Stein, der brennen kann und im polierten Zustand wie die Sonne goldgelb leuchtet. Ein Sinnbild für Wärme und Licht – für magische Kräfte.

Auf den steinzeitlichen Menschen wird Bernstein eine besondere Faszination ausgeübt haben: ein leichtes Material, ein Handschmeichler, der die Strahlen der Sonne einfängt und sogar Leben konserviert. Unsere Vorfahren durchbohrten den weichen schimmernden Stein, um ihn als Amulett an ihrem Körper zu tragen: fein geschnitzte Bären und Eber – vielleicht um sich selbst zu schützen oder das Jagdglück heraufzubeschwören. In der Steinzeit finden sich neben Tierfiguren und geometrischen Formen auch Darstellungen des Menschen. Die Motive der Bernsteinbearbeitung spiegeln zentrale Lebensinhalte des damaligen Menschen: den Kampf ums tägliche Überleben, die Jagd, den Lauf der Gestirne und Naturereignisse. Auf Jütland wurde ein etwa sechs Zentimeter großer Anhänger gefunden. In regelmäßigen Abständen sind gruppenweise verschieden lange Linien eingraviert. Forscher haben diese Linienpäckchen als eine Darstellung der Nordlichter interpretiert. Aufzeichnungen aus der Steinzeit, die fast wissenschaftlich anmuten … Wie nahezu alle frühgeschichtlichen Bernsteinfunde stammt auch dieser aus dem sogenannten Bernsteinwald.

Das Ursprungsgebiet des baltischen Bernsteins erstreckte sich vom heutigen Skandinavien nach Osten, möglicherweise bis zum Ural. In den verschiedenen Zeitaltern wurde das Harz der Bäume durch geologische Prozesse mehrmals umgelagert und so in kleinen Mengen sogar bis zu den Britischen Inseln getragen. Der baltische Bernstein hat Verwandte in der ganzen Welt. Über 200 verschiedene Bernsteinvorkommen sind mittlerweile entdeckt worden – etwa in Rumänien, Sizilien, Sibirien, der Dominikanischen Republik, Kolumbien und Mexiko. Unter allen sticht der baltische Bernstein hervor. Geschliffen offenbart er ein immenses Farbspektrum, ist gut zu verarbeiten und zählt zu den ältesten Bernsteinarten der Welt. Bis weit ins Mittelalter wurde der Begriff Bernstein vor allem auf das fossile Harz von der Ostsee bezogen.

Zeit für Luxus

Bereits in der Jungsteinzeit (ca. 6000–2000 v. Chr.), dem Neolithikum, kommt es zu einem ersten Bernstein-Boom nahe der Ostseeküste: Archäologen haben allein auf polnischem Gebiet 1500 Werkstätten in der Nähe natürlicher Bernsteinvorkommen entdeckt. Kaum härter als ein Fingernagel, ist Bernstein ein idealer Werkstoff. Mit Feuersteinklingen schnitzen die Juweliere der Steinzeit Perlen und Plättchen, Menschen- und Tieramulette. Mit feinem Sand glätten sie den Stein, mit Fellen und Leder bringen sie das matte Material zum Glänzen.

Einer der größten Funde aus dem Neolithikum ist der berühmte Schwarzortschatz. Im 19. Jahrhundert stießen Arbeiter zu ihrer Überraschung beim Ausbaggern einer Fahrrinne nahe des Ortes Juodkrantė in West-Litauen auf über 11 000 geologische und ca. 500 archäologische Objekte, die von der Universität Königsberg dokumentiert und zunächst auch verwahrt wurden. Auf verschlungenen Wegen landeten einige Stücke kurze Zeit später in Privatbesitz, der größte Teil ging in den Wirren des Zweiten Weltkrieges verloren. Nur ein kleiner Teil des Schatzes ist bis heute an der Universität Göttingen erhalten. Unter diesen siebzehn Artefakten finden sich fertige und halbfertige Perlen. Die Attraktion allerdings sind um die 15 Zentimeter große Idole in menschlicher Figur. Teilweise sehr abstrahiert, teilweise aber auch erstaunlich realistisch ausgearbeitet mit Gesicht und Gliedmaßen. Alle erhaltenen Figuren weisen an verschiedenen Stellen Löcher auf.

In einer Zeit, in der der Mensch sein wildes Leben aufgibt, wird der Kultstein auch zum Schmuck. Um 6000 v. Chr. ist die Zeit des Umherziehens – des reinen Jagens und Sammelns – vorbei. Der Mensch zähmt und züchtet Tiere zu Haustieren heran. Er baut sich aus Flechtwerk und Lehm feste Häuser von 30 bis 40 Meter Länge und bis zu 10 Meter Breite. Das neue Leben ermöglicht Vorratshaltung – und Luxus. Und mit Luxusgütern wird gehandelt. In Dänemark wurden Tausende von Bernsteinperlen gefunden. Der wandelbare Stein wird für die Menschen zum Tauschobjekt. Als Kult-, Rauch- oder Schmuckstein wechselt das seltsame Material seine Besitzer nun über weite Strecken hinweg.

Das Neolithikum ist eine Zeit tiefgreifender Entwicklungen. Der Mensch erfindet das Rad und auch den Wagen. Lange Zeit wurden solche Geistesblitze nur den Hochkulturen im Vorderen Orient zugetraut, bis Archäologen im Kreis Eckernförde Fahrspuren von einem einachsigen Wagen unter einem Großsteingrab entdeckten. Am Ende der Steinzeit vergrößerte sich auch in Mitteleuropa der Radius der Menschen um ein Vielfaches. Die Funde von baltischem Bernstein zeichnen mit den bekannten Herkunftsgebieten an Ost- und Nordsee zuverlässig seine Verbreitung nach. Im Neolithikum reichte der Handelsweg der Bernsteinfischer bis in das Rheinland, wie eine goldgelb schimmernde Perle beweist. Sie wurde am Boden eines hölzernen Brunnens in Erkelenz-Kückhoven gefunden, dessen Baudatum anhand der Jahresringe in den gut erhaltenen Hölzern exakt auf das Jahr 5090 v. Chr. datiert werden konnte. 14 Meter reichte der meisterhaft gebaute Brunnen in die Erde, die Ritzen zwischen den Holzbohlen waren bis in die Tiefe sorgfältig mit Moos abgedichtet.

Ihren zunehmenden Wohlstand demonstrierten die ersten bäuerlichen Gemeinschaften auch mit Bernstein. In ihren überdimensionalen Steingräbern, den Megalithgräbern, begleitete er die Toten als Kultobjekt und Schmuckstein ins Jenseits. Vor allem in der Trichterbecherkultur, die von 4400 bis 1800 v. Chr. in Norddeutschland weit verbreitet war, wurde der magische Stein neben Keramikgefäßen zu einer beliebten Grabbeigabe. Die mühevoll errichteten Megalithgräber hatten eine besondere Funktion für die Gemeinschaft. Sie waren sowohl Kult- als auch Begräbnisstätte für die Menschen der Jungsteinzeit. Im Vorraum einiger Grabkammern wurden Hinweise auf rituelle Feiern entdeckt. Unter den Steinbauten, die nur in einem gemeinschaftlichen Kraftakt entstanden sein können, sind oft mehrere Menschen verschiedenen Geschlechts und Alters, Familien, teilweise ganze Dorfgemeinschaften begraben. Immer wieder wurden die Steinbauten für weitere Verstorbene geöffnet. Es war eine egalitäre Bestattungsform, die im Spätneolithikum um 2800 v. Chr. in Europa von einer neuen Kultur zunächst ergänzt und zunehmend verdrängt wurde – der Glockenbecherkultur, einer Kultur mit anderen Begräbniszeremonien und völlig neuen Lebensformen. Ihre Angehörigen nahmen ihr Wissen, ihr Handwerk mit auf Wanderschaft und hatten dabei auch das Gold der Ostsee im Gepäck. Mit den Glockenbecherleuten gelangte baltischer Bernstein zu den Herrschern der ersten Hochkulturen.

Die etwa handgroßen Idole aus Bernstein wurden in der Jungsteinzeit geschnitzt. Die geheimnisvoll gelochten menschenähnlichen Figuren dienten als Schmuckbroschen oder waren Teil eines rituellen Zaubers.

Wissen macht mächtig

Der Mann, der am Ende des Neolithikums gegen 2300 v. Chr. in der Gegend des englischen Ortes Amesbury auftaucht, muss weit gereist sein. Allein die leuchtenden Farben seiner Kleidung sind den Einheimischen fremd. Sein langes Haar ist mit goldenen Ringen geschmückt. Er trägt einen aufwendig gearbeiteten Bogen bei sich und Werkzeug, das den Menschen im Gebiet von Wessex nicht bekannt ist. Es ist aus Kupfer, und der Mann ist ein Schmied.

2001 entdeckten Archäologen das Grab des «Bogenschützen von Amesbury» in der englischen Grafschaft Wessex – ein Glücksfall für die Forschung. Denn allein seine Ausstattung für das Jenseits lässt vor ihren Augen das Leben dieses Menschen lebendig werden: feine Goldornamente, Dolche aus Kupfer, eine zweifache Bogenausrüstung, Pfeilspitzen, Armschützer, goldene Haarringe, ein Amboss und Keramik, zum Teil glockenförmig geformt. Er muss ein bedeutender und wahrscheinlich auch wohlhabender Mann gewesen sein: Mit rund 100 Grabbeigaben war er um ein Zehnfaches reicher ausgestattet als die anderen Menschen in dieser Gegend. Das Gold in seinem Grab zählt zu den frühesten Goldfunden auf den Britischen Inseln. Er war also ein Vorreiter, ein Privilegierter.

Aufgrund der Bogenausrüstung wurde er bei seiner Entdeckung kurzerhand zum «Bogenschützen von Amesbury» ernannt, seine Profession war allerdings eine ganz andere: Er war ein Kupferschmied und ein Angehöriger einer neuen fremden Kultur, der Glockenbecherkultur. Der Steinamboss und die typische Keramik in Glockenbecherform geben darüber Aufschluss. Bei der Untersuchung seines Zahnschmelzes stellte sich heraus, dass der Verstorbene zumindest die ersten Jahre seines Lebens in den nördlichen Alpen daheim war – also weit weg vom britischen Wessex.

Das Glockenbecherphänomen breitet sich in der späten Steinzeit über weite Teile Europas aus – von der Iberischen Halbinsel im Südwesten über die Britischen Inseln im Nordwesten bis zum heutigen Südpolen und Ungarn im Osten. Auch in Nordafrika, Sizilien, Italien, Frankreich und Deutschland finden sich Zeugnisse dieser Kulturgruppen. Sie überwinden das Meer und verbinden am Ende der Steinzeit bis dahin völlig fremde Länder und Menschen miteinander. Im starken Gegensatz zu den lange Zeit üblichen Gemeinschaftsgräbern etwa in Form von Megalithen werden die Glockenbecherleute meist einzeln bestattet – mit einer Standardausrüstung für das Jenseits, die oft auch mit Bernstein ergänzt wurde. Die europaweiten Funde zeigen, dass die Glockenbecherleute sehr mobil waren, ihr Handwerk meisterlich beherrschten und auch dem Alkohol frönten. Pflanzenpollen verraten, dass sie aus ihren Bechern eine Art Met tranken, der mit Kräutern aromatisiert war.

Die Glockenbecherkultur ist eine dem Individuum zugewandte Kultur, die den Besitz des Einzelnen unterstreicht. Diese neue Lebensweise belebt den Handel und treibt ihn voran – die Kontakte der Glockenbecherleute reichen bis zur Ostsee. Die Bernsteinrouten werden weiter nach Mittel- und Südeuropa ausgebaut, denn es gibt ein neues Gut, das die Glockenbecherleute mitbringen: Kupfer. Viele von ihnen sind Schmiede. Die Metallkunst haben sie in Kupferwerkstätten in Nordafrika und im Vorderen Orient erlernt. Ab Ende des 9. Jahrtausends v. Chr. ist Metallurgie dort nachweisbar.

Mit den Glockenbecherleuten gelangten das revolutionäre Wissen und Handwerk auch nach Mittel- und Osteuropa. Ihre Kupferschmiede sind, wie das reich bestückte Grab des «Bogenschützen von Amesbury» zeigt, herausragende und mächtige Mitglieder der Gesellschaft. Sie sind Personen, die Naturgewalten beherrschen und nutzen können. In ihren Händen verwandeln sich Steine zu Metall. Ihr Handwerk muss für die Menschen an Zauberei gegrenzt haben. Möglicherweise üben die Metallurgen ihre Arbeit

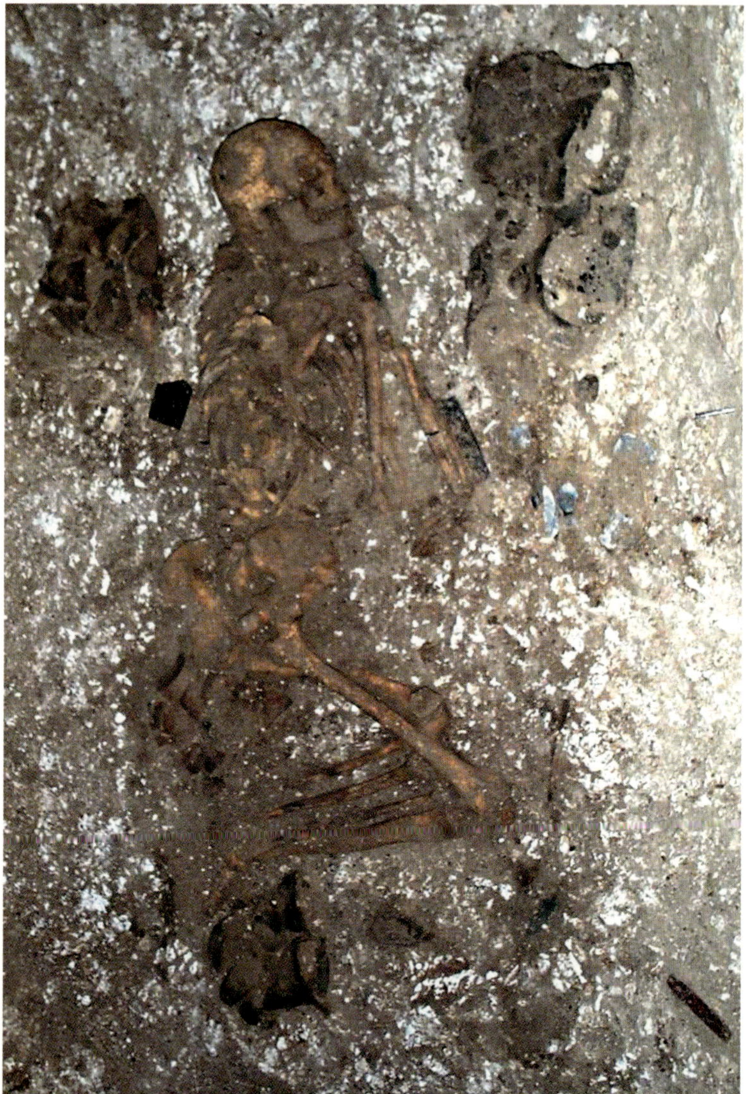

Er gehörte zur Avantgarde der Bronzezeit: der «Bogenschütze von Amesbury», der eigentlich Schmied war.

im Geheimen aus. Ihr Wissen macht sie zu einer sozialen Elite. Nach den egalitären Gesellschaften der Steinzeit bildet sich nun, neben den bereits in Ägypten und Mykene existierenden Herrscherstrukturen der Hochkulturen, auch in Europa erstmals eine gesellschaftliche Hierarchie, die über Besitz definiert wird. Ein umwälzender Prozess, der in die glanzvolle Bronzezeit mündet.

Die Oberschicht verlangt nach Statussymbolen wie Kupfer und Bronze, Gold und Bernstein. Das Harz mit den außergewöhnlichen Eigenschaften erobert sich seinen Platz neben den edelsten und exklusivsten Materialien der damaligen Zeit. Er wird zu einem Stein für Herrscher, Fürsten und Könige – und für die Götter. Er findet sich sowohl in den Gräbern der Fürsten von Wessex als auch in den Schachtgräbern der Könige von Mykene, die einst der Archäologe Heinrich Schliemann entdeckte. Zwischen sagenhaften Reichtümern wie etwa den berühmten Goldmasken lagen über tausend Objekte aus Bernstein. Herausragend sind die aufwendig gearbeiteten Halsketten aus der Zeit 1700–1500 v. Chr. mit zum Teil auffällig großen Bernsteinperlen, die bei einigen Schmuckstücken durch Bernsteinschieber auf Abstand gehalten werden. Ein schlaues Prinzip, das sich zur Begeisterung der Archäologen und Historiker an verschiedenen Orten findet – bei Kettenfunden in den Fürstengräbern von Wessex als auch bei einer Ausgrabung bei Ingolstadt in Bayern.

Ein schimmernder Schatz

Nur ein zartes Glitzern im Sand lässt den Archäologen Karl Heinz Rieder aufmerken: «Hoppla, das ist Bernstein, da müssen wir vorsichtig sein.» Der Mitarbeiter des Bayerischen Landesamtes für Denkmalpflege liegt richtig. 1996 machen Wissenschaftler auf dem Baugelände für einen Parkplatz in Ingolstadt einen Jahrhundertfund: ein unscheinbares Tongefäß mit kostbarem Inhalt. Bei der Fundsichtung können sie ihr Glück kaum fassen: Mehr als 2700 kleine und 80 große Perlen aus Bernstein kommen zum Vorschein. Aufgereiht ergeben sie ein mehrreihiges Collier, das durch seine Üppigkeit und Schönheit noch heute besticht. Neben der Prunkkette ist in dem Gefäß auch edler Beinschmuck verborgen – zwei fein geschmiedete Blechspiralen und ein Kupferblech.

Auch bei dem Collier von Ingolstadt liegen Bernsteinschieber wie bei den Funden in Mykene und Wessex. Die auffallend ähnliche Gestaltung ist ein weiterer Hinweis für intensive Handelskontakte über Tausende Kilometer hinweg. Was in Mykene chic war, gefiel anscheinend auch in Ingolstadt. Das Collier zierte der Datierung nach eine Zeitgenossin Nofretetes und war einer Königin würdig. Es wird eine Stammesfürstin gewesen sein, die sich einst mit den Perlen schmückte. Vor etwa 2400 Jahren wurde die Keramikdose wie ein Schatz versenkt. Aber anders als in den Hochkulturen, in denen das Leben der Herrscher für die Nachwelt umfangreich dokumentiert wurde, bietet dieser Fund keine weiteren Anhaltspunkte, die uns Auskunft über die Trägerin geben würden. Es fehlen Siedlungsspuren und weitere Quellen – und vor allem ihr Grab. Dass in dieser Zeit Brandbestattungen üblich wurden, könnte eine Erklärung dafür sein.

In nächster Umgebung zu dem Fundort des Ingolstädter Colliers wurden weitere Schätze, Depots mit wertvollen Metallgegenständen, unter anderem sechs Bronzedolchen aus der Frühbronzezeit, entdeckt. Dies und die unmittelbare Nähe zu einem Flusslauf sprechen dafür, dass es sich bei diesem Fundort um einen markanten Platz gehandelt haben könnte, an dem Horte, also Gaben an die Götter, rituell versenkt wurden. Mit seinen einzigartigen Eigenschaften – vor allem mit seiner Sonnenähnlichkeit – behielt Bernstein über die Jahrtausende und verschiedensten Kulturen hinweg seine magische Aura. Es war eine Rarität, und für die Menschen fernab der Ostsee blieb seine Herkunft bis in die Zeit des römischen Imperiums ein Rätsel. Somit hatte Bernstein alles, um ein exklusives, äußert begehrtes Gut zu sein. Die Wege der Bernsteinhändler gingen in der Bronzezeit quer durch Europa und reichten bis ans östliche Mittelmeer. Mykene war dabei das Drehkreuz für den Bernstein-Umschlag. Von dort gelangte der Stein zu den Herrschern von Qatna nach Syrien, nach Zypern und womöglich auch in die Paläste der Pharaonen.

Ein internationaler Fernhandel bestückt die Zentren der damaligen Welt mit dem schimmernden Schatz. Für die Menschen an der Bernsteinküste und entlang der Verkehrswege der Bronzezeit wird das fossile Baumharz der Schlüssel zu einem neuen Zeitalter. Roh oder schon bearbeitet ist es ein ideales Tauschgut. Bernstein wird für sie eine Art Währung, mit der sie an Bronze und andere Metalle gelangen. Daraus lassen sich neue Typen von Waffen und Werkzeugen herstellen. Metall bedeutet in diesen Regionen einen Zivilisationssprung, der den Menschen in Nordeuropa, die fern der Bernsteinvorkommen leben, lange verwehrt bleibt. Sie lassen die Steinzeit erst wesentlich später hinter sich.

Bernstein macht reich und mächtig – zumindest auf heimischem Boden. Danzig an der Weichsel ist ein Beispiel dafür. In der Eisenzeit ab 1000 v. Chr. wird es zu einem Zentrum der Bernsteinverarbeitung. Von dort aus gelangt das begehrte Gut über den Donauraum in den Süden – zur Adria und zum Schwarzen Meer. Auch an der Nordsee, auf den nordfriesischen Inseln Sylt, Amrum, Föhr blüht das Tauschgeschäft. Bernstein verhilft den friesischen Häuptlingen zu Wohlstand – üppige Grabbeigaben wie Prunkschwerter und wertvolle Dolche erzählen davon. Die westliche Route der Bernsteinhändler verläuft entlang der Elbe und Saale schließlich über den Rhein und die Rhône zum Mittelmeer. Dort übernimmt rund 200 Jahre nach dem Zusammenbruch der mykenischen Kultur ab dem 11. Jahrhundert v. Chr. ein geheimnisvolles Volk von der Levante den Handel mit Bernstein: die Phönizier. Sie stammen aus einem Küstengebiet, das sich heute hauptsächlich auf Syrien und den Libanon verteilt. Ihre günstige Position zwischen dem ägyptischen, mediterranen und mesopotamischen Raum macht sie zu Global Playern ihrer Zeit.

Die Phönizier sind begnadete Seefahrer und geschickte Unternehmer. Entlang der Küste spannen sie ein Netz an Handelszentren und Kolonien. Sie im- und exportieren Edelmetalle, Wein, Olivenöl, das Holz der Libanonzeder und Bernstein. Auf der Suche nach neuen Rohstoffen und Märkten dringen sie immer weiter nach Westen vor. Ihre Geschäftspartner – die Oberschicht der Assyrer, Hethiter, Ägypter und bald auch der Griechen – wollen Luxusware –, und die Phönizier handeln damit. Der schimmernde Stein ist dabei nicht nur ein Prestigeobjekt: Neben anderen Gottheiten beten die Phönizier den Sonnengott Baal an. Das fossile Harz, das auf ganz eigene Weise das Licht der Sonne bricht und so wandelbar ist, wird auf sie einen besonderen Reiz ausgeübt haben.

Mit ihren Handelskontakten tragen sie auch ihre religiösen Vorstellungen in die Welt. Die Geschäftsbeziehungen der Phönizier reichen über den gesamten Mittelmeerraum hinweg. Nach Meinung des Archäologen Erich Kistler institutionalisierten sie dabei eine kluge Politik des Schenkens. Vielleicht festigten und sicherten sie so auch ihre Kontakte und Handelsrouten zur Ostsee. Einige Forscher glauben, dass die erfolgreichen Seefahrer – angelockt von den reichen Zinnvorkommen in Cornwall – bis nach Britannien vorgedrungen sein könnten. Ob ihre Schiffe auch das Baltikum erreicht haben, wissen wir nicht. Sicher ist, dass der Handel von Ost nach West bis in den Süden – hin und zurück – glänzend funktionierte. Das Geschäft mit dem Bernstein wird vermutlich im Binnenland vor allem über Mittelsmänner auf Bohlenwegen quer durch die Moore und auf den Flüssen betrieben worden sein. Die erstarkenden Handelsmächte, die griechischen Stadtstaaten und die Etrusker, nutzten den Weg entlang der Flüsse. Um 600 v. Chr. gründeten griechische Seefahrer Massalia, das heutige Marseille, nahe der Rhône-Mündung – ein Drehkreuz auf der Bernsteinstraße nach Norden.

Jenseits der Alpen verlangt eine neue Unternehmerschicht nach Luxusartikeln. Das zeigen die monumentalen und üppig gefüllten Grabhügel der Hallstattkultur. Ab der Bronzezeit erstreckt sie sich von den reichen Salzvorkommen bei Hallstatt über Süddeutschland bis zu den Oberläufen von Rhein, Seine und Saône sowie bis in den Balkan. Wer die Bergwerke und die Wege des Salzes kontrolliert, ist mächtig und streicht fürstliche Gewinne ein. Die reichen Herren schmücken sich mit Statussymbolen – je rarer und exotischer, desto besser. Bei ihren Grabbeigaben demonstrieren sie weltmännisches Stilbewusstsein: attische Keramik, etruskische Bronzearbeiten, Weinamphoren aus Massalia und baltischer Bernstein. Nach etruskischem Brauch lassen sie sich mit einem vierrädrigen Wagen bestatten.

Bernsteinschätze entdeckten Archäologen vor allem in den Grabkammern der Frauen wie den sogenannten «Fürstinnen» von Herbertingen in Baden-Württemberg und Vix am Mont Lassois im Burgund. Die «Fürstin» von Vix wurde einer großen Herrscherin gleich auf einen vierrädrigen Wagen mit einem Golddiadem gebettet: An ihrem Körper trug sie schweren Schmuck aus Gold und Bernstein. Wie groß ihr Einfluss, ihre Macht gewesen sein muss, demonstriert ein prächtig verziertes griechisches Bronzegefäß – ein sogenannter «Krater» zum Mischen von Wasser und Wein, über 200 Kilogramm schwer. Auch die 2010 bei der Heuneburg in Baden-Württemberg entdeckte «Fürstin» von Herbertingen ist geschmückt mit großen Mengen an Prestigegütern aus dem Mittelmeerraum und dem Gold des Nordens, Bernstein. Die Grabbeigaben der Hallstattzeit offenbaren überaus deutlich, welchen außergewöhnlichen Wert Bernstein seinerzeit hatte: Obwohl die Oberschicht der Eisenzeit an die exotischsten und kostbarsten Güter ihrer Zeit gelangen konnte und sich damit auch ausstaffierte, blieb Bernstein ein begehrtes Material. Neben dem reinen Schmuckwert wird die magische Aura des Steins für die Reise ins Jenseits dabei eine Rolle gespielt haben.

Die Tränen der Götter

Der rätselhafte Stein faszinierte auch die Griechen. Sie nannten ihn «elektron», entsprechend seiner sonnengoldenen Farbe, und verewigten ihn in dem tragischen Mythos des Phaeton, der in Ovids Hexameter-Dichtung – den *Metamorphosen* – in größter Vollendung erzählt wird. Als Phaeton von einem von Zeus gesandten Blitz getötet wird, verwandeln sich seine Schwestern, die Heliaden, in ihrem Schmerz zu Pappeln, und ihre Tränen werden zu Bernstein. Der Mythos kommt damit dem wahren Ursprung des Bernsteins erstaunlich nahe, auch wenn die «Tränen der Götter» in Wirklichkeit nicht von Pappeln, sondern wahrscheinlich von Koniferen, also Nadelbäumen, stammen.

Aus welchem Gebiet dieser seltsame Stein tatsächlich kommt, blieb für die mediterrane Welt lange Zeit im Dunkeln. Die Kleinheit der in etruskischen und griechischen Werkstätten gefertigten Objekte legt nahe, dass nur kleine Mengen an Rohmaterial tatsächlich im Süden ankamen und diese – sicherlich auch aus diesem Grunde – sündhaft teuer waren. Bernstein war für sie nicht nur ein exquisiter Schmuckstein. Häufig präsentierten sie das fossile Harz der Ostsee den Göttern als Weihegeschenk. Aber auch im profanen Alltag kam der Bernstein zum Einsatz: Besonders wohlhabende Griechen sollen der Überlieferung nach größere Steine als Kleiderbürsten genutzt haben, um ihre Gewänder von Straßenstaub und Flusen zu befreien. Eine kluge Idee, mit deren Prinzip sich schon Thales von Milet, einer der ersten großen Naturphilosophen im 6. Jahrhundert v. Chr., auseinandersetzt. Er beschreibt die elektrostatische Aufladung, wenn Bernstein etwa mit einem Tuch abgerieben wird.

Im Römischen Reich widmet sich Plinius der Ältere im 1. Jahrhundert n. Chr. in seiner *Naturalis historia* ausführlich der Herkunft und den Eigenschaften des Bernsteins. Er liegt mit seinen Ausführungen, dass «Bernstein aus dem herabfließenden Mark von Bäumen aus der Gattung der Fichten» entstehe und von den «Inseln des nördlichen Ozeans» stamme, schon erstaunlich richtig. Der fossile Charakter und das hohe Alter des Bernsteins bleiben ihm dabei noch verborgen.

An den Schilderungen von Plinius lässt sich ablesen, wie begehrt Bernstein im 1. Jahrhundert n. Chr. bei den Römern war – sehr zum Verdruss des Autors. Plinius ereifert sich über die Auswüchse, die das goldgelbe Harz mit sich bringt. Er spottet, dass seine Zeitgenossen Bernstein als reines Statussymbol besitzen wollen. Und er kann es nicht fassen, dass der Preis einer kleinen Bernsteinfigur oftmals den eines Sklaven übertrifft. Für den verschwenderischen und stets nach Anerkennung suchenden Kaiser Nero scheinen die sonnenähnlichen Schmuckstücke die richtigen Requisiten für seine extravaganten Höhenflüge gewesen zu sein. So sandte er einen Reiter an die Küste Germaniens, um von dort so viel Bernstein wie möglich herbeizuschaffen. Das größte Stück soll über vier Kilogramm gewogen haben. Für die Bürger von Rom ließ Nero für einen einzigen Tag die Gladiatorenspiele in ein goldgelb glitzerndes Spektakel verwandeln: Der Boden war gänzlich mit Bernsteinstücken bedeckt, und in die Netze, die die Zuschauer vor den wilden Tieren schützen sollten, war Bernstein geflochten. Einen wahren Modetrend unter den römischen Frauen löste Nero aus, als er die Haare seiner Frau Poppea mit dem Begriff «bernsteinfarben» schmückte, sehr zum Ärger von Plinius. Den Nutzen von Bernstein sah dieser lediglich in der Heilkunde – und war damit in bester Gesellschaft.

Bernstein – ein Heilstein?

Schon der Grieche Hippokrates von Kos, der als Begründer der medizinischen Wissenschaft gilt, beschäftigt sich im 6. Jahrhundert v. Chr. mit Bernstein. Die Natur steht für ihn in enger Wechselwirkung mit dem Zustand von Körper und Seele. Aus dieser Zeit sind die ersten Bernstein-Therapien und -Rezepte überliefert. So empfiehlt Kallistratos von Athen seinen Patienten Bernstein als Amulett oder Trank gegen Geistesstörung, Delirien, Fieber, Halsschmerz, Nierensteine und bei erschwertem Urinieren. Auch Kindern soll Bernstein in Form von Amuletten und Ketten helfen und sie vor Unheil beschützen. Bis heute glauben manche Eltern, dass sie ihren Kleinen mit Bernsteinketten das Zahnen erleichtern – und der Stein den Zahn zieht …

Die Karriere des Bernsteins in der Medizin nimmt in der Antike ihren Anfang und geht fortan steil nach oben. Bereits in den römischen Arzneischränken hat das uralte Harz einen festen Platz als Medizin gegen fast alle Leiden – zählt man die verschiedenen Empfehlungen der Ärzte zusammen. Einige wie etwa Rufus von Ephesos beschränken sich darauf, Bernstein als ein vorzügliches Allheilmittel zu benennen. Auch die Anwendungsformen sind umfangreich. Bernstein soll als Amulett getragen, als Pulver oder aufgelöst als Trank eingenommen werden. Einige Ärzte empfehlen, Bernstein zu zerschlagen, um die dabei entstehenden Dämpfe zu inhalieren. Als Riechstein soll er venezianischen Quellen zufolge Pestärzte vor Ansteckung schützen können.

Auch die umtriebige Äbtissin und Naturheilkundlerin Hildegard von Bingen hält im 12. Jahrhundert große Stücke auf Bernstein als Mittel gegen den Schwarzen Tod. Bei Magen- und Eingeweideschmerzen rät sie, das Harz 14 Tage lang für je eine Stunde in Bier, Wasser oder Wein zu legen. Bei erschwertem Wasserlassen soll dagegen der Bernstein einen Tag lang in Kuh- oder Schafsmilch eingelegt werden. Auch die Theorie, Ähnliches mit

Ähnlichem zu bekämpfen, kommt in der Bernstein-Heilkunde zum Tragen: Herzog Albrecht von Preußen etwa sendet Martin Luther einen weißen Bernstein gegen sein «Steinleiden», gemeint sind wohl seine Gallen- oder Nierensteine …

Die Bernsteinherren

Bis ins frühe Mittelalter gehörte das Gold der Ostsee dem glücklichen Finder. Vor allem stürmische Tage, an denen die matten Steine vom Boden gelöst und von den Wellen an Land getrieben wurden, konnten den Küstenbewohnern einen reichen Segen bringen. Die Herzöge von Pommern bereiteten der wilden Strandlese und Bernsteinfischerei ein Ende. Im 10. Jahrhundert n. Chr. zwangen sie die Einheimischen, ihre Bernstein-Ausbeute an sie abzuführen – von der Nordseeküste im Westen bis nach Danzig im Osten.

Ein lukratives Geschäft, das sich auch der Deutsche Orden nicht entgehen lassen wollte. Denn die Kreuzzüge und andere Kriege sowie der Bau ihrer steinernen Burgen verschlangen eine Menge Geld. Mit der Eroberung des Samlandes in der zweiten Hälfte des 13. Jahrhunderts kontrollierten sie von da an auch den Bernsteinhandel an der Ostseeküste. Sie sicherten sich das Recht auf Gewinnung und Verarbeitung. Mit dem sogenannten Bernsteinregal verpflichteten sie die Strandbewohner bestimmter Küstenabschnitte, alle Bernsteinfunde an den Orden abzuliefern. Ihr Lohn: Geld oder Salz. Wer unbefugt Rohbernstein sammelte oder besaß, wurde gehängt. Ordensbeamte, die Bernsteinherren, nahmen vor Ort die wertvolle Ware entgegen und wachten darüber, dass kein Krümelchen illegale Wege ging. Sowohl das Bernsteinregal als auch die rigiden Überwachungsmethoden des Deut-

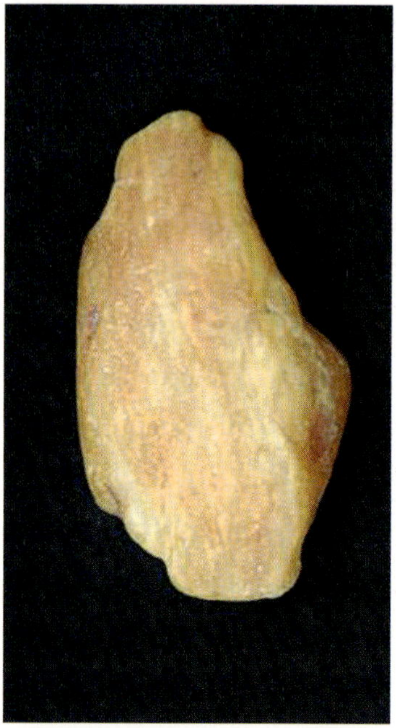

schen Ordens dokumentieren, wie wertvoll Bernstein in dieser Zeit gewesen sein muss und wie hoch er gehandelt wurde.

Nur in ausgewählten Werkstätten in Brügge, Lübeck und später auch Danzig durfte der Bernstein zunächst bearbeitet werden. Verkaufsschlager waren Rosenkränze, die unter den kundigen Händen der Rosenkranzdrechsler, den Paternostermachern, entstanden. Die Paternostermacher schlossen sich Anfang des 14. Jahrhunderts zu einer Gilde zusammen. Der Absatz ihrer Ware war gewaltig. Die gesamte christliche Kirche wurde mit ihren Rosenkränzen aus Bernstein versorgt. So brachte der Verkauf dem Orden jährlich aus Lübeck 1300 und aus Brügge 2800 Mark preußisch ein. Vom Stützpunkt des Deutschen Ordens in Lemberg aus wurde der begehrte Stein bis in den Orient geliefert. Für die Kaufleute der Deutschen Hanse zählte Bernstein neben Pelzen zu ihren Spitzenartikeln aus dem Osten, die sie in den Westen bis nach London und in den Süden bis nach Italien exportierten.

Das Geschäft mit dem Bernstein

Anfang des 14. Jahrhunderts gelingt einer kleinen Gruppe von Kaufleuten, geführt von dem Hansen Hildebrandt Veckinchusen, ein geschickter Coup: Sie gründen die Venedische Gesellschaft. Besonders russische Pelze und baltischer Bernstein sind in der Lagunenstadt gefragt. Ohne Zwischenhändler verkaufen sie ihre

Vom Rohling zur glänzenden Bernsteinkette. Der experimentelle Archäologe Harm Paulsen zeigt mit bronzezeitlichen Werkzeugen, wie es geht. Kaum härter als ein Fingernagel, ist Bernstein für Juweliere ein idealer Werkstoff – von der Steinzeit bis heute. Geglättet und poliert offenbart er sein außergewöhnliches Farbenspiel.

Luxuswaren vor Ort in Venedig und streichen Maximalgewinne ein. In nur zwei Jahren erwirtschaftet die Venedische Gesellschaft einen Profit von 100 Prozent! Die Deutsche Hanse und der Deutsche Orden arbeiten bei dem glänzenden Geschäft mit dem Bernstein Hand in Hand.

Nach der vernichtenden Niederlage des Deutschen Ordens in der Schlacht von Tannenberg durch das polnisch-litauische Heer im Jahre 1410 ändert sich die Situation dramatisch. Absatzmärkte brechen weg, fremde Händler gewinnen an Einfluss. Auch Bernstein ist nicht mehr so gefragt. Die Situation verschärft sich durch die Einflüsse der Reformation im 16. Jahrhundert. In vielen Fürstentümern gibt es keinen Bedarf mehr an Rosenkränzen. In dieser schwierigen Situation entwickelt der Herzog von Preußen aus ureigenem Interesse eine neue Verkaufsstrategie für das Gold der Ostsee.

Albrecht von Brandenburg-Ansbach, der letzte Hochmeister des Deutschen Ordens in Preußen, der mit der Reformation zum lutherischen Glauben konvertiert, hält als erster Herzog von Preußen auch das Monopol auf Bernstein. Damit die goldgelbe Einnahmequelle nicht versiegt, fördert Albrecht eine neue Form der Bernsteinverarbeitung – das Kunsthandwerk. Aus dem vielfarbigen Material werden nun im großen Stil aufwendigst gearbeitete Schatullen, Schränkchen, Leuchter, Rahmen und sogar Stühle geschnitzt und gedrechselt. Die Bernsteinmeister entwickeln dabei ein Verfahren, Bernstein durch Erhitzen klar und durchsichtig wie Glas werden zu lassen. Diese hauchdünnen Plättchen werden als Intarsien an Schränken und auf Schachbrettern eingearbeitet.

Albrechts neue Geschäftsidee macht sich in zweierlei Hinsicht bezahlt. Mit den kunstvollen Kuriositäten aus Bernstein verhilft er seinem Fürstentum zu neuem Glanz und poliert obendrein seine Staatsfinanzen auf. Wie die Wittelsbacher etwa ihre Kristallvorkommen für fein geschliffene Glasarbeiten nutzen, hat nun auch das an Rohstoffen arme Preußen ein Prestigegut. Damit kann es sich schmücken, zumal Bernstein-Artefakte an den europäischen Fürsten- und Königshäusern äußerst begehrt sind. Die fein gearbeiteten Prunkstücke aus Bernstein gehören fortan zu den Standard-Schätzen in den fürstlichen und königlichen Kuriositätenkabinetten und Kunstkammern. Und das über zweihundert Jahre lang.

Das Bernsteinzimmer

Die größte und kostbarste Kuriosität aus Bernstein leistet sich Anfang des 18. Jahrhunderts Preußenkönig Friedrich I. Kurz nach seiner Krönung in Königsberg gibt er 1701 den Auftrag für das Bernsteinzimmer, dessen Verbleib bis zum heutigen Tag eine stattliche Anzahl von Schatzjägern um ihren Schlaf und teilweise auch um ihr Vermögen gebracht hat.

Friedrich ist ein großer Kunstliebhaber. Er verwandelt das provinzielle Berlin in eine prachtvolle Residenzstadt und macht sich selbst mit dem «achten Weltwunder» ein großes Geschenk. Noch nie zuvor war ein Zimmer ganz aus Bernstein gestaltet worden. Das Bernsteinkabinett soll eine Weltneuheit werden. Genau das Richtige für einen König, der nach Geltung strebt.

Zehn Jahre schnitzen verschiedene Bernsteinmeister, zunächst Gottfried Wolfframm aus Kopenhagen, später Ernst Schacht und Gottfried Turau aus Danzig, an der teuersten Tapete der Welt. Es entstehen filigrane Figürchen, Ornamente, üppig verzierte Rahmen und Leisten. Die versierten Handwerker bringen dabei die raffiniertesten Techniken der Bernsteinkunst zum Einsatz wie etwa das Verfahren der Inkrustation, bei dem zuvor farblich veränderte oder durch Erhitzen geklärte Bernsteinplättchen auf Folien und Spiegeln zu prachtvollen Mosaiken zusammengefügt werden. Die wertvolle Wandvertäfelung ziert schließlich das Tabakzimmer im dritten Geschoss des Berliner Schlosses.

Allerdings nur für kurze Zeit, denn anders als sein Vater kann Friedrich Wilhelm I., der 1713 den Thron besteigt, den Bildenden Künsten nichts abgewinnen. Auch das Prunkstück seines Vaters, das Bernsteinkabinett, lässt ihn kalt. Den Unterschied zwischen ihm und seinem Vater soll Friedrich Wilhelm mit folgenden Worten zusammengefasst haben: «Mein Vater fand Freude an prächtigen Gebäuden, großen Mengen an Juwelen, Silber, Gold und Möbeln und äußerlicher Magnifizenz – erlauben Sie, dass ich auch meine Vergnügen habe, das hauptsächlich in einer Menge Truppen besteht.»

Entsprechend dieser Einstellung opfert er auch das Bernsteinzimmer, das Kleinod seines Vaters, seinem Vergnügen, der Erweiterung der Armee. Als der russische Zar Peter I. 1711 Friedrich Wilhelms Vater in Berlin besucht, soll Peter den Wunsch geäußert haben, ein solches Kabinett zu besitzen. Diesen Wunsch nutzt Friedrich Wilhelm wenige Jahre später für einen diplomatischen Handel. Als Zeichen seiner Freundschaft und um das Bündnis gegen den gemeinsamen Feind Schweden zu festigen, schenkt der Preußenkönig dem russischen Zaren 1716 das Bernsteinkabinett mitsamt Mobiliar sowie eine prachtvolle Yacht. Im Gegenzug erhält der «Soldatenkönig» für sein Leibbataillon 55 «lange Kerls», mit einem Gardemaß von mindestens 6 Fuß, umgerechnet 188 Zentimetern. In den folgenden Jahren werden noch weitere 300 großgewachsene Grenadiere nach Preußen entsandt. «Menschengeschenke» in Gestalt von Soldaten waren zu dieser Zeit ein übliches und überaus pragmatisches Präsent unter Monarchen.

Anfang des Jahres 1717 verlässt das Bernsteinzimmer, sorgsam verstaut in 18 Kisten, Berlin in Richtung St. Petersburg. Der König von Preußen, bekannt für seine Knauserigkeit, sorgt weder für warme Kleidung noch für die Versorgung des Geleitschutzes des Konvois. In St. Petersburg angekommen, dauert es Jahre, bis die einzigartige Vertäfelung in vollem Glanz erstrahlt. Zar Peter erlebt die Fertigstellung nicht mehr.

Das Bernsteinkabinett wird zunächst im neu errichteten Winterpalais aufgebaut. Da die schimmernden Steine dort wohl unter Zugluft leiden, entschließt sich Peters Tochter Zarin Elisabeth Petrowna 1755, das Bernsteinkabinett in den Palast Zarskoje Selo (zu deutsch: Zarendorf), die Sommerresidenz des Zaren, zu überführen. Mehrere Dutzend Soldaten tragen den honiggelben Schatz eigenhändig zu dem 25 Kilometer entfernten Lieblingsschloss der Regentin, weil diese befürchtet, dass die zart gearbeiteten Verkleidungen bei einem Transport mit Wagen Schaden nehmen könnten. Da der für das Bernsteinkabinett anvisierte Raum größer ist als die gelieferte Verkleidung, wird das prachtvolle Kunstwerk unter dem Architekten Francesco Bartolomeo Rastrelli von fünfzig auf hundert Quadratmeter Fläche mit neu geschaffenen Bernstein-, Gold- und Spiegelelementen erweitert. Über 200 Jahre schmückt das Meisterwerk aus Bernstein die Wände im Sommerpalais – bis zum Zweiten Weltkrieg.

Mythos Bernstein

Der Krimi rund um das Bernsteinzimmer beginnt im besetzten und schwer umkämpften Leningrad (wie St. Petersburg von 1924 bis 1991 hieß). In einer konzertierten Aktion rauben Soldaten der Deutschen Wehrmacht im September 1941 das Bernsteinzimmer aus dem Zarenpalast und bringen es sorgfältig verpackt nach Königsberg. Dort baut der Direktor des Königsberger Schlosses und der dortigen Kunstsammlung, Dr. Alfred Rohde, das Bernstein-Wunder für die Königsberger Bevölkerung auf. Es wird das letzte Mal sein, dass das Bernsteinzimmer zu besichtigen ist, denn kurze Zeit später verschwinden die edlen Vertäfelungen zu ihrem Schutz wieder in Kisten. Rohde verstaut das verpackte Bernsteinzimmer im Keller des Schlosses. Am 27. August 1944 wird Königsberg bombardiert und fast vollständig zerstört. Ab da verliert sich die Spur des Bernsteinzimmers, es entsteht ein Gewirr von widersprüchlichen Angaben und Aussagen, an denen sich bis heute Historiker die Zähne ausbeißen. Noch immer ist ungeklärt, ob die Kisten bei der Bombardierung im Schloss verbrannt sind, bei der Evakuierung auf einem Schiff gesunken oder noch rechtzeitig an anderer Stelle sicher versteckt worden sind. Die unterschiedlichen Indizien und Vermutungen beflügeln seit Kriegsende Heerscharen von Schatzjägern. Viele sind fest überzeugt, just an ihrem Heimatort das Versteck des Bernsteinzimmers gefunden zu haben – bislang ohne Beweis.

Längst erstrahlt eine Rekonstruktion in Zarskoje Selo in eigenem Glanz. Anhand von historischen Aufzeichnungen und einzelnen Originalteilen haben russische Restauratoren und Kunsthandwerker aus rund einer halben Million Bernsteinplättchen das Meisterwerk von einst mit großem Können und unendlicher Geduld neu erschaffen.

Wenn wir auf die wechselvolle Geschichte des Bernsteins zurückblicken, auf diesen Stein, der gar keiner ist, dann erscheint es nicht verwunderlich, dass dieses seltsame Material der Stoff für Legenden ist. Mit seinem sagenhaften Alter von mehreren Millionen Jahren und seiner vielfältigen Anziehungskraft bietet er seit jeher eine ideale Projektionsfläche für den Menschen. Mal als Verbindung zu den Göttern, mal als seltenes Juwel, mal als Heilmittel. Es ist ein Stein, der über die Jahrtausende hinweg die Entwicklung des Menschen und seiner Zivilisation spiegelt und dabei immer noch unserer Phantasie genügend Raum gibt: Es sind die Tränen der Götter.

KAPITEL 3

Die Bernsteinstraßen im Mittelmeerraum

Die Schatzinsel

Die Ägäis glitzert wie Myriaden Diamanten, als kurz nach Sonnenaufgang ein Fischerboot den Archäologen Timo Ibsen im Hafen von Nafplio an Bord nimmt. Der junge Wissenschaftler aus Schleswig hat bewusst diesen Ort gewählt, denn die alte Hauptstadt des modernen Griechenlands (von 1829–1834) auf dem Peloponnes war schon in der Bronzezeit ein Seehafen, der bis in das ferne Ägypten Beziehungen unterhielt. Das geht aus einer Ortsnamensliste des Pharaos Amenophis III. hervor, die um 1370 v. Chr. verfasst wurde. «Es ist ein großes Puzzle mit vielen kleinen Teilen, die wir zusammenfügen müssen, wenn wir das Fernhandelsnetzwerk der Bronzezeit erfassen wollen», erklärt Ibsen. Er sucht deshalb rund um das Mittelmeer Spuren der Handelsbeziehungen vor 3500 Jahren, er fahndet nach Hinweisen auf Bernsteinstraßen, die nicht nur über Land, sondern auch über das Meer quer durch das Mediterraneum führten.

Vorbei an Felsabbrüchen, die schroff ins kristallklare Wasser abfallen, steuert der Fischer Angelos mit sicherer Hand und der Erfahrung von 40 Jahren auf diesem nicht ungefährlichen Gewässer eine vorgelagerte Insel an. Ibsen erkennt die Reste einer Mauer, die sich über den nur mit Büschen bewachsenen Höhenrücken des Eilands erstreckt. «Hinter diesen Mauern soll ein gro-

ßer Schatz versteckt gewesen sein», erklärt Angelos stolz seinem deutschen Passagier. Schmuggler hätten sich hier ihrer Reichtümer entledigt, um keinen Verdacht zu erregen, bevor sie in den offiziellen Hafen eingefahren sind. Dieses Geheimnis hätte ihm sein Großvater verraten, als er mit fünf Jahren zum ersten Mal mit ihm hinausfahren durfte. Fischerlatein?

Solche alten Legenden haben oft einen wahren Kern, weiß der weitgereiste Archäologe vom Landesmuseum Schloss Gottorf in Schleswig. Doch Ibsens wissenschaftlicher Entdecker-Phantasie folgt schnell die Ernüchterung. Beim Näherkommen identifiziert er das verfallene Mauerwerk: eindeutig neuzeitlich. Wahrscheinlich handelt es sich um die Reste eines Gefängnisses auf der Insel, das vermutlich bis in die Tage der griechischen Militärdiktatur genutzt wurde. Schatz hin, Gefängnis her, die Insel hat auf jeden Fall eine strategisch sehr günstige Lage, die sicher schon die Seefahrer vergangener Epochen erkannt hatten. An einer geschützten Bucht der ansonsten abweisenden Felsenküste ankert Angelos sein Boot. Durch das erfrischend kühle Wasser des Morgens schwimmt Ibsen zum Strand.

Auch hier entdeckt das geschulte Auge des Wissenschaftlers Mauerreste: eine alte Anlegestelle! Wie alt diese ist, lässt sich aus der Architektur nicht ablesen. Mittelalterlich, antik oder gar bronzezeitlich? Timo Ibsen erkundet weiter den menschenleeren Kiesstrand, und unvermutet kommt ihm die Natur zu Hilfe. Durch Erosion ist ein Teil der Küstenböschung abgerutscht, wodurch das Erdreich wie in einem archäologischen Grabungsschnitt geöffnet wurde. Es schimmert weiß: Knochen. Nach kurzer Prüfung ist klar, dass es sich um die Überreste eines Schafes handelt. Vielleicht die Mahlzeit der Schmuggler, nachdem sie ihren Schatz vergraben hatten?

◀ Bernstein war in der Bronzezeit ein begehrtes Tauschobjekt. Solche Ketten finden sich über Tausende Kilometer verstreut von Mitteldeutschland über die Alpen bis nach Griechenland.

Jetzt fühlt sich Ibsen in seinem Element. In der Abbruchkante stecken auch Scherben. Keramik ist eine der Hinterlassenschaften, die sich sehr gut datieren lassen. Form, Farbe, Material und Bearbeitung verraten den Spezialisten, wann der Topf oder Krug gebrannt wurde. Und wenn eine solche Scherbe in einer bestimmten Erdschicht steckt, dann weiß er, wie alt diese Schicht ist. Ibsen identifiziert tatsächlich ein Fragment, das in die Bronzezeit datiert, also sind die Mauerreste darum herum auch aus dieser Epoche. Der morgendliche Ausflug hat sich auch ohne Schatzfund gelohnt. Hier in dieser einsamen Bucht war vor ungefähr 3500 Jahren eine befestigte Anlegestelle. Ein Indiz dafür, wie intensiv die Seefahrt damals gewesen sein muss.

Zeitsprung – der Hafen damals

Ein Stimmengewirr beinahe babylonischen Ausmaßes schallt durch die Hitze eines Sommertages im Jahre 1328 v. Chr. Akkadische Flüche, hethitische Drohungen, mykenische Befehle, ägyptische Beschwichtigungen, illyrische Beschimpfungen. Auf der Quaimauer herrscht Aufregung. Dichtgedrängt liegen die Schiffe zum Be- und Entladen nebeneinander, als ein Neuankömmling sich noch in eine Lücke quetschen will, die für den 5 Meter breiten und 15 Meter langen Rahsegler viel zu schmal wirkt. Doch der Kapitän des tief im Wasser liegenden und anscheinend voll beladenen Frachters lässt sich von dem Geschrei nicht beirren. Auf seinen Befehl hin wird das Segel gerefft, und das Schiff zielt genau in die schmale Lücke. Mit einem lauten Ächzen, als Zedernholz auf Zedernholz reibt, schiebt er die beiden Nachbarschiffe auseinander. Die aufgebrachten Rufe und wilden

Gesten ihrer Kollegen ignoriert die einlaufende Schiffsmannschaft eiskalt.

Die Arroganz der Neuankömmlinge hat einen einfachen Grund: Die Ladung im Bauch ihres Seglers wird von den mykenischen Herrschern bereits sehnsüchtig erwartet. Die Besatzung hat eine weite Reise über das offene Meer hinter sich. Vor vier Tagen legte sie von der Insel Zypern ab und bewältigte die Strecke von über 1000 Kilometern mit einer Durchschnittsgeschwindigkeit von sieben Knoten. Ihre fast 20 Tonnen schwere Fracht besteht zum größten Teil aus Kupfer, besser gesagt aus Kupferbarren, dem wichtigen Rohstoff der Bronzezeit. Neun Teile Kupfer und ein Teil Zinn ergaben die Legierung, die einem ganzen Zeitalter seinen Namen gab: Bronze. Und dies zu Recht, denn mit der Bronze besaßen die Menschen erstmals ein sehr gut zu bearbeitendes und sehr hartes Metall. Sie war Rohstoff für die gefürchtetsten Waffen der damaligen Zeit; Schwerter und Lanzen aus Bronze – mit ihnen wurde der legendäre Trojanische Krieg ausgefochten. Die Mykener brauchten die Lieferung aus Zypern dringend, um ihre Waffenschmiede mit Nachschub zu versorgen.

Zügig macht sich die Mannschaft an das Ausladen der über 25 Kilogramm schweren Kupferbarren. Sie hängen an einem Holzgestell, das jeweils zwei Männer über ihren Schultern tragen. Die seltsame Form der Barren ähnelt der abgezogenen Haut eines Ochsen. Das ist nicht unpraktisch, denn an den dünnen Enden kann man die schweren Barren gut mit einem Seil an dem Tragegestell befestigen. Dann bringen die Matrosen Amphoren aus dem Bauch des Schiffes. Bevor sie an Land gebracht werden, prüft ein Hafenaufseher Inhalt und Qualität. Mandeln aus dem Zweistromland, Granatäpfel aus Kilikien und Feigen aus Ägypten – begehrte Luxuswaren für die Oberschicht der mykenischen Gesellschaft. Ein weiterer Exportschlager aus dem fernen Afrika ist Elfenbein. Die Stoßzähne der Elefanten werden von geschickten Kunstschnitzern für edle Intarsienarbeiten verwendet. Dazu passt besonders gut Ebenholz aus dem schwarzen Herzen Afrikas, das gerade vom Nachbarschiff gelöscht wird. Der Kapitän des Frachters vom Nildelta übergibt persönlich einem mykenischen Händler eine kleine, aber anscheinend sehr schwere Kiste. Ein allzu neugieriger Matrose wird mit einem kurzen Befehl weggeschickt, erst dann öffnet der Händler den Deckel. Im Inneren der Truhe schimmern blau die Edelsteine Lapislazuli und Türkis, die über die Seidenstraße aus dem Fernen Osten ans Mittelmeer kamen.

Waren aus aller Herren Länder wurden in der Bronzezeit im Mittelmeerraum verhandelt. Exotische Früchte, kostbare Steine, seltene Rohstoffe, der Markt hatte alles zu bieten und ließ keine Wünsche offen. Aber wie stand es um Waren aus dem Norden Europas? Fand der Bernstein, das Gold der Ostsee, seinen Weg zu den Handelszentren rund um das Mediterraneum? Oder war der Weg zu gefährlich oder zu unprofitabel oder womöglich einfach zu lang? Ein länder- und kontinentübergreifendes wissenschaftliches Puzzle ist vonnöten, um diese Fragen beantworten zu können. Eine menschliche Tragödie, die sich vor 3300 Jahren vor der Küste der heutigen Türkei ereignete, erweist sich hierbei als wichtiges Teilstück: eine Schiffskatastrophe.

Das Wrack von Uluburun

Das Kap von Uluburun ragt an der südtürkischen Küste nahe der Touristenhochburg Antalya wie eine Nadel ins Meer. Das Gebiet ist ein beliebtes Revier für Hobbytaucher, denn das Kap war und ist ein gefährliches Hindernis für die Seefahrt, und so birgt der Meeresgrund hier etliche Wracks. Ein Profi machte jedoch die bisher spannendste Entdeckung: Während einem seiner Tauchgänge stieß ein Schwammtaucher 1982 dort auf schwere Gegenstände, die die Form einer aufgespannten Ochsenhaut hatten. Die benachrichtigten Archäologen wussten gleich, dass es sich um Kupferbarren aus der Bronzezeit handeln musste, doch es bedurfte schier unzähliger Tauchgänge, insgesamt 22 000, um die gesamte Ladung des Schiffs zu bergen. 353 weitere «Ochsenhautbarren» kamen dabei zum Vorschein und noch vieles mehr. Die Unterwasserarchäologie erlebte eine ihrer Sternstunden und öffnete mit der Bergung des ältesten bis dahin bekannten Überseeschiffes ein Panoramafenster in die Vergangenheit.

Timo Ibsen gerät noch heute ins Schwärmen, wenn er an Uluburun denkt: «Das Unglück von damals ist für uns Archäologen ein Glücksfall. Denn aus der Ladung des Wracks können wir die Reiseroute des Schiffes rekonstruieren und gewinnen so einen wertvollen Einblick in die Warenströme und Handelswege der Bronzezeit.» Archäometallurgen untersuchten die Kupferbarren und konnten mit der Bleiisotopenanalyse deren Herkunft bestimmen. Der chemische Fingerabdruck stimmte exakt mit Kupfervorkommen in Zypern überein. Insgesamt wurden zehn Tonnen zyprisches Kupfer geborgen und auch eine Tonne Zinn, dessen Herkunft noch nicht endgültig geklärt ist, Spuren führen ins Taurusgebirge und nach Zentralasien. Interessant ist auf jeden Fall das Gewichtsverhältnis der beiden Metalle, das genau dem zur Herstellung von Bronze entspricht.

Die Frachtliste ist aber noch viel umfangreicher und aufschlussreicher: Neben Schmuck aus den Stadtstaaten an der syrischen Küste fanden sich im Bauch des Handelsschiffes auch Keramik aus Mykene, Nilpferdzähne, Elfenbein und Straußeneier aus Afrika, Amphoren mit Oliven, Granatäpfeln und Pistazienharz vom Toten Meer sowie ein goldener Skarabäus aus dem Ägypten der Pharaonin Nofretete. Die Reihe ließe sich noch weiter fortsetzen, sie zeigt den Fachleuten ganz klar, dass das Schiff von Uluburun im gesamten östlichen Mittelmeer bis hinein ins Schwarze Meer unterwegs war und Güter auch aus der Tiefe des jeweiligen Hinterlands geladen hatte.

Welthandel ist sicher das richtige Wort, um den Aktionsradius des Schiffes zu beschreiben. Dass es dabei um viel Geld beziehungsweise Gold ging, liegt auf der Hand. Gerade wenn man an die unzähligen Schmuck- und Edelsteinfunde denkt, die die Taucher in über 60 Metern Tiefe entdeckten. Ein weiterer in der Vergangenheit äußerst begehrter Stoff war Glas, das in Form von 175 türkisblauen Rohglaszylindern an Bord des havarierten Schiffes transportiert wurde. Besonders Schmuck muss bei der Oberschicht am Mittelmeer sehr beliebt gewesen sein, denn die Taucharchäologen entdeckten eine Vielzahl von Perlen aus Ägypten, der Levante und Mykene. Und sie fanden Bernstein! Baltischen Bernstein! Das macht das Wrack für Timo Ibsen zu einem Schlüsselfund. Das Gold der Ostsee wurde also auch hier gehandelt. Wahrscheinlich zu einem horrenden Preis, meint der Schleswiger Archäologe: «Erstaunlich sind die Zahlenverhältnisse der gefundenen Perlen. Da sind Hunderte Glas- und Edelsteinperlen, aber nur fünf Bernsteinperlen. Das zeigt, wie wertvoll das Material gewesen sein muss.»

Bernstein war also in der späten Bronzezeit ein Handelsgut, das bis Südeuropa, ja sogar bis Asien und Afrika gelangt sein muss. Wie viele Zwischenhändler dabei verdient haben, wird sich wohl nie genau ermitteln lassen, klar scheint aber zu sein, dass der Preis immer mehr anstieg, je weiter die «Tränen der Götter» von ihrem Ursprungsort entfernt verkauft wurden. Wie bei allen seltenen Dingen winkten dabei für die Händler satte Gewinne. «Dafür haben die Menschen damals große Gefahren und Strapazen auf sich genommen», meint Ibsen, und das Wrack von Uluburun gibt ihm recht. Die Schifffahrt mit den behäbigen und schwer zu manövrierenden Rahseglern war immer ein Risiko. Bei der Fahrt über die offene See drohte jede Gewitterfront einen bevorstehenden Untergang an, und die Route entlang der Küsten war von Klippen und Untiefen gesäumt.

Das Frachtschiff von Uluburun scheiterte wahrscheinlich nicht am Kap. Es ging 60 Meter vor der Küste unter. Die Spezialisten rätseln noch, ob ein Sturm die Ursache war oder ob der Kahn einfach überladen war, auch einen Piratenüberfall schließen sie nicht aus.

Reichtum weckt Begehrlichkeiten, das galt auch schon in der Bronzezeit. Die «nassen Bernsteinstraßen» hatten ihre Tücken, aber es gab sie. Ein ganzes Netzwerk von Handelsstützpunkten hat den Mittelmeerraum durchzogen. Ein Faden führt an die Küste der Levante im heutigen Syrien, zur Hafenstadt Ugarit. Ungefähr 80 Kilometer landeinwärts liegt der Königspalast von Qatna.

Qatna – die Entdeckung im Wüstensand

Einen archäologischen Triumph durften 2002 der Tübinger Professor Peter Pfälzner und sein syrisch-deutsches Grabungsteam feiern. Seit 1999 erforscht er zusammen mit internationalen Kollegen die Palastanlage von Qatna, einer Stadt, die im 2. Jahrtausend v. Chr. nicht nur ein prachtvoller Herrschersitz war, sondern auch eine Handelsmetropole. Sie bildete einen wichtigen Knotenpunkt zwischen den Hochkulturen in Mesopotamien und in Ägypten. Vom Zweistromland führte eine Route zu den Häfen des Mittelmeers, eine andere vom Nil bis ins Hochland Anatoliens zur Hauptstadt der Hethiter. An der Schnittstelle dieser beiden Wege lag Qatna, dessen Herrscher sich rühmte, an einem Tag einmal 120 Elefanten auf der Jagd erlegt zu haben. Königliche Prahlerei oder Ausdruck verschwenderischen Luxus und heute unvorstellbaren Reichtums? Klar ist, die heutigen Wüstengebiete des Vorderen Orients waren einst von grünen Wäldern durchzogen, und: Der Herrscher von Qatna war ein mächtiger und überaus wohlhabender Mann.

Zurück zu jenem Tag im Sommer des Jahres 2002: Nur wenige Meter unter dem Fußbodenniveau des Palastes entdeckten die

Das faszinierende Gesicht eines Löwen, kunstvoll in Bernstein geschnitzt, ist einer der Schlüsselfunde der Grabungen im syrischen Qatna.

Forscher einen Hohlraum. Als sie eindrangen, begriffen sie bald, dass sie sich in einer Gruft befanden. Insgesamt waren es vier Kammern mit zwei Basaltsarkophagen: die Königsgruft! Das wurde den Archäologen schnell klar, als sie insgesamt 1900 Objekte bargen, darunter Gefäße aus Alabaster, Hunderte goldener Perlen und Reliefplatten, die Greifvögel zeigen. Besonders spektakulär ist eine nachgebildete Hand aus purem Gold. Sie diente wohl dazu, den Göttern zu opfern. Damit ihnen der Mensch nicht zu nahe kam, verwendete man den künstlich verlängerten Arm zur Darreichung von erlesenen Speisen, wertvollen Ölen oder von Trankopfern.

Zum Grabinventar gehörte jedoch noch ein Objekt, das den Forschern zunächst einige Rätsel aufgab. Im Schein der Taschenlampen lag neben all dem schimmernden Gold ein Köpfchen. Bei genauerem Hinsehen erkannte Peter Pfälzner einen wunderbar geschnitzten, nur wenige Zentimeter großen Löwenkopf. Der Archäologe erinnert sich an einen der spannendsten Augenblicke seiner bisherigen Karriere: «Wir wurden sofort auf diesen Löwenkopf aufmerksam, weil er so schön gearbeitet ist. Wir hatten aber keine Vorstellung, aus welchem Material er hergestellt wurde. Erst dachten wir an geöltes Elfenbein, aber die Oberfläche war etwas seltsam. Wir hatten viele Theorien, aber was wir erst gar nicht in Erwägung zogen, war, dass es Bernstein sein könnte.» Eine chemische Analyse an der Universität Bristol sollte Aufschluss geben. Das mit Spannung erwartete Ergebnis: Es ist Bernstein! Den englischen Experten ist sogar der Nachweis gelungen, dass es sich eindeutig um baltischen Bernstein handelt.

Zu den 1900 Objekten des Sensationsfundes von 2002 gesellten sich 2009 nochmals viele Fundstücke, als das Qatna-Team eine weitere Grabkammer im Wüstensand entdeckte. Doch der Löwenkopf aus Bernstein blieb ein Einzelstück. Das macht ihn bis heute für den Tübinger Professor so interessant. Er kann sein Forscherglück immer noch nicht ganz fassen: «Wir waren sehr überrascht, eine Skulptur aus Bernstein gefunden zu haben, denn dieser Stoff ist im alten Orient sehr, sehr selten, er war absolut exotisch und entsprechend wertvoll.» Der Löwenkopf ist der Kronzeuge für die Existenz der Bernsteinstraße in Syrien. Er beweist: Es gab vor 3300 Jahren Verbindungen über Tausende von Kilometern von Vorderasien bis zu den Stränden Nordeuropas.

Warum aber wurde gerade dieses eine Objekt aus dem seltenen Bernstein gefertigt? Peter Pfälzner meint, dass der Löwenkopf das Lieblingsstück eines Herrschers gewesen sein muss, denn als Grabbeigaben wurden meistens Dinge ausgewählt, die für den

Toten während seines Lebens große Bedeutung hatten. Der Löwe als Symbol der Stärke verbunden mit der Exotik und den besonderen Eigenschaften des Bernsteins, diese Kombination sollte dem einmaligen Stück wahrscheinlich magische Kraft verleihen. Bei der genaueren Untersuchung des Bernsteinkopfes aus Qatna fiel den Wissenschaftlern noch etwas auf: Hinter der Löwenmähne ist ein Hohlraum, der sich verschließen ließ. Ein Geheimversteck für eine ganz besondere Flüssigkeit? Pfälzner meint ja, denn «der hohle Löwenkopf war den mikroskopischen Spuren nach mit einer Substanz gefüllt, vielleicht einem Öl. Dies muss eine sehr kostbare Essenz gewesen sein, weil die Verpackung so außergewöhnlich war.» Ob diese geheimnisvolle Flüssigkeit für die Götter bestimmt war oder ob der Herrscher von Qatna sie zu seinem eigenen Wohlergehen als eine Art «Zaubertrank» verwendete, werden wir wohl nie erfahren. Bleiben wird uns ein phantastisches Kunstwerk aus Bernstein, dessen Magie man sich auch heute noch kaum entziehen kann.

Die Ausgrabungen in Qatna brachten aber nicht nur die Gebeine und die Schätze der altsyrischen Herrscher ans Licht, auf Keilschrifttafeln ist ihre Korrespondenz erhalten, zumindest zum Teil. Pfälzners Mannschaft fand 73 dieser Botschaften aus der Vergangenheit in einem unterirdischen Korridor. Eine wertvolle wissenschaftliche Quelle, besonders um die politische Situation im Reich von Qatna und das Verhältnis zu den Nachbarn zu beleuchten. Der Stadtstaat lag im Spannungsfeld zwischen dem Großreich der Hethiter im Norden und dem mächtigen Ägypten im Südwesten. Diplomatisches Geschick war gefragt, um in dieser schwierigen Konstellation bestehen zu können und als Handelsknotenpunkt kontinuierlich gute Geschäfte zu machen.

Pfälzner hat sich in die ausgegrabene Korrespondenz mittlerweile eingelesen und zumindest indirekt weitere Hinweise auf die Bernsteinstraße bis zu den Ufern des Nils gefunden: «Es gab sehr intensive Beziehungen zwischen Qatna und Ägypten. Es gab Handelskontakte, diplomatische Missionen, und es wurden Geschenke ausgetauscht. Und bei dieser Gelegenheit sind natürlich besondere Materialien verhandelt worden. Bernstein könnte auch dabei gewesen sein.»

Spurensuche in Ägypten

Es klingt unglaublich: Bernstein soll vor 3500 Jahren von den Ostseestränden des Baltikums bis an die fernen Ufer des Nils verhandelt worden sein. Über Tausende von Kilometern, durch morastige Sumpfgebiete, menschenfeindliches Ödland, schier undurchdringliche Urwälder, über eisige Gebirge. Straßen, wie sie später die Römer in ihrem Imperium bauten und damit ein gut ausgebautes Verkehrsnetz etablierten, waren damals noch gänzlich unbekannt. Gerade nördlich der Alpen muss man davon ausgehen, dass es bestenfalls Pfade gab, die einzelne Siedlungen miteinander verbanden. Hauptverkehrsadern waren sicher die Flüsse. Wissenschaftler schätzen, dass die durchschnittliche Reisegeschwindigkeit bei Fernreisen in der Bronzezeit ungefähr 25 Kilometer am Tag betrug. Im Spätherbst und Winter waren solche Reisen noch viel langsamer, beschwerlicher und oft unmöglich. Umso erstaunlicher ist die These, die Bernsteinstraße hätte bis zu den Palästen und Tempeln der Pharaonen gereicht. Doch es gibt neben der Korrespondenz aus Qatna weitere aussagekräftige Indizien dafür.

Ein zweites ist in Stein gehauen, eine Inschrift am Tempel von Karnak im heutigen Luxor. Thutmosis III. (1479–1425 v. Chr.), einer der militärisch erfolgreichsten Herrscher, der Ägypten endgültig als Großmacht etablierte, ließ seine Heldentaten auf den Wänden des Tempels von Karnak verewigen. Neben der Darstellung und Aufzählung der besiegten Feinde finden sich dort auch ausführliche Tributlisten. Auf ihnen ist vermerkt, welche Waren zu Ehren des Pharaos abgeliefert wurden. Ägyptologen haben darunter erstmals das Wort «Skr» entdeckt, das sie mit «Bernstein» übersetzen. Obgleich in späteren Quellen das Wort immer wieder auftaucht, fällt in die Herrschaftszeit des großen Thutmosis III. wohl die erste Bernsteinlieferung in großem Stil. Während seiner Regierungszeit werden auch Beziehungen zu Orten in Griechenland erwähnt, was auf einen Handel mit dem ägäischen Raum schließen lässt.

Das dritte Indiz fand 1922 Howard Carter, als er im Tal der Könige die so gut wie unversehrte Grabkammer des Tutanchamun öffnete. Unter all den prächtigen Schätzen war auch ein dunkler Skarabäus, der auf dem goldenen Sarkophag des so jung verstorbenen Pharaos lag. Daneben eine Truhe, in der sich eine orangebraune Perlenkette befand. Carter notierte zu diesen Fundstücken in seinen Grabungsaufzeichnungen «amber», also Bernstein, änderte dies später aber in ein etwas unbestimmteres «dunkles Harz». Bekanntermaßen ist Bernstein ein fossiles Baumharz, das bei langer Lagerung nachdunkelt und in der Oberflächenstruktur spröde wird. Deshalb hat diese Änderung in der Bezeichnung nicht zu bedeuten, dass Carter nicht mehr an den Bernstein glaubte. Eine Unsicherheit bleibt trotzdem bestehen, zumal bisher keine Analysen der Stücke gemacht werden konnten. Spekulation muss auch bleiben, welcher Art der Schmuck war, den die schöne Nofretete trug, als sie für die berühmte Büste porträtiert wurde, die heute im Ägyptischen Museum zu Berlin die Menschenmassen in ihren Bann zieht. Vieles weist darauf hin, auch der Verschluss am makellosen Hals, dass es ein Bernstein-Collier war, denn die Ähnlichkeit mit einem bei Ingolstadt in Bayern gefundenen Schmuck aus Hunderten Perlen ist frappierend.

Schwarz auf weiß haben die Forscher ein weiteres Glied der Indizienkette, dass vermutlich Fernhandelsstraßen bis an die Ufer des Nils reichten. Es ist der Reisebericht des Wenamun, verfasst um 1000 v. Chr. in hieratischer Schrift. Darin wird erzählt, wie der Tempelbeamte Wenamun eine Expedition ins heutige Syrien anführt, um Holz für den Bau einer heiligen Barke zu kaufen. Das Vorhaben endet unglücklich. Feindlich gesinnte Völker rauben seine Barschaft, und auf der Rückreise strandet der Unglückliche auf der Insel Zypern. Doch das ist für die Bernsteinstraßen-Fragestellung nicht wichtig. Festzuhalten ist, dass die Ägypter Handelskarawanen in die Levante und weiter bis nach Zypern aussandten, um an begehrte Waren zu gelangen. Auch Reisen in den Süden, nach Nubien und Schwarzafrika, sind überliefert. Das Reich der Pharaonen war Teil eines weiten Handelsnetzwerkes. Der Bernstein kam wohl über Zwischenhändler. Peter Pfälzner hat dazu die Quellen und Befunde analysiert: «Wir nehmen an, dass die wichtigste Quelle für den Vorderen Orient, sich mit Bernstein zu versorgen, in Mykene lag. Das trifft wahrscheinlich auf die Objekte in Ägypten genauso zu wie auf unseren Löwenkopf.»

Die Löwen von Mykene

Mykene ist die Heimat des legendären Königs Agamemnon, der die Griechen in die Schlacht um Troja führte, um den Raub seiner Schwägerin, der schönen Helena, zu rächen. Siegreich kehrt er nach zehnjährigem Kampf gegen die Trojaner mit Schätzen beladen in seine Heimat zurück. So will es zumindest der Mythos. Historisch nachweisbar ist die Figur des Agamemnon nicht. Dies hält Timo Ibsen bei seiner Fahndung nach den Stützpunkten der Bernsteinstraße aber nicht davon ab, sich die Burg von Mykene genauer anzusehen.

Von weitem erkennt man die gewaltigen Mauern, von denen man früher annahm, dass nur die einäugigen Riesen, die Zyklopen, die Kraft hatten, die großen tonnenschweren Steinquader

In diesem Areal entdeckte Heinrich Schliemann 1876 die Schachtgräber der mykenischen Herrscher. Neben den spektakulären Goldmasken fand er darin Tausende Bernsteinobjekte.

aufzuschichten. Pünktlich um neun Uhr steht der Archäologe am Aufgang zum Burghügel, der erhaben zwischen zwei großen Bergen liegt. Nur noch ein Hindernis gilt es zu überwinden, das Kassenhäuschen der griechischen Antikenverwaltung. Seit Mykene 1999 zum UNESCO-Weltkulturerbe erklärt wurde, wälzt sich zu den streng eingehaltenen Öffnungszeiten ein scheinbar nie versiegender Zug von Touristen den betonierten Weg zum Eingangstor hinauf. Und es ist nicht irgendein Eingangstor, es ist das weltberühmte Löwentor, vor dem sich jeder fotografieren lässt. Zwei japanische Studentinnen bitten den jungen deutschen Wissenschaftler um eine Porträtaufnahme unter den Löwen. Als er durch den Sucher der Kamera blickt, hat er ein Déjà-vu der besonderen Art. Vor seinem inneren Auge erscheint eine historisch überlieferte, berühmte Schwarzweißaufnahme …

Sechs Männer im Anzug, mit Stock und Hut, haben sich zusammen mit zwei Damen in langen Kleidern in Positur gestellt. Einer von ihnen ist der Deutsche Heinrich Schliemann. Der Entdecker von Troja folgte nach seinem Sensationsfund weiter Homers Geschichte und suchte nun das Grab des Agamemnon. Mit zwölf angeheuerten Arbeitern begann er, auf der Akropolis zu graben. Dann unterbanden die griechischen Behörden die Schatzsuche, Schliemann hatte keine Genehmigung. Erst zwei Jahre später, im Sommer 1876, lag die heißersehnte Lizenz vor, und der Selfmademan, Millionär und Erfinder einer neuen Wissenschaft konnte sich legal auf die Suche nach Agamemnon machen. Und wieder hatte Schliemann den richtigen Riecher. Wie schon in Troja, wo er 1873 den sogenannten Schatz des Priamos freigelegt hatte, gelang ihm am 29. November 1876 in Mykene ein weiterer Sensationsfund: In einem Schachtgrab kamen reiche Funde zum Vorschein, darunter eine Goldmaske, die einen bärtigen Mann mit geschlossenen Augen zeigt. Für Heinrich Schliemann stand sofort fest: Das ist die «Totenmaske des Agamemnon»! Und so wird der phantastische Fund bis heute tituliert, wenn auch in Gänsefüßchen, denn Wissenschaftler datieren die Maske heute mehrere Jahrhunderte älter als den überlieferten Trojanischen Krieg. Sie kann also den legendären Feldherrn nicht darstellen. Egal, der Publicity-Profi Schliemann hatte damals sofort den richtigen Namen für seinen Fund, der die Phantasie der Menschen anregte und den Entdecker endgültig zu einer weltweit bekannten Berühmtheit machte. Über all dem Wirbel und der Aufregung um das vermeintliche Angesicht des Agamemnon gerieten weitere spektakuläre Funde Schliemanns aus den Schachtgräbern von Mykene lange Zeit in Vergessenheit.

Im Grab mit der Goldmaske lagen gleich mehrere Bernsteinket-

Der Eingang zur Burg von Mykene wird von zwei überlebensgroßen Löwen geschmückt, Zeichen der Macht und des Reichtums der Burgherren.

ten aus ganz besonders großen Perlen! Ihretwegen hat sich Timo Ibsen an der Fundstelle von einst mit dem Direktor des Deutschen Archäologischen Instituts in Athen Wolf-Dietrich Niemeier verabredet. Er ist einer der besten Kenner mykenischer Kultur und Geschichte, und er kommt gleich auf den Punkt: «Allein in dem Schachtgrab, aus dem die sogenannte ‹Agamemnon›-Maske stammt, sind über 1200 Bernsteinobjekte gefunden worden. Sie sind analysiert worden und stammen aus dem Baltikum.» Und Schliemann hat noch mehr Schachtgräber ausgegraben, weitere Goldmasken gefunden und immer mehr Bernstein entdeckt. Die Fülle und der Reichtum sind heute noch überwältigend und im Nationalmuseum in Athen zu bewundern. Doch manch Betrachter ist enttäuscht: Die Perlen sind zuerst gar nicht als Bernstein zu erkennen, so stumpf, dunkel und brüchig sind sie über die Jahrhunderte geworden.

Den beiden deutschen Archäologen Niemeier und Ibsen geht es nicht um die Schätze als Selbstzweck, sie wollen herausfinden, welche geschichtlichen Veränderungen sich darin spiegeln. «Wir haben lange darüber gerätselt, woher der plötzliche Reichtum in Mykene kommt, den wir besonders in den Schachtgräbern erkennen können. Die Antwort wird mittlerweile immer deutlicher: Die Mykener haben Fernhandelsbeziehungen aufgebaut in Regionen, die bis dahin nicht in das mediterrane Handelsnetzwerk eingebunden waren. Das waren die Regionen im barbarischen Europa, also die Gebiete nördlich der Alpen», erklärt Professor Niemeier und blickt von der mykenischen Burg in die weite Ebene von Argos. Die Sonne geht gerade unter und taucht die Landschaft in ein beinahe unwirkliches Licht. «Irgendwie bernsteinfarben», schmunzelt Timo Ibsen.

Es ist Abend geworden. Am Hafen von Nafplio haben sich die beiden Forscher zum Fischessen verabredet. «Glauben Sie, dass Mykene eine besondere strategische Lage hatte, so an der Schnittstelle zwischen dem Peloponnes, dem Festland und der Inselwelt der Ägäis?», will Ibsen wissen. Wolf-Dietrich Niemeier erweitert die Perspektive, denn der Reichtum, der hier vor rund dreieinhalbtausend Jahren angehäuft wurde, deutet nach seiner Ansicht auf ein noch viel weiteres Einzugsgebiet: «Mykene war ein Drehkreuz zwischen dem nördlichen Europa und dem Vorderen Orient. Das war eine Art Globalisierung in der Bronzezeit mit sehr weitreichenden Handelsbeziehungen.» Der Professor belegt dies mit Fundstellen mykenischer Kultur, die von Ägypten bis nach Bayern und Norddeutschland reichen, und bestellt einen Wein. Seine Farbe erinnert an die Tränen der Götter von der Ostsee. «Dieses Material muss ein Faszinosum gewesen sein für die Menschen hier. Es kam von weit her, war transluzid, es hat manchmal diese Einschlüsse von Insekten. Bernstein hatte daher sicher auch eine magische Funktion», versetzt sich Niemeier in die Menschen der Bronzezeit.

Aufschlussreich ist, dass nur in den allerreichsten Herrschergräbern, die auch Gold enthielten, Bernstein gefunden wurde. «Wegen seiner magischen, übernatürlichen Funktion behielt sich die Elite vor, über den Bernstein zu verfügen, ihn zu besitzen, dieses exotische Material aus den fernen, unbekannten Ländern.» Ibsen ergänzt: «Wir kennen ja auch die Verwendung von Bernstein in der Volksmedizin späterer Jahrhunderte. Im Mittelalter hat zum Beispiel Hildegard von Bingen Bernstein gegen die Pest empfohlen.» Der Professor stimmt zu: «Bernstein hatte in vielen alten Kulturen eine unheilabwendende Funktion – von der Antike bis heute. Auch das machte ihn meiner Meinung nach so begehrenswert.»

«Wie, glauben Sie, war der Handel über die langen Strecken von Nordeuropa hierher und weiter organisiert? Gab es einzelne Fernhändler, die Karawanen losschickten, von hier bis zur Bernsteinküste?», bohrt Ibsen weiter, während sie auf die Nachspeise warten. Die Antwort des Mykene-Spezialisten: «Wir haben gewisse Anhaltspunkte, wie der Bernsteinhandel organisiert war. Ich stelle mir das so vor, dass es eine Kette von Zwischenstationen gab, über die der Bernstein immer weiterverhandelt wurde.»

«Down the line trade» nennen das heute die modernen Wirtschaftswissenschaftler, ein System, das auf ein Netz und/oder eine Kette von Stützpunkten und Zwischenhändlern angewiesen ist.

Gerade fahren die Fischer hinaus aus dem Hafen von Nafplio in die Nacht. «Wie vor Tausenden von Jahren», sinniert Ibsen, «denn der Seeweg war sicher von hier aus nach Norden am effektivsten.» «Und am sichersten, wenn ich an die Gebirge auf dem Balkan denke und die vielen Möglichkeiten für einen Überfall», ergänzt Niemeier. Die Schiffe der Mykener fuhren nicht nur mit ihren Kriegern gegen Troja. Die meisten hatten wertvolle Fracht an Bord und mehrten so Ruhm und vor allem Reichtum der Nachfolger des Agamemnon.

Über den Brenner?

Wo früher ein Rahsegel und ein Dutzend Ruderer für Vortrieb Richtung Norden sorgten, durchpflügen heute Superfähren mit vier Dieselmaschinen und insgesamt 60 000 PS die Adria. Timo Ibsen ist einer von 1800 Passagieren, die die Fähre von Patras nach Ancona genommen haben. In nur einer Nacht und einem halben Tag hat er diese maritime Etappe der Bernsteinstraße hinter sich gebracht, um sich nun dem wohl größten Hindernis dieser ersten Fernhandelsroute der Menschheit zuzuwenden: den Alpen. Wie ein gewaltiger natürlicher Riegel versperren sie den Weg. Noch heute sind es wenige Pässe, die die Hauptlast des Nord-Süd-Verkehrs tragen. Die wohl wichtigste Route führt über den Brenner. «Es kann gut sein, dass schon in der Bronzezeit dieser Pass genutzt wurde», meint Ibsen am Steuer seines VW Bulli T3, «und ein Zweig der Bernsteinstraße hinüberführte. Sprachforscher glauben, dass das Wort *Brenner* sich von Bernstein ableitet, dem *Brennstein.*» Archäologische Funde belegen, dass die Menschen seit der Steinzeit den niedrigsten und wahrscheinlich bequemsten Alpenübergang kannten. Doch der ist nicht das nächste Ziel des Archäologen. Er steuert mit für heutige Verhältnisse gemächlichen 110 km / h durch die Poebene Richtung Schweiz.

Um wie viel anders war die Anreise der Händler aus dem fernen Süden vor 3500 Jahren? Welche Gefühle bewegten sie, als sie die schneebedeckten Berge sahen, diese kalte Mauer aus Fels und Eis? Timo Ibsen muss in den zweiten Gang schalten, die Serpentinen der Passstraße werden enger, die Steigung wird immer größer und die Luft dünner. «Wir haben es heute relativ einfach, doch damals gab es keine Straßen, das waren bestenfalls Saumpfade hier hoch», meint er nachdenklich, «die Alpenüberquerung muss sehr gut organisiert gewesen sein, man benötigte ortskundige Führer und, ganz wichtig, auch Raststationen in nicht allzu großen Abständen, wo man übernachten und sich verpflegen konnte.» Der Archäologe deutet auf eine Fundkarte, in die Bernsteinobjekte aus der Bronzezeit eingetragen sind, die in den Alpen freigelegt wurden. Daraus lassen sich einige Routen rekonstruieren.

Eine davon führt zum Julierpass im heutigen Kanton Graubünden. Nördlich der Passhöhe liegt das Dorf Savognin, und gleich am Ortsschild erhebt sich links der Straße ein seltsamer Hügel. «Padnal» nennen ihn die einheimischen Rätoromanen, es ist die Keimzelle der heutigen Siedlung, wie Schweizer Archäologen in langjährigen Grabungen herausgefunden haben. Der wissenschaftliche Leiter war Jürg Rageth, der sich während seiner Forschung in die Gegend verliebt hat und heute ein Ferienhaus am gegenüberliegenden Hang sein Eigen nennt.

Timo Ibsen ist mit ihm am Padnal verabredet, weil dieser Ort auch in seiner Fundkarte eingezeichnet ist und er natürlich von seinem Kollegen mehr über die Grabung, Funde und Befunde erfahren möchte. Rageth wartet schon, als der Deutsche seinen VW-Bus parkt. Strahlender Sonnenschein lässt die umliegenden

Almen in einem satten Grün leuchten, die Ibsen zur ersten Frage inspirieren: «Was waren das für Leute, die hier siedelten, und was verschlug sie in diese Höhen?» Jürg Rageth muss nicht lange überlegen: «Es waren Bauern, die hier lebten, sie haben Ackerbau und Viehzucht betrieben», und nach einer kleinen, dramaturgischen Pause fährt er fort: «Doch der wichtigste Grund, sich gerade dort niederzulassen, war der Bergbau. Wir haben oberhalb des Padnal in den Felswänden Spuren von Kupferbergbau nachweisen können.» Da das schwere Kupfererz gerade im alpinen Gelände nicht so leicht zu transportieren war, wurde es vor Ort auch gleich verarbeitet. Das ist der Grund für die Standortwahl der bronzezeitlichen Siedler. Die Archäologen haben deutliche Anzeichen für Kupfer- und Bronzebearbeitung innerhalb der Siedlungsanlage entdeckt. «Es gab mindestens einen Schmied», ist sich Rageth sicher, «und für die Versorgung der Kupfer- und Bronzeproduzenten war die Landwirtschaft ganz einfach nötig.»

Drei Tonnen Tierknochen haben die Teams des schweizerischen archäologischen Dienstes am Padnal ausgegraben, über 80 Prozent davon stammten von Haustieren, hauptsächlich Rind. Es waren aber auch Pferdeknochen darunter. Ohne eine Frage abzuwarten, legt Jürg Rageth nach bei seiner Rekonstruktion der Lebenswelt von damals: «Es ist absolut denkbar, dass man Ochsen eingesetzt hat, um Waren über die Pässe zu transportieren, vielleicht auch Pferde.» Ibsen notiert sich diese Informationen in sein Recherchenbuch und hört weiter äußerst aufmerksam zu, denn diese Aussagen machen es noch wahrscheinlicher, dass hier schon in der Bronzezeit vor 3500 Jahren Fernhandel betrieben wurde. Die Ausgräber datieren die Siedlung Padnal auf die Zeitspanne von 1800 bis 1000 v. Chr., das würde perfekt passen. Der Ort war an ein uraltes Wegenetz angeschlossen, da ist sich Rageth sicher, und «man kann nicht ausschließen, dass der Handel hier eine wichtige Rolle gespielt hat. Mit Kupferprodukten, Getreide oder auch Bündnerfleisch. Wir befinden uns am Fuße des Julier- und des Septimerpasses, und da gab es sicher Leute, die Waren über diese alten Alpenübergänge verhandelt haben.» Jetzt kann Timo Ibsen seine Generalfrage nicht mehr zurückhalten, jetzt muss es raus: «Wurde hier vielleicht auch Bernstein gehandelt? Sie haben ja Bernstein gefunden, ist dies eine Station der Bernsteinstraße vom Mittelmeer nach Norden, bis an die Ostsee?»

Jürg Rageth führt Timo Ibsen zu seinem Subaru und öffnet den Kofferraum. Mehrere Pappschachteln kommen zum Vorschein. «Die habe ich aus Chur mitgebracht. Ich bin zwar schon pensioniert, aber die Leute im Museum dort vertrauen mir noch immer», meint er lächelnd. Dann öffnet er die erste Schachtel. Die Spannung steigt, als er das Seidenpapier zur Seite schlägt und eine Kette zum Vorschein kommt, dann die nächste und in einer weiteren Schachtel noch eine. Timo Ibsen muss unwillkürlich an Mykene denken, als er die Prachtstücke erblickt. Der Schweizer berichtet nun ausführlich von den verschiedenen Grabungskampagnen, den unterschiedlichen Fragestellungen und den Bernsteinfunden. Sie wurden am äußersten Rand der Siedlung auf einer Fläche von nur einem Quadratmeter in 15 Zentimeter Tiefe geborgen. Die Lage in dieser Schicht weist auf einen Deponierungszeitraum im 14. Jahrhundert v. Chr. hin. Insgesamt wurden 140 Bernsteinperlen entdeckt. «Das passt genau zum Bernstein-Boom im Mittelmeer in dieser Zeit», meint Timo Ibsen. Er ist auf der richtigen Spur. Die Ochsenknochen als Überreste der einstigen Zugtiere, die Datierung der Bernsteinfunde, die Lage an dem Alpenpass: die Indizien für eine Bernsteinstraße quer durch die Alpen verdichten sich.

Der Padnal ist nicht nur wegen der archäologischen Funde ein seltsamer Hügel. Auch seine auffällige Form ruft Verwunderung hervor, denn seine Flanken sind extrem steil und sehr gleichmäßig, während er oben in ein ebenflächiges Plateau mündet. Es sieht aus, als ob der gesamte Gipfelbereich abgetragen worden ist. Dies ist nicht das Werk der Natur, hier haben Menschen Hand angelegt.

Der Zweck der sicherlich sehr zeit- und personalaufwendigen

Baumaßnahme in der Bronzezeit ist nicht schwer zu erraten. Die Siedlung, ihre Bewohner und all die Werte, die sie besaßen, sollten durch die steilen Abhänge gut zu verteidigen sein. Überraschungs- oder Sturmangriffe sind auf solch einem Terrain unmöglich. Der Padnal war zwar kein bronzezeitliches Fort Knox, aber er gewährte doch beachtlichen Schutz, denn die Zeiten scheinen nicht immer ruhig gewesen zu sein. Deshalb ist auch der Bernsteinschatz in den Boden gekommen, vermutet Jürg Rageth. «Die Fundumstände deuten darauf hin, dass die Ketten bewusst vergraben wurden», erläutert er.

Wie gefährlich die Zeiten waren und wie die Gefahren genau aussahen, darüber gibt es bisher nur Spekulationen. Krieg zwischen verfeindeten Stämmen oder Völkerschaften ist in dieser Transitregion zwischen Nord und Süd nicht auszuschließen. Noch wahrscheinlicher sind Überfälle von Räubern, die es auf die wertvollen Metalle der Leute vom Padnal abgesehen hatten. Wer war so reich, dass er sich die Schätze von der Bernsteinküste leisten konnte? Ein Händler auf der Durchreise oder der Häuptling der Siedlung? Jürg Rageth tippt auf Letzteres: «Der Bernstein gehörte wahrscheinlich dem ‹Gemeindepräsidenten›», schmunzelt er, «bei aller Bescheidenheit wussten wir Schweizer schon immer, was gut und teuer ist.»

Das kann der Schleswiger Archäologe in seinem Campingbus nur bestätigen. Der Einkauf der Ration für die nächsten Abendessen, ein halbes Dutzend Salsiz, das sind getrocknete Würste aus Rind-, Pferde-, Lamm-, Hirsch-, Steinbock- und Gamsfleisch, dazu ein kleines Stück Bündnerfleisch, etwas Brot und eine Flasche Maienfelder haben ein veritables Loch in seine Reisekasse gerissen. Auch damals muss das Reisen einiges gekostet haben, denkt er. Und als ob Jürg Rageth Gedanken lesen könnte, meint er unvermittelt: «Es könnte sein, dass Bernstein eine Vorform von Geldhandel war, dass man Bernsteinperlen gegen andere Produkte tauschen konnte.» Ibsen pflichtet bei: «Ja, Geld in unserem Sinne gab es ja noch nicht. Man brauchte also ein Tauschobjekt, das möglichst viel wert war, möglichst wenig Gewicht hatte und sich gut teilen ließ.» All diese Eigenschaften treffen auf Gold und Silber zu, aber auch auf das «Gold der Ostsee». Das ist extrem leicht, durch seine Seltenheit und seine physikalischen Eigenschaften besonders begehrt, also wertvoll, und es kann man mit einfachsten Werkzeugen leicht teilen. Schon durch das schnelle Reiben mit einer umwickelten Schnur kann man das fossile Harz auseinandersägen. Die beiden Forscher sind sich fürs Erste einig: Bernstein war möglicherweise eine Art frühe Währung und die Perlen eine Vorform der späteren Münzen.

Die zwei Archäologen haben sich über die Fundkarte gebeugt, nachdem Rageth die Bernsteinketten wieder sorgfältig verpackt hat. Er will ja auch weiterhin das Vertrauen des Museumsdirektors von Chur besitzen. Die Karte zeigt die exakten Fundorte von sogenannten Bernsteinschiebern, das sind Zwischenstücke, die die Perlen auf Abstand halten. Diese Schieber sind besonders typisch für den Alpenraum und Süddeutschland. Sie wurden nicht nur auf einer Linie gefunden, die von Nord nach Süd über den Julierpass führt, sondern auch in Ost-West-Ausdehnung. Das deutet darauf hin, dass schon in der Bronzezeit mehrere Wege über die Alpen führten und auch genutzt wurden.

Das System Bernsteinstraße war ein Wege- und Kommunikationsnetzwerk, das wird Timo Ibsen auf seiner Rechercheveise immer klarer. Bezeichnend ist auch, dass es korrespondierend zu den Bernsteinfunden in den Alpen und im Alpenvorland eine ganze Reihe von befestigten Höhensiedlungen gab. Der Handel musste geschützt werden, denn Reichtum zieht die Räuber an wie frisches Blut die Haie. Das hat sich in der Menschheitsgeschichte anscheinend nie geändert.

Ibsen faltet die Fundkarte zusammen und blickt zu den schneebedeckten Gipfeln. Welche Strapazen die Menschen damals auf sich nahmen, um an die seltenen Bernstein-Objekte zu kommen, fasziniert ihn immer wieder, aber noch mehr, wie der ganze Handel organisiert gewesen sein muss, denn neben der rauen Natur, den logistischen Herausforderungen lauerte ja immer das gefährlichste Raubtier: homo homini lupus – Der Mensch ist dem Menschen ein Wolf.

Die 1,6 Kilometer lange
Befestigungsmauer von Bernstorf,
gebaut aus
40 000 Eichenstämmen,
wurde vor über 3000 Jahren
ein Raub der Flammen. ➤

KAPITEL 4

Das Mykene Bayerns – Bernstorf, die versunkene Stadt

Die Legende

Die zweite Hälfte des 19. Jahrhunderts war in Deutschland eine Zeit der geschichtlichen Rückbesinnung. Es gab eine breite Strömung in der Bevölkerung, die sehnsüchtig und mit Vehemenz die staatliche Vereinigung der deutschen Stämme forderte. Unterfüttert wurde dieser politische Anspruch mit Argumentationslinien aus der Geschichte. Sie bezogen sich auf das Heilige Römische Reich Deutscher Nation oder auf das erste Großreich auf deutschem Boden unter dem Frankenherrscher Karl dem Großen. Und so mancher historisch Interessierte schlug noch einen weiteren Bogen, die «Germanen» wurden gewissermaßen erfunden. Aus den vielen Stämmen, die um die Zeit des Imperium Romanum in den Wäldern des heutigen Deutschlands siedelten, wurde eine mächtige Volksgruppe konstruiert, die in der Realität wenig miteinander zu tun hatte. Einerlei, der Zweck heiligte die Mittel: Aus der Geschichte – einer möglichst weit zurückreichenden – sollte die Legitimation einer geeinten Deutschen Nation abgeleitet werden. 1871 wurde im Spiegelsaal des Schlosses zu Versailles der Wunsch Realität. Unter Federführung Preußens und seines Kanzlers Otto von Bismarck wurde das Deutsche Reich gegründet. In den Augen vieler war damit eine historische Mission zu Ende geführt.

Auch in Bayern beschäftigten sich die gebildeten Kreise vermehrt mit der Historie. Die Erforschung der Heimatgeschichte wurde zu einer nationalen Spurensuche. Der Pfarrer Josef Grassinger in Aufkirchen im Landkreis Erding beteiligte sich daran auf seine Weise. In seiner Funktion als Distriktschulinspektor kam er viel herum, traf Lehrer in den Dorfschulen, Pfarrerkollegen in den Gemeinden und so manch interessanten Zeitgenossen an den Stammtischen der wichtigsten bayerischen Institution, dem Wirtshaus. Nach einer zünftigen Maß des guten dunklen Bieres lösten sich die Zungen der Einheimischen, die der wissbegierige Pfarrer nach allem möglichen Geschichtsträchtigen ausfragte. Ihn interessierten die Historie des Ortes, Flurnamen, der Grund für einen Sühnestein hier, den Stifter einer Kapelle dort, einfach alle Spuren der Vergangenheit. So sammelte er über die Jahre ein ganzes Kompendium an historischen Fakten über das Gebiet nördlich der Landeshauptstadt München rund um Erding und Freising, was seinen Niederschlag in mehreren Büchern fand. In seinem Fangnetz der Geschichte verhedderte sich auch die eine oder andere Legende.

Beim Fischerwirt von Kranzberg, nicht weit von der Kirche und gleich gegenüber der Dorfschmiede, kehrte Josef Grassinger gern ein. In dem stattlichen Gebäude, das bis 1804 das bayerische Landgericht beherbergte, verkehrten neben Kirchgängern auch Landwirte und ihre Knechte aus der nahen und weiteren Umgebung. Eines Abends muss er mit dem Fuhrknecht des Gutshofes von Bernstorf zusammengesessen sein, der ihm zu vorgerückter Stunde eine phantastische Geschichte erzählte. Hier in dieser Gegend, am rechten Ufer der Amper, soll einmal eine reiche Stadt existiert haben, sie sei vor vielen Jahrhunderten untergegangen und mit ihr Schätze von sagenhaftem Wert. Bisher habe diese niemand gefunden. Der Pfarrer schüttelte ungläubig den Kopf, zahlte aber dem Knecht, den er für einen Aufschneider hielt, seine vereinbarte Prämie «noch a Maß» und ging zu Bett. Erst als er Monate später seinen Pfarrerkollegen in der Kirche St. Peter und

Paul in Tünzhausen trifft und ihm dieser eine ähnliche Geschichte erzählt, notiert er sich die Legende von der versunkenen Stadt. Bei seinen weiteren Recherchen erfährt er immer dasselbe Sagenschema: Die Stadt war groß, sehr groß, sie war reich und mächtig. Oft ist auch die Rede von Schätzen, die dort vergraben sein sollen. Und übereinstimmend geben alle Informanten an, dass die uralte Stadt verschwunden ist. Wie, wann und warum weiß keiner zu sagen. Für Josef Grassinger ist die Geschichte trotzdem so interessant, dass er in einem Buch über die Heimatgeschichte 1864 schreibt: «Es geht die Sage, dass zwischen Tünzhausen, Bernstorf und Kranzberg eine versunkene Stadt liegt.» Danach geriet auch die Sage selbst für über hundert Jahre in Vergessenheit, bis ein Hobbyforscher aus der Landeshauptstadt die Sache neu aufrollte.

Der Fund

Es war ein «saukalter Novembertag», wie der Münchner Arzt Manfred Moosauer in seinem unverkennbar bayerischen Duktus gern erzählt, «als die ganze Gaudi begann». Zusammen mit Traudl Bachmaier war der Hobbyarchäologe 1992 in der Nähe des Guts Bernstorf unterwegs auf Spurensuche. Wie einst Heinrich Schliemann seinen Homer ernst genommen hatte, als er die Ruinen von Troja suchte (und fand), so glaubt auch der Doktor an ein Körnchen Wahrheit in der Legende von der untergegangenen, sagenhaft reichen Stadt über dem Ampertal und weiß zudem um die in Vergessenheit geratenen Aufzeichnungen des königlich-bayerischen Gymnasialprofessors Josef Wenzel aus Freising, der 1904 in der Nähe von Bernstorf eine prähistorische Schanze erkannt haben wollte und davon auch Skizzen angefertigt hatte.

Bachmaier und Moosauer ziehen sich die Kragen hoch, als sie

aus dem Waldstück treten und auf eine Kiesgrube blicken, die beim Ausbau der A9 gute Dienste leistete. Sie zerschneidet die Anhöhe und frisst sich immer weiter hinein in den Berg. Ein Anblick, der neben der «Saukälte» Moosauer erschaudern lässt. Doch bald wird es ihm warm, von innen heraus. An der Abbruchkante entdeckt er rötlich gefärbtes Erdmaterial, das sehr fest, fast glasig verbacken ist. «Das war kein normales Erdreich, das war etwas Besonderes», erinnert er sich genau. Er hält es für alte Eisenerzschlacke. War die versunkene Stadt ein prähistorisches bayerisches Ruhrgebiet? Moosauers Neugier ist endgültig geweckt.

Nach zähen Verhandlungen bekommt er eine Grabungserlaubnis und widmet daraufhin jede freie Minute der Erforschung von Bernstorf. Durchaus mit Erfolg, stellt das Projekt aus Laien und zugezogenen Wissenschaftlern doch fest, dass die vermeintliche Schlacke bei großer Hitze verkohlte Holzpfosten waren, vermutlich die Überreste einer Wallanlage, die nach den C-14-Daten in die Mittlere Bronzezeit um 1360 v. Chr. zu datieren ist. Jetzt gab es für Moosauer kein Halten mehr, Bernstorf hatte ihn in seinen Bann gezogen, und weder die Widerstände von Behörden noch die von zweifelnden studierten Amts-Archäologen konnten den Hobbyforscher stoppen.

Der nächste Paukenschlag folgte im Sommer 1998. Zum großen Ärger von Manfred Moosauer fraß sich die Kiesgrube immer weiter in das Areal hinein. Doch wieder bestätigte sich das alte Sprichwort von den zwei Seiten einer Medaille. Um weiteres Abraumpotenzial zu schaffen, hatte der Grundstückseigentümer eine Fläche gerodet, die zum Kiesabbau freigegeben war, und die Wurzeln der Bäume herausgezogen. «Des war narrisch», erzählt der Münchner mit glänzenden Augen, «ich dachte, jetzt ist alles aus, die Anlage ist zerstört, bevor wir sie enträtselt haben, da sehe ich auf einem Rundgang unter den Wurzeln plötzlich etwas blitzen.» Moosauer macht eine kurze Pause, holt Luft: «Ich dachte erst, das wär ein Guatlpapier», auf gut Deutsch ein Bonbonpapier, «das golden in der Sonne glänzt, doch als ich genauer hingeschaut habe, erkannte ich eingestanzte Dreiecke, da wusste ich, das ist die Bronzezeit!» Er rief Traudl Bachmaier zu: «Gold, Gold, wir haben Gold!», doch gegen den Wind hat sie den überglücklichen Finder nicht verstanden, «die hat gemeint, ich spinn, ich hätt a Leich, eine Leiche gesehen. Da habe ich das Gold schnell wieder zugedeckt, damit es keiner sieht, und bin zu ihr gelaufen.» Als das Gebiet danach systematisch abgesucht wurde, bargen die Bernstorf-Forscher ein zusammengefaltetes, reich verziertes Golddiadem in der Form einer Strahlenkrone, ein weiteres kleines Diadem, Teile eines Goldblechgürtels und andere Stücke, die alle verziert waren. Insgesamt wiegt der spektakuläre Goldschatz von Bernstorf 110 Gramm.

«Jetzt wusste ich, wie ein Schliemann sich fühlen musste», schmunzelt Manfred Moosauer, «und mir ging es ähnlich wie ihm, auf ein wichtiges Detail habe ich gar nicht geachtet, geblendet von Gold.» Sechs durchbohrte Bernsteinstücke lagen in unmittelbarer Nähe des Fundkomplexes. Sie glänzten nur nicht so schön. Nach genauerer Untersuchung stellte sich heraus, dass die Stücke angesengt waren und so zusätzlich zur Nachdunklung durch das hohe Alter etwas geschwärzt waren. Sie mussten irgendwann einmal einem Feuer ausgesetzt gewesen sein. Ein Spezialist analysierte zusätzlich den chemischen Fingerabdruck der Bernsteinfunde und konnte durch Vergleich mit Referenzproben die Herkunft der Stücke bestimmen: Sie stammen mit hoher Wahrscheinlichkeit von der Bernsteinküste der Insel Usedom. Doch die fantastischen Goldfunde überstrahlten natürlich in der Wahrnehmung der Forscher vorerst die unscheinbaren, auch nur roh bearbeiteten und durchbohrten Objekte. Bernsteinfunde sind für die Bronzezeit in Mitteleuropa nicht untypisch, das Material war beliebt als Schmuck, dem magische Wirkung zugeschrieben wurde. Die Bohrungen weisen darauf hin, dass auch die Bernstorfer Stücke einmal an einer Kette aufgefädelt waren.

Das «Gold der Ostsee» sorgte für die nächste Überraschung in Bernstorf. Diesmal im Jahr 2000. Wieder war es ein kalter Novembertag, der Traudl Bachmaier und Manfred Moosauer nicht von ihrer Spurensuche abhalten konnte. Die beiden verbrachten beinahe jede freie Minute auf der Anhöhe über der Amper, mit der Fahndung nach der vermeintlichen «versunkenen Stadt». Traudl Bachmaier untersuchte an einer Abbruchkante gerade Keramikscherben, als sie plötzlich ein daumengroßes Stück Bernstein in Händen hielt, das seltsam verziert schien. «Da sind ja Hieroglyphen drauf!», war der spontane Ausruf der Hobbyarchäologin, der ihren Mitstreiter alarmierte. Moosauer schaute skeptisch durch seine Brille, säuberte das Stück provisorisch und erkannte nichts Ägyptisches, dafür aber ein zweites Bernsteinobjekt gleich daneben, das er für einen Löwenkopf hielt. War das wieder ein Sensationsfund? Sofort telefonierten die beiden mit Professor Rupert Gebhard von der Archäologischen Staatssammlung in München. «Der Rupert hat gesagt, wir sollten den Dreck dranlassen, auch der könnte wertvolle Informationen enthalten», erinnert sich Moosauer, «und wir haben natürlich brav gefolgt.» Sie fotografierten die Stücke am Fundort und brachten sie dann ins Labor der Staatssammlung.

Eine Woche später erhielt die Arztpraxis Dr. Moosauer ein Fax von Professor Gebhard: Die «Hieroglyphen» waren mykenische Schriftzeichen, das Bernsteinobjekt diente wahrscheinlich als Siegel. Auch das Geheimnis des «Löwenkopfes» wurde gelöst, dieser kunstvoll bearbeitete Bernstein zeigt das bärtige Antlitz eines Menschen. Es erinnert an die berühmte Goldmaske aus Mykene, die Heinrich Schliemann fälschlicherweise dem legendären Sieger von Troja, Agamemnon, zugeschrieben hatte. Die Nachricht schlug in der Praxis ein wie eine Bombe: «Ich bin herumgehupft wie ein Verrückter», berichtet über 10 Jahre später ein immer noch begeisterter Arzt, der in seinem nächsten Leben auf jeden Fall Archäologe werden will. Moosauer: «Solch ein Glücksfund gelingt einem von hundert Archäologen höchstens einmal im Leben, und wir haben neben dem Golddiadem auch noch diese bislang in Mitteleuropa einmaligen Bernsteinobjekte entdeckt!»

Die Entdeckung ist nicht hoch genug einzuschätzen, beide Funde deuten nämlich auf weitreichende Kontakte der Bernstorfer hin, zum einem ins griechische Mykene und zum anderen zur Bernsteinküste. War dieser Platz hier über der Amper deshalb so reich gewesen, weil er an einem Knotenpunkt der Bernsteinstraße lag? Haben eine Hausfrau und ein Arzt mit ihrer Beharrlichkeit und ihrer unbändigen Energie einen Schlüssel zu einem besseren Verständnis der Handelsverbindungen in der Bronzezeit gefunden? Stimmt die Legende von der unermesslich reichen versunkenen Stadt?

Zweifel an der Echtheit

Der Goldschatz und besonders die beiden einzigartigen Bernsteinobjekte haben die Fachwelt aufgeschreckt. Wurden die Hobbyarchäologen bislang meist nur belächelt und ihre Ergebnisse ignoriert, kam nun eine gehörige Portion Misstrauen ins Spiel. Wie konnte es sein, dass Laien derartige Funde gelingen? Schnell kam ein böser Verdacht auf, das Wort «Fälschung» machte die Runde. Für die Bernstorf-Ausgräber war jetzt klar, sie mussten sich weitere kompetente Unterstützung ins Boot holen. Da traf es sich gut, dass der Bronzezeit-Spezialist Rüdiger Krause, Ordinarius für Vor- und Frühgeschichte an der Johann Wolfgang Goethe-Universität zu Frankfurt, auf den Ort aufmerksam wurde und ein DFG-Forschungsprojekt beantragte und auch genehmigt bekam. Der weltweit agierende Archäologie-Profi erklärte: «Bernstorf ist sicher einer der spannendsten Plätze in Deutschland. Um den Ort ranken sich so viele Mythen und Legenden. Aber auch Unklarheiten, die bis dahin gehen, dass Kollegen die spektakulären Funde, die hier gemacht wurden, für Fälschungen halten, die von

Am Steilhang zur Amper legen die Frankfurter Archäologen um Rüdiger Krause einen Teil der verbrannten Befestigungsmauer von Bernstorf frei.

den Findern untergeschoben wurden. Deshalb wollen wir nun endlich eine klare wissenschaftliche Basis herstellen.» Neben einer großangelegten Prospektion des Geländes und verschiedenen Grabungsschnitten, die die bisherigen Ausgrabungen von Bachmaier und Moosauer ergänzen und weiter verifizieren sollen, setzt Krause auch auf die naturwissenschaftliche Analyse der Funde.
Im Fokus: natürlich das Gold. Rupert Gebhard, der die Arbeiten in Bernstorf über lange Jahre begleitet hat, ist ein ausgewiesener Fachmann für die Untersuchung von Edelmetallen. Er hat Proben des Bernstorfer Goldes mit Hilfe der Röntgenfluoreszenzanalyse genau unter die Lupe genommen. Dabei fiel ihm auf, dass es sich um extrem reines Gold handelt, das für die Bronzezeit in Mitteleuropa absolut einzigartig ist und so in der Natur auch nicht vorkommt. Im üblicherweise verarbeiteten Flussgold oder im Golderz aus Minen ist der Silberanteil immer wesentlich hö-

her. Das Bernstorfer Gold muss also behandelt, raffiniert worden sein. Über derartige hochkomplizierte Techniken verfügten in der Bronzezeit eigentlich nur die Ägypter, die das Golderz aus ihren Minen in der Wüste Nubiens mit einem ungeheuren logistischen und technologischen Aufwand zur Ausschmückung ihrer Tempel, Paläste und Grabanlagen aufbereiteten.

Das Alte Ägypten kommt also als Ursprungsland für das Bernstorfer Gold in Frage. Aber sind die Funde wirklich so alt? Jetzt kommt der Dreck ins Spiel, den Moosauer bei der Bergung an den Objekten ließ. In einem Goldpaket steckte nämlich noch ein Stückchen Holz, das mit der C-14-Methode datiert wurde. Ergebnis: Das Holz im Goldmantel ist 3400 bis 3600 Jahre alt. Also muss das Edelmetall darum herum, das zudem mit einer Erdkruste verbacken war, genauso alt sein.

Krause verabredet sich mit Gebhard an der Goethe-Universität in Frankfurt. Im hochmodernen Labor für Massenspektrometrie werden einige Objekte nochmals untersucht. Während die Analysen laufen, begutachten die beiden Spezialisten Fotos von der Fundsituation des Goldes 1998. Die beiden sind sich einig, dass die Objekte sehr wahrscheinlich bewusst gefaltet, verpackt und in der Erde deponiert wurden. Die Form der vorgefundenen Goldobjekte und die anhaftende Erde lassen eigentlich nur diesen Schluss zu. Und auch das Ergebnis des Massenspektrometers bestätigt die außergewöhnliche Reinheit des Goldes. Rüdiger Krause konstatiert: «Die Goldfunde sind auch auf den zweiten Blick absolut spektakulär, denn es handelt sich um hochreines, geläutertes Gold, wie wir es aus dem östlichen Mittelmeer kennen.»

Eine weitere Besonderheit der Goldbleche, die schon Manfred Moosauer aufgefallen war, sind kleine Löcher, die sich am Rand der verzierten Stücke befinden. Die Spezialisten erkennen darin «Nagellöcher», die dazu dienten, das Gold auf organischem Material zu fixieren, also auf Holz, Leder oder Stoff. Da die Bleche extrem dünn und damit äußerst fragil sind, glaubt Rupert Gebhard aber nicht daran, dass sie auf Kleidung aufgenäht waren, die im täglichen Gebrauch getragen wurde. Er geht sogar noch einen Schritt weiter: «Diese Goldbleche waren wahrscheinlich gar nicht für einen Menschen bestimmt. Aus den Formen und der Anzahl der unterschiedlichen Goldteile kann man ein geschmücktes Götterstandbild rekonstruieren, mit Strahlenkrone, Zepter und Gürtel, wie wir es aus der mykenischen Kultur kennen.»

Diese These stützt er mit einem weiteren Untersuchungsergebnis. An dem Golddiadem hafteten mikroskopisch kleine organische Reste, die er als Weihrauchharz identifizieren konnte. Weihrauch wurde schon in den alten Kulturen bei Kulthandlungen benutzt. Man könnte sich also vorstellen, dass das Götterstandbild von Bernstorf im heiligen Bezirk der versunkenen Stadt stand und von Priestern mit Weihrauchschwaden geehrt wurde. Ganz bescheiden präsentiert Rupert Gebhard eine von ihm erstellte Computeranimation, wie dieses Kultbild in Bernstorf ausgesehen haben könnte. Ein fast mannshohes hölzernes Idol mit goldverzierter Kleidung, Krone und Zepter. Analogien dazu gibt es in der minoischen und der mykenischen Kultur jener Zeit.

Für Rüdiger Krause wäre das eine Erklärung für die Fundumstände: «Kultgegenstände wurden in der Bronzezeit relativ oft rituell bestattet.» So könnte das Gold aus Ägypten in den bayerischen Boden gelangt sein. Doch das ist noch nicht alles: «Wir haben hier eindeutig mykenische Formen vor uns, ganz typisch die Strahlenkrone, die wir in ähnlicher Form aus den Schachtgräbern von Mykene kennen. Überraschend sind für mich jedoch die Verzierungen der Bleche mit Kreisen und Dreiecken, das ist eindeutig Stil der Bronzezeit in Süddeutschland und nicht in Griechenland.» Im Goldfund von Bernstorf treffen also drei ganz unterschiedliche Elemente aufeinander: der Rohstoff Gold aus Ägypten, Formen aus Mykene und Verzierungen aus Süddeutschland. Mit etwas Phantasie sieht man in den Goldblechen exemplarisch die Handelsverbindungen der damaligen Welt. Und es war nicht nur Handel. An den Umschlagplätzen, wie Bernstorf einer gewesen sein könnte, entwickelten sich Schmelztiegel der Kulturen. Vor 3500 Jahren sind entlang der Bernsteinstraßen viele unterschiedliche Strömungen zusammengeflossen.

Mykenische Schriftzeichen an den Ufern der Amper?

Wenn es eine Steigerung des Worts «einzigartig» gäbe, würde es auf die Bernsteinfunde von Bernstorf zutreffen. Nie zuvor wurden in Mitteleuropa auch nur annähernd ähnliche Objekte aus der Bronzezeit gefunden. Ein Stück, das die Wissenschaftler als Siegel ansprechen, trägt eindeutig Schriftzeichen der mykenischen Linear-B-Schrift und ein Symbol in Form eines Bandes mit fünf Zacken, ganz ähnlich der Form des Golddiadems. Ein phantastischer Zufall, oder gehören beide Objekte irgendwie zusammen? Oder ist das Ganze doch ein riesengroßer Schwindel? Ebenso verdächtig ist das andere Stück, es zeigt das eingeritzte Porträt eines bärtigen Mannes und auf der Rückseite eingeritzte Piktogramme. In der gesamten Archäologie der Bronzezeit gibt es dazu nichts Vergleichbares. Eine Echtheitsprüfung war deshalb als Erstes dringend nötig, um zu erfahren, ob eine weitere Untersuchung der Funde überhaupt notwendig ist. Die Zahl der Zweifler und Skeptiker war groß.

Manfred Moosauer erinnert sich heute noch mit spürbarer Erregung an die Vorwürfe von damals, er sei ein Scharlatan, ein Fälscher, und argumentiert wie damals: «Die Bernsteinstücke waren genauso wie das Gold in einer Art Lehmpackung eingehüllt gewesen, als ich sie gefunden habe.» Nach der Dokumentation und der Bergung übergab er sie der Archäologischen Staatssammlung in München.

Bernstorf-Kenner Gebhard stand vor der Aufgabe, die Echtheit bzw. die Unechtheit der Funde festzustellen. Die Fundumstände, die Konsistenz der Hülle aus einem Ton-Sand-Gemisch aus lokal anstehendem Material und die deutlich sichtbare Patina an den Einritzungen wertete er als Indizien für ein lange in der Erde verborgenes Objekt, aber das war noch kein Beweis. Er bestrahlte die Bernsteinstücke mit UV-Licht. Frisch bearbeiteter Bernstein zeigt dabei ein fluoreszierendes Leuchten. Die Objekte fluoreszierten jedoch nur noch sehr schwach. Wären sie in jüngerer Zeit bearbeitet, also gefälscht worden, hätten sie wesentlich stärker strahlen müssen. In einem zweiten Schritt wurden die Gravuren ganz genau unter die Lupe genommen. Die Spezialisten entdeckten weiß-gelbliche Ablagerungen. Und die freuten Manfred

Einmalige Funde. Links das Bernsteinsiegel mit den mykenischen Schriftzeichen «pa», «nwa», «ti». Rechts das rätselhafte Bernsteingesicht mit der frappierenden Ähnlichkeit zur sogenannten Goldmaske des Agamemnon.

Moosauer besonders, denn «diese Ablagerungen sind Spuren von Bernsteinsäure, wie sie nur durch einen sehr langen Verwitterungsprozess entstehen kann. Das war der endgültige Beweis. Die Dinger sind alt und echt.» Jüngste Untersuchungen in den Essener Büchi-Laboren mit der zerstörungsfreien Nah-Infrarot-Methode zielten auf eine exakte Herkunftsbestimmung des Bernsteins. Diese ergibt sich aus einem automatisierten Mustervergleich mit Bernsteinproben bekannter Herkunft. Christoph Lühr stellte dabei fest, dass das Siegel eindeutig aus baltischem Bernstein gefertigt wurde, der Rohstoff also von der Ostsee stammt.

Diese Argumentationskette überzeugt auch den Frankfurter Professor, der ebenfalls von einer bronzezeitlichen Anbringung der Gravuren ausgeht. Die Patina kam dann durch die Jahrtausende im Erdreich von Bernstorf. Rüdiger Krause ist sicher: «Das Siegel und das Gesicht sind spektakulär und absolut einzigartig. Es sind ganz eindeutig keine Fälschungen, sondern alte Ritzungen. Die Zeichen wurden meiner Ansicht nach nicht in Mykene aufgebracht, sondern hier in Bayern.» Das bedeutet nicht mehr und nicht weniger, als dass Mykener in Bernstorf gewesen sein müssen. Eine faszinierende These, die den Forscher weit mehr überzeugt als das mediale Spektakel um die Funde von Bernstorf. Zu seinem großen Ärger wurde es schnell mit dem verkaufsträchtigen Label «das Troja Bayerns» versehen. Ein unzulässiger Vergleich, wie Krause meint: «Durch die Funde liegt der östliche Mittelmeerraum unmittelbar vor uns, es ist aber kein bayerisches Troja, wie in der Presse immer wieder fälschlicherweise geschrieben wurde, es ist Bernstorf.» Wenn er dem Fundort eine Überschrift geben müsste, dann wäre der Titel «Bernstorf – das Mykene Bayerns» viel zutreffender, doch darum geht es ihm nicht. Er und seine Mitstreiter wollen hinter den Schlagworten die geschichtliche Wahrheit des Ortes Stück für Stück ans Licht bringen.

Nun konnten sich die Forscher guten Gewissens an die Entzifferung der Schriftzeichen machen. Zuerst musste die Schriftart zweifelsfrei identifiziert werden. Zu diesem Zweck wurden zwei unabhängige Sachverständige hinzugezogen: Der in Rom lebende Professor Louis Godart ist einer der besten Kenner der mykenischen Schrift und Berater des italienischen Staatspräsidenten in Sachen Erhaltung des kulturellen Erbes. Unabhängig von ihm examinierte der Brüsseler Experte Jean-Paul Olivier die Ritzungen. Beide kamen zu dem klaren Ergebnis, dass es sich tatsächlich um Schriftzeichen der minoisch-mykenischen Linear-B-Schrift handelt, der ältesten lesbaren Silbenschrift Griechenlands, die ihren Ursprung im 15. Jahrhundert v. Chr. im Palast von Knossos auf Kreta hat. Auf dem Siegel identifizierten sie die Zeichenkombination «pa» «nwa» «ti».

Was bedeutet diese Botschaft aus der Vergangenheit? Ist es ein Unheil abwehrender Spruch, eine magische Formel oder eine profane Besitzanzeige? Die Spezialisten brüteten. Kopfzerbrechen bereitete ihnen auch die Zeichenfolge, denn sollte es sich wirklich um ein Siegel handeln, wäre diese ja gespiegelt auf dem gesiegelten Material lesbar. Der Archäologe Krause will den Sprachforschern nicht vorgreifen, doch für ihn ist das Vorhandensein der Schrift ein herausragendes Zeichen für Kommunikation zwischen dem Mittelmeerraum und Bayern, ein klarer Beleg für eine Bernsteinstraße in der Bronzezeit. Am Ende waren die Schriftgelehrten zu einer eindeutigen Deutung und Übersetzung der Zeichen nicht in der Lage, zur Enttäuschung der Bernstorf-Forscher. Doch es gibt zumindest Arbeitshypothesen: Wahrscheinlich handelt es sich bei «pa»-«nwa»-«ti» um einen Namen oder eine Herkunftsbezeichnung, denn in einem Text aus den bedeutenden Palastarchiven von Pylos wird ein Volk namens «Tinwa» erwähnt. In der Argonautensage taucht sogar ein Mann namens «Panwati» auf, aber das ist eben eine Sage. So bleibt etwas Rätselhaftes um den im Sonnenlicht leuchtenden Siegelstein. Arbeit für kommende Forschergenerationen.

Das rätselhafte Lächeln

Wer kennt es nicht, das rätselhafte Lächeln der Mona Lisa? Generationen von Kunsthistorikern haben versucht, sein Geheimnis zu entschlüsseln. Welche Botschaft wollte der Meister Leonardo der Nachwelt damit übermitteln? Ein namenloser Künstler hat das Bernsteingesicht von Bernstorf geschaffen. Dabei gelang ihm ein fast noch größeres Wunder als dem italienischen Universalgenie. Er zauberte mit wenigen Ritzungen ein Gesicht auf ein gerade einmal 3,2 Zentimeter großes, dreieckiges Bernsteinplättchen, das uns aus einer noch viel ferneren Welt als die berühmte Mona Lisa anlächelt. Ganz unmittelbar fasziniert dieses Strichmännchengesicht, das nicht viel mehr ist als das kindliche «Punkt, Punkt, Komma, Strich, fertig ist das …», aber halt, es ist kein «Mondgesicht». Bei aller Reduktion ist es ein perfektes Kunstwerk, das etwas zutiefst Menschliches ausdrückt: Das wissende Lächeln eines bärtigen älteren Mannes, den viele, die das Abbild zum ersten Mal sehen, spontan für einen König halten. Das Gesicht strahlt Souveränität und Weisheit aus.

Die Goldmaske, die ihr Entdecker Heinrich Schliemann fälschlicherweise, aber dafür umso einprägsamer dem Sieger von Troja, Agamemnon, zuschrieb.

Dem Entdecker Manfred Moosauer fiel darüber hinaus sofort die Ähnlichkeit mit der berühmten Totenmaske des Agamemnon auf, die Heinrich Schliemann in den Schachtgräbern von Mykene entdeckte. Obwohl das goldene Relief nachweislich nicht den Sieger des Trojanischen Krieges darstellt, wie wir heute wissen, handelt es sich mit großer Sicherheit um das Antlitz eines mykenischen Herrschers. Und die Darstellungsform ähnelt tatsächlich frappierend dem Bildnis auf der kleinen Bernsteinplatte. Der Bart, die seitlich etwas unnatürlich angeordneten Ohren, die ausdrucksstarken Partien um Augen und Mund. Fast scheint es, der mykenische Herrscher habe für beide Kunstwerke Modell gesessen. Das ist natürlich reine Spekulation, doch die Ähnlichkeiten laden geradezu ein, sich in die Welt der bronzezeitlichen Herrscher zu träumen, die vom Mittelmeer bis nach Bayern über Handel und Wandel bestimmten.

Keine Zeit zum Träumen hat Martin Schaich. Der studierte Archäologe hat eine Firma aufgebaut, die sich mit der dreidimensionalen Darstellung von archäologischen Funden und Befunden beschäftigt. Das geht von der Erstellung von 3-D-Geländemodellen über virtuelle Bilder von ausgegrabenen Grundmauern bis hin zu Rekonstruktionen ganzer Gebäudekomplexe. Dabei helfen ihm die modernsten Computerprogramme und hochauflösende 3-D-Scans, die er oft mittels Helikopter aus der Luft erstellt. So hat er beispielsweise den Verlauf des Limes in Bayern elektronisch erfasst, auch dort, wo der Wald einen Blick auf versunkene Spuren der Vergangenheit verhindert. Das Computerprogramm hat den Wald einfach weggerechnet. Auch auf dem Bergrücken von Bernstorf kommt er mit seinen Laserscans zum Einsatz, doch zuerst wendet er sich den kleinen Bernsteinfunden zu. Er steckt sie in einen speziellen Röntgencomputertomographen und tastet zudem die Oberfläche mikrometergenau mit einem dafür entwickelten Laserscanner ab. Nun kann man das Bernsteingesicht aus jeder Perspektive betrachten, drehen und wenden, wie man will, und auch extrem vergrößern, ohne es anzufassen, ja, ohne es überhaupt zu besitzen. Die Computermaus und eine 3-D-Brille erlauben die exakte Untersuchung des Objekts in räumlicher Ansicht. Dabei gerät besonders die Rückseite des Gesichts in den Fokus der Forscher, denn schon mit der Lupe erkannten sie dort eingeritzte Zeichen.

Ist hinter dem Gesicht der Name des «lächelnden Königs» versteckt? «Das wäre doch zu einfach», lächelt diesmal Manfred Moosauer, der in den drei geritzten Zeichen zwar Ähnlichkeiten mit dem Alphabet der Linear-B-Schrift gefunden hat («do» «ka» und «me»), aber von Anfang an skeptisch war: «Das wäre ja ein Lotto-Sechser!» Der belgische Schriftexperte Jean-Paul Olivier hat die drei Ritzungen genauestens analysiert. Er verwirft die Schriftthese endgültig und sieht symbolische Darstellungen in den winzigen Piktogrammen. Im Zentrum steht ein Rad mit Doppelspeichen, links davon ein Speer oder eine hochzüngelnde Flamme und rechts eine Doppelaxt, wie sie auf Kreta und in Mykene weit verbreitet war. Was diese Symbole für die Menschen vor 3500 Jahren bedeutet haben, können die Wissenschaftler natürlich nicht exakt sagen, aber es kristallisieren sich einige Deutungsmuster heraus. Alle drei Bilder kann man mit Macht und Herrschaft in Verbindung bringen: Der Speer als kriegerisches Zeichen steht für eine starke Armee, die Doppelaxt für politisch-religiöse Gerichtsbarkeit und das Rad für Transport und Handel.

Für den Entdecker Moosauer drängt sich der Verdacht auf, das Gesicht könnte mit dem Bernsteinhandel zu tun gehabt haben: «Das könnte eine Art Garantie-Siegel eines Herrschers sein, der damit dem Träger Schutz und freien Handel gewährt.» Verbirgt das rätselhafte Lächeln einen Freibrief für den Bernsteinhandel im Machtbereich Mykenes? Wir werden es wohl nie erfahren, und auch deshalb wird das Gesicht von Bernstorf eine «Mona Lisa der Bronzezeit» bleiben.

Weitreichende Verbindungen

An den Spekulationen und Deutungen möchte sich Rüdiger Krause nicht beteiligen. Für ihn zählt nur das wissenschaftlich Belegbare, und das ist seiner Ansicht nach spektakulär genug. Denn die Beziehung zwischen Mykene und dem bronzezeitlichen Süddeutschland ist mit den Funden von Bernstorf belegt. Spannend ist für ihn, was über den reinen Warenaustausch hinaus noch geschehen ist entlang der Bernsteinrouten: «Es sind nicht nur Gegenstände quasi in der Hosentasche von A nach B gelangt, sondern wir müssen davon ausgehen, dass auch Weltanschauung, Religion und kultische Äußerungen über sehr weite Strecken transportiert und transformiert wurden.» Die Kultstatue ist dafür ein klarer Beleg, stammen die Vorbilder dafür doch alle aus dem Mittelmeerraum. Bei näherer Betrachtung erscheint es plausibel, dass die Menschen, die die Waren lieferten, auch Nachrichten, Ansichten und ihren Glauben mit in die Fremde brachten. Und dieser Informationsfluss war keine Einbahnstraße, ist sich Krause sicher: «Es ist klar, dass Mykener hier in Bernstorf waren, und im Gegenzug waren auch süddeutsche Bronzezeitler in Mykene und anderen Gegenden des Mediterraneums.»

Welche Produkte lieferten die Süddeutschen nach Griechenland, außer dem «Gold der Ostsee», dem seltenen Bernstein? Dazu sollte man sich wieder ins Bewusstsein rufen, dass wir uns in einer Metallzeit befinden, der Bronzezeit, und deshalb stellt sich natürlich die Frage nach den begehrten Rohstoffen dieser Zeit: Kupfer und Zinn. In den Ostalpen war ein bedeutendes Zentrum des Kupfererzabbaus und auch der Verhüttung des Metalls. Zahlreiche Funde und chemische Analysen belegen, dass Kupfer aus den Ostalpen in den Norden Deutschlands und bis nach Skandinavien verhandelt wurde. Ohne die Importe aus dem Süden wären diese rohstoffarmen Regionen von der geschichtlichen Entwicklung abgeschnitten gewesen.

Dieser Zusammenhang ist mittlerweile sehr gut erforscht, und die Wissenschaftler erkennen zum Beispiel an Schwertformen, wie sich die Bronzezeit sukzessiv in die nördlichen Gefilde ausgebreitet hat. Rüdiger Krause hat viel darüber geforscht. Deshalb ist für ihn Bernstorf auch so spannend, weil er hier einen Knotenpunkt des Handels und der historischen Entwicklung erkennt: «Zweifelsohne sind solche großen Befestigungen wie Bernstorf ein Spiegelbild der Eliten, der Anführer, der Krieger von damals. Diese Eliten haben das Leben, das Wirtschaften und den Handel bestimmt. Kupfer war ein wichtiges Produkt, das vom Ostalpenraum über solche Stationen wie Bernstorf in den Norden verhandelt wurde. Hier war eine Scharnierstelle.» Ein Umschlagplatz, über den das wertvolle Metall sicher auch nach Süden geliefert wurde. Dabei bleibt die Frage zu klären, in welcher Form Kupfer die Reise antrat. Der weite und beschwerliche Weg lässt vermuten, dass man hauptsächlich Halbfertig- und Fertigprodukte handelte, denn diese hatten den größten Wert im Verhältnis zu dem zu transportierenden Gewicht.

Außer Bernstein und Kupfer wurden vermutlich noch weitere Waren gen Süden geschickt. Sklaven spielten in den Wirtschafts- und Herrschaftssystemen der Bronzezeit eine wichtige Rolle. Bisher haben die Archäologen keine expliziten Spuren von Menschenhandel gefunden, diese sind aber auch extrem schwierig auszumachen – was sollten die Sklaven hinterlassen haben? Doch dieses menschliche Handelsgut ist sehr wahrscheinlich, ebenso wie organische Produkte, die Schätze der Natur aus den weiten Wäldern des Nordens und Ostens Europas: Pelze, Honig und Wachs.

Wo ist die Stadt?

Nach den Sensationsfunden beschäftigt die Entdecker von Bernstorf natürlich die Frage: Wo ist die versunkene Stadt, deren legendärer Reichtum ja zumindest im Ansatz mit den Gold- und Bernsteinobjekten belegt ist? Auf dieser Suche haben die Forscher mit zwei Problemen zu kämpfen: Durch den Kiesgruben-Betrieb ist ein Teil der Bergkuppe einfach weggebaggert worden, und mögliche archäologische Spuren sind damit unwiederbringlich verloren. Zum anderen ist das Gelände bewaldet, und oberflächliche Hinweise auf die Siedlung, etwa Bodenerhebungen oder Gräben, sind so gut wie nicht erkennbar.

Rüdiger Krause beurteilt die topographische Lage des Fundareals als sehr vielversprechend: «Die Lage hier auf dem Bernstorfer Berg ist auf den ersten Blick unspektakulär, es ist ein flacher Rücken über dem Ampertal, aber wenn man sich die Topographie genauer ansieht, dann ist dieser Höhenrücken sehr weit ins Tal vorgeschoben, er wacht wie eine Burg über dem Fluss.» Schon Manfred Moosauer hatte bei seinen ersten Grabungen Siedlungsspuren entdeckt. Er war der Erste, der an die Stadt glaubte, und auch Rüdiger Krauses wissenschaftliche Skepsis erlaubt eine Deutung der Lage: «Jeder, der hier vorbeikam, das Ampertal war ein wichtiger Verkehrsweg damals, musste diese Burg passieren und vielleicht auch Tribut zollen.»

Der Frankfurter Professor setzt deshalb auf den Einsatz von modernen Methoden. Die Scans von Martin Schaich sind dabei der Ausgangspunkt für eine weitere Art der elektronischen Spurensuche. Geophysik ist die Wissenschaft, mit der man der Erde unter die Haut schauen kann, ohne zu Spaten und Schaufel greifen zu müssen. Arno Pazelt steckt im Wald von Bernstorf ein 10 mal 100 Meter großes Untersuchungsfeld ab. Mit einer tragbaren Sonde geht er dann die einzelnen Sektoren ab. Dabei ist außer dem Zwitschern der Vögel nur ein gleichmäßiges Piepsen zu hören,

Der Goldfund von Bernstorf (oben) mit seinem auffallenden Strahlendiadem. Verblüffend ist die Ähnlichkeit mit mykenischen Strahlenkronen (unten), die aus einem ganz anderen Kulturkreis stammen.

die Signale der einzelnen Messungen. Pazelt misst das Erdmagnetfeld, und überall dort, wo dieses Anomalien aufweist, also Abweichungen von dessen natürlichem Verlauf und normaler Stärke, befindet sich etwas im Boden. Mauerfundamente, Wassergräben, alte Feuerstellen, Kupferschmelzöfen stören das Erdmagnetfeld, auch wenn sie schon seit 3500 Jahren nicht mehr sichtbar sind. Mit einem Computerprogramm erfolgt die Auswertung der Messungen. Dabei setzt der Geophysiker die verschiedenen Messfelder in einem Plan zusammen, um so ein möglichst weiträumiges Bild vom Zustand unter dem Waldboden zu bekommen.

Es ist immer wieder ein spannender Moment, wenn sich auf dem Monitor das erste Bild aufbaut. Rüdiger Krause schaut Arno Pazelt über die Schulter, als dieser im Kofferraum seines Kombis die ersten Ergebnisse abruft. Deutlich zeichnet sich eine dunkle Linie ab. Sie verläuft an manchen Stellen direkt am Abhang hinunter zum Ampertal. «Das ist die Befestigungsmauer!», freut sich der Archäologe. Der Geophysiker bestätigt die Analyse, gibt aber zu bedenken, dass einige Flächen heute nicht mehr messbar sind, also die gesamte Anlage wohl nie rekonstruiert werden kann. Krause sieht das nicht so skeptisch, denn Manfred Moosauer war nicht nur ein glücklicher Entdecker, er hat auch unscheinbarste Beobachtungen notiert und so wichtige Details gesichert, die mit der Kiesgrube verschwunden sind. Darunter waren etliche Hinweise auf den Verlauf der Mauer. Modernste Geophysik, die Beobachtungen eines Hobbyarchäologen und wissenschaftliche Expertise erlauben am Ende eine relativ genaue Rekonstruktion der Umrisse der befestigten Anlage. Rüdiger Krause: «Die Befestigungsmauer hat eine Länge von 1,6 Kilometern. Sie umschließt eine Fläche von 13 Hektar. Die Anlage hat einen Durchmesser von 650 Metern. Das sind gewaltige Dimensionen für die Bronzezeit in Mitteleuropa.» Pazelt pflichtet bei: «Ich habe ja schon viele Orte geophysikalisch untersucht, aber diese Ausmaße erinnern mich eher an Städte im Mittelmeerraum.» Krause formuliert es so: «Wenn man sich das gesamte Umfeld betrachtet, muss man sicher sagen, dass wir hier ein besonderes Zentrum für Süddeutschland, ja ganz Mitteleuropa vor uns haben.»

Wie sah diese mitteleuropäische Metropole der Bronzezeit aus? Sie verfügte über eine umlaufende Befestigung, das ist mittlerweile klar. Aber was war in ihrem Inneren? Arno Pazelt weiß darauf auch nach vielen Messungen noch keine Antwort: «Wir haben zwar Anomalien im Bereich innerhalb der Mauer, aber deutliche Häusergrundrisse sehen anders aus.» Bei der damals vorherrschenden Bauweise müsste ein Muster von sogenannten Pfostenlöchern die Häuser verraten. Die Pfosten bildeten das Gerüst der bronzezeitlichen Langhäuser, auf ihnen ruhte das Dach, und zwischen ihnen wurden meist mit Flechtwerk und Lehmputz die Wände aufgebaut. Da das Holz der Pfosten und auch der Wände über die Jahrtausende vollkommen vergangen ist, bleiben nur die Löcher, in denen die Pfosten einst eingetieft waren. Diese Veränderungen in der Materialstruktur des Erdreichs verursachen winzige Störungen des Magnetfeldes, und diese hätten Pazelts Messgeräte registrieren müssen. Doch die Signale sind zu unklar, um die einstige Bebauung zu lokalisieren. «So eine große Anlage, eine 1600 Meter lange Befestigung, macht man doch nicht umsonst», meint der Geophysiker, «da müssen Gebäude gewesen sein.» Er wird weitersuchen, verschiedene Methoden kombinieren, Georadar, Magnetik und Elektrik einsetzen, um das Rätsel der versunkenen Stadt zu lösen.

Verdächtige Brandspuren

Darauf allein will sich Rüdiger Krause nicht verlassen. Schaufel, Spaten, Kelle und Pinsel, das alte Handwerkszeug der Archäologen, haben auch im 21. Jahrhundert nicht ausgedient. Grabungskampagnen bringen immer noch die klarsten Befunde. Doch die modernen Voruntersuchungen geben den Spezialisten wertvolle Hinweise, wo sie am effektivsten der Erde unter die Haut schauen und sich in aufwendiger Handarbeit durch die Jahrhunderte graben können. Durch die geophysikalische Prospektion kennt der Archäologe den genauen Verlauf der Befestigung, und so kann er zentimetergenau die für ihn interessanten Areale anschneiden, wie bei einem chirurgischen Eingriff. Das spart Zeit und Geld und bringt mit Sicherheit Ergebnisse. Auch beim mysteriösen Inneren der Anlage wird er gezielt Anomalien aus der Karte von Pazelt untersuchen. Die Grabung wird dann zeigen, was es mit den Magnetfeldstörungen dort auf sich hat. Vielleicht haben sich die Häuser der einstigen Bewohner von Bernstorf ja auch nur gut versteckt. Denn nicht alle Spuren sind mit der modernen Technik aufspürbar. Das ist oft auch von der Beschaffenheit des Erdreichs abhängig.

Krause ist mit seinen Studenten angerückt. Zwei Teams sollen an unterschiedlichen Bereichen graben. Die erste Gruppe arbeitet direkt an der Kante zu einem steilen Abhang. Durch die Bäume sieht man im Tal die Amper gemächlich dahinfließen. Hier hat Pazelt die Befestigungsanlage eindeutig gemessen, die Forscher wollen nun feststellen, wie sie gebaut war. Gab es Wall und Graben, aus welchem Material war sie hergestellt, gibt es Spuren von Angriffen, Krieg und Vernichtung? Gruppe zwei ist mitten im Wald aktiv. Mit drei länglichen Grabungsschnitten versuchen sie, Hinterlassenschaften der einstigen Bewohner von Bernstorf zu entdecken. Detektivarbeit mit ungewissem Ausgang, denn die Anhaltspunkte durch die Geophysik sind viel unklarer. Trotzdem geht auch die Waldgruppe unter der Führung von Grabungsleiterin Vanessa Bär mit Elan an die Arbeit. «Hier ist es noch spannender als an der Mauer, denn wir wissen nicht, was uns erwartet», sagt sie ruhig. Die Anspannung ist zu spüren, mit der sie und ihr Team jeden Morgen zur Schaufel greifen. Neugier und Forscherdrang, derselbe Impuls, den auch Manfred Moosauer antrieb, beflügelt die Ausgräber. Und nicht nur das, sooft es seine Zeit erlaubt, ist auch der «Entdecker von Bernstorf» vor Ort, mit Rat und Tat und wenn es mal regnet oder recht kalt ist, mit einer Extraration Schokolade für die Studenten.

Team eins meldet erste Erfolge. Es ist auf verkohlte Holzreste gestoßen. Diese liegen direkt auf der Befestigungslinie. Krause und Bär sehen sich die Stücke genauer an. Sie sind sehr hart, und besonders auffällig ist die Erde drum herum. Sie ist stark verschlackt, fast verglast, für die Archäologen deutet dies auf einen heftigen Brand hin mit Temperaturen von über 1000 Grad Celsius, die das Material so dauerhaft verändert haben. Doch das verkohlte Holz zeigt ihnen noch viel mehr. Die Holzart lässt sich bestimmen: Die Mauer von Bernstorf bestand aus Eichenstämmen. Aus der Lage der Hölzer und der Länge der gesamten Befestigung können sie ungefähr hochrechnen, wie viele Eichen für den Festungsring gefällt werden mussten: 40000! Und die Forscher ermitteln auch, wann sie gefällt wurden: Mittels Dendrochronologie, der Baumjahresringdatierung, kann festgestellt werden, wann der Eichenstamm für die Befestigung geschlagen wurde. Mehrere Proben weisen auf das 15. und 14. Jahrhundert v. Chr. Die zu Holzkohle verbrannten Stücke wurden auch Radiocarbon-datiert. Die Ergebnisse der C-14-Analyse bestätigten die Resultate der Baumring-Spezialisten.

Im Wald haben die Archäologen nicht so viel Glück. Es gibt Funde, hauptsächlich Keramikscherben, aber noch immer keine Häuser. Die Keramik zeigt zumindest, es waren Menschen hier, und sie verrät durch ihre Form und Verzierungen auch, wann: vor 3500 Jahren. Das stimmt mit den Daten von der Wallanlage überein. Rein theoretisch hätten auf der von der Holzmauer umgebenden Anlage weit über 1000 Menschen leben können, doch die hätten deutlichere Spuren hinterlassen. Beschützte die Burg von Bernstorf ein Heiligtum, in dem nur wenige Priester permanent lebten? Auf der Grabung blühen die Spekulationen.

Nur die Legende überlebte

In Bernstorf sind noch viele Fragen offen, Arbeit für mindestens eine weitere Archäologengeneration. Besonders das Verschwinden der mächtigen Burg beschäftigt die Ausgräber um Rüdiger Krause: «Das Ende der Anlage ist ein Mysterium.» Wie und warum wird die größte bronzezeitliche Befestigung Süddeutschlands plötzlich wie vom Erdboden verschluckt? Eine Antwort könnten die verkohlten Reste der Palisade geben. Moosauer und Krause haben sie an verschiedensten Stellen des Verteidigungsrings gefunden, und ihnen bot sich überall das gleiche Bild. Die Stücke waren stark durchgebrannt, das umgebende Erdreich fast glasartig zementiert. Das spricht für große Hitze, eine starke Feuersbrunst, die rundherum ihr Zerstörungswerk vollbrachte. Wurde Bernstorf angegriffen? «Ich glaube nicht, dass es sich um ein Schadensfeuer handelt», sagt Professor Krause, «es gibt keine Hinweise auf kriegerische Auseinandersetzungen wie Pfeil- oder Speerspitzen.» Die Grabungsbefunde und die Geomagnetik lassen die Forscher vermuten, dass die Anlage systematisch niedergebrannt wurde und so die gesamte Befestigungsmauer auf 1,6 Kilometern Länge vernichtet wurde. Was mit dem Inneren geschah, liegt noch im Dunkeln.

«Wir haben hier wahrscheinlich die Relikte einer rituellen Handlung vor uns, das absichtliche Niederlegen der Anlage. Das wäre typisch für die kultischen Vorstellungen in der Bronzezeit», meint Rüdiger Krause. Welch ein Gedanke! Das wäre auf das Heute übertragen so, als würden wir unsere größte Stadt, Berlin, verlassen, niederbrennen, für unseren Glauben. Unvorstellbar. Auch wenn man sich 3500 Jahre zurückversetzt: Die Archäologen haben nur 5 Meter der einst 1600 Meter langen Wehrmauer rekonstruiert. Zwei Tage Schwerstarbeit trotz der Hilfe moderner Maschinen und schon gefällter Bäume. Ein Experiment soll das Feuer von damals nachvollziehbar machen. Die Freiwillige Feuerwehr Kranzberg ist angerückt, um die Probe-Palisade zu verbrennen. Mit Benzin wird nachgeholfen. Doch es zeigt sich, dass der Brand nicht so recht in Schwung kommt. Erst als die Feuerwehrmänner große Gebläse einsetzen, lodern die Flammen hoch. Die digitale Temperaturmessung ergibt fast 1000 Grad Celsius. Dabei verglast der Lehm, mit dem die Außenfassade der Mauer verputzt war. Eine eindeutige Übereinstimmung mit den archäologischen Funden. Noch lange in die Nacht ist das Feuer zu sehen, kilometerweit. Was für ein Anblick muss es gewesen sein, als der gesamte Ring, als Bernstorf brannte?

«Die religiösen Vorstellungen der Menschen von damals können wir heute nicht mehr nachvollziehen», sagt Rüdiger Krause zu Manfred Moosauer, der sich das Spektakel natürlich nicht entgehen lässt. Er fühlt sich in dieser Nacht den Menschen der Bronzezeit besonders nahe. Das Feuer vor Augen sagt er: «Das war ein Opfer an die Götter. Wahrscheinlich musste es sein.» Der Entdecker von Bernstorf wird weiter dem Mysterium der Anlage auf der Spur sein. Seinen unermüdlichen Einsatz für die Aufklärung einer wichtigen Station in der frühen Geschichte unseres Landes hat er nach seiner Pensionierung und der Aufgabe seiner Arztpraxis in München nochmals intensiviert. «Es ist irgendwie mein Leben geworden», sagt er nachdenklich. Dann holt er ein kleines Foto aus seiner Brieftasche. Es zeigt ihn in feinem Anzug beim Bundespräsidenten. Der hat ihm das Bundesverdienstkreuz verliehen. Der Entdecker des «Mykene Bayerns» wird weiterarbeiten, jetzt mit wachsender fachlicher Unterstützung, damit die Legende von der reichen versunkenen Stadt irgendwann einmal bewiesene Geschichte ist.

Geflügelter Skarabäuskäfer aus dem Grab
des Tutanchamun aus dunklem Harz.
Der Entdecker Howard Carter hielt es für
nachgedunkelten Bernstein. ➤

KAPITEL 5

Im Auftrag des Pharao – Ägyptische Handelsexpeditionen

«Worte gesprochen von Amun-Re, dem Herrn der Throne der beiden Länder: Sei mir willkommen, indem du froh bist, meine Vollkommenheit zu sehen, mein Sohn, mein Beschützer, Thutmosis III., der ewig leben möge. (…) Ich werde dir die Kraft und die Stärke über alle Fremdländer geben. Ich werde deine Macht und die Furcht vor dir in alle Länder geben, indem dein Schrecken bis zu den vier Himmelsstützen reichen soll. (…) Ich werde dein Ansehen in jedem Körper vergrößern, und ich werde das Kriegsgeschrei deiner Majestät durch die Neunbogenvölker hin verbreiten, während die Großen aller Fremdländer in deiner Faust vereinigt sind. (…) Ich werde deine Stärke in alle Länder verbreiten lassen. (…) Mit Abgaben auf ihrem Rücken sollen sie kommen, sich verneigend vor deiner Majestät, wie ich es befohlen habe.»

Der Text dieser Stele, eines großen steinernen Gedenksteins, erzählt uns von den großartigen Taten Thutmosis' III., eines ägyptischen Herrschers der späten Bronzezeit. In dieser Zeit ist wohl erstmals ein Material im Land der Pharaonen genannt, welches Bernstein bezeichnen könnte. Doch wie kam das fossile Harz in das Land am Nil, und welche Handelskontakte hätten dies ermöglicht? Machen wir uns also mit Thutmosis III. auf, durch sein damaliges Großreich, um uns auf die Suche nach Bernstein in Ägypten zu begeben …

Karnak, um 1450 v. Chr.: Karnak – die riesige Tempelstadt Thebens, im Süden Ägyptens, das heutige Luxor, mit seinen Hauptbauten für die Götter Amun-Re, Mut und Month. Der Ort glich während des Neuen Reiches in Ägypten, der 18. bis 20. Dynastie (ca. 1530–1077 v. Chr.), einer ständigen gigantischen Baustelle mit mehreren Großprojekten der verschiedenen Pharaonen, die auch noch gleichzeitig abliefen. Pumire übte das Amt eines Priesters unter einem der bekanntesten und bedeutendsten Herrscher des Alten Ägypten aus, konnte sich selbst ein Bild der beeindruckenden Tempelanlage machen und dort auch die in Stein gehauenen Taten seines Königs bewundern: Thutmosis III. Der Amunspriester gab uns die Eindrücke der regen Bautätigkeit seines Königs mit folgenden Worten in seinem Grab wieder: «Besichtigung der großen, dauerhaften Denkmäler, die der König von Ober- und Unterägypten, der Herr der beiden Länder, Thutmosis III., für seinen Vater Amun von Karnak aus Silber, Gold und allen edlen Gesteinen errichten ließ, durch den Fürsten und Bürgermeister, den geliebten Gottesvater Pumire.»

Thutmosis III. (1479–1425 v. Chr.), der 6. König der 18. Dynastie, veränderte das Bild Karnaks in vielerlei Hinsicht. Er wurde bereits als Kind zum Thronfolger bestimmt, doch führte Hatschepsut, wohl seine Tante und Stiefmutter, die ersten Jahrzehnte seiner Herrschaft die Regierungsgeschäfte für den jungen Erben. In dieser Zeit bestritt Thutmosis jährliche, großangelegte Feldzüge nach Vorderasien, später auch nach Nubien, dem heutigen Sudan, oder kümmerte sich um Expeditionen, wie in das sagenumwobene, schwer zu lokalisierende Gebiet von Punt. Erst nach über 20 Jahren trat der Feldherr und eigentliche Pharao die Alleinherrschaft an.

Damit stand er an der Spitze eines ägyptischen Großreichs, dessen Ausmaße von Nordsyrien über die Küsten des Nahen Ostens und den Sinai, von Nubien bis ins afrikanische Hinterland reichten und an Größe, Macht und militärischem Geschick kaum zu übertreffen waren. Seine permanenten Feldzüge, wichtigen (Handels-)Expeditionen und kontinuierlichen Tributabgaben aus den eroberten Regionen ließ er sehr genau dokumentieren, unter anderem in der Tempelstadt von Karnak: zum einen in einer großflächig angelegten Festhalle, dem sogenannten Achmenu, einem Neubau des zentralen Tempelbereichs. Und zum anderen im Annalensaal, einem Raum östlich des 6. Pylons, in welchem detailliert von den Aktionen Thutmosis' III. berichtet wird.

Im Achmenu befindet sich der so bezeichnete botanische Garten. Dabei handelt es sich um einen eigenen Raum, dessen Gestaltung die «fremde» Flora und Fauna der eroberten Gebiete in Syrien und Palästina wiedergibt. Viele der dargestellten exotischen Pflanzen und Tiere, wie zum Beispiel Kakteen oder das Huhn, die zuvor in Ägypten nicht heimisch waren, kamen wahrscheinlich erstmals im Laufe der Kampagnen des Königs an den Nil. Im Annalensaal hingegen wurden im Stil eines Kriegstagebuchs die jährlich in das ägyptische Herrschaftsgebiet integrierten Völker sowie ihre abgegebenen Tribute aufgelistet. Unter diesen Abgaben findet sich in einer Liste neben Hämatit / rotem Ocker, Gneis und schwarzer Augenschminke / Bleiglanz die wohl erste Erwähnung eines Materials namens Skr / SAkAr (scheker / schakar), welches im 37. Regierungsjahr Thutmosis' III. im Zuge seines 12. Feldzuges nach Ägypten geliefert wurde. Und Skr / SAkAr könnte die altägyptische Bezeichnung für Bernstein sein.

Doch wie kam das fossile Harz ins pharaonische Großreich der Herrscher der 18. Dynastie? Handelt es sich dabei sogar um Bernstein aus dem Baltikum? Welche Handelswege und Expeditionen ermöglichten einen solchen Austausch? Wer waren die Teilnehmer der vielen Feldzüge und Expeditionen Thutmosis' III.? Welche entlegenen Gebiete sahen sie, und was brachten sie aus der Fremde mit in ihre Heimat Ägypten? Harze waren den Ägyptern der Antike wohlbekannt, wie deren Verwendung im Vorgang der Mumifizierung zeigt. Aber gilt dies ebenso für Bernstein?

Das Land der Pharaonen wird dominiert vom längsten Fluss der Erde, dem Nil, mit seinen fruchtbaren Uferzonen, die bereits vor 4000 Jahren dank durchdachter Bewässerungssysteme landwirtschaftlich äußerst ertragreich bewirtschaftet werden konnten.

Der Jahreslauf der Ägypter war zentral vom Nil und dessen jährlicher Überschwemmungsphase beeinflusst, die den natürlichen Dünger für die Felder in Form des fruchtbaren Nilschlamms mit sich brachte. Das ägyptische Weltbild mit diesen geographischen Gegebenheiten orientierte sich maßgeblich an der gigantischen Flussoase. Die Vorstellungen vom Jenseits, dem ewigen Leben nach dem Tod, wurden ebenfalls davon geprägt, sodass man das Jenseits auch an einem Fluss ansiedelte. Gleichzeitig war der Nil die Transportader schlechthin: Der Nil als Wasserstraße ermöglichte es, ferne Winkel des Landes gut erreichen zu können.

Viele der antiken Expeditionen sind uns bis heute durch verschiedene Inschriften überliefert, denn die Ägypter hinterließen uns große Mengen an Textzeugnissen, oft in Hieroglyphen, in ihren Tempeln und Gräbern, auf Objekten und an Felswänden. Schließen wir uns einigen der ägyptischen Expeditionsleiter und Feldherren, der Gesandten und Reisenden der späten Bronzezeit an und werfen einen Blick an die Grenzen des damaligen schwarzen Landes, Kemet, wie die Ägypter ihr Land selbst bezeichneten, und auf die weit verzweigten Handelskontakte – auf der Suche nach Bernstein in Ägypten.

Der Blick nach Süden

Die Kontakte Ägyptens nach Süden, das heißt nach Nubien bzw. in den modernen Sudan sowie ins afrikanische Hinterland, gehen bis in die Gründungsphase des Staates zurück. Aufgrund der ähnlichen Geographie, der geringen Distanz sowie der leichten Erreichbarkeit per Schiff oder Karawanenzug waren die südlich angrenzenden Gebiete seit der Zeit der Pyramiden 1000 Jahre vor den Feldzügen Thutmosis' III. im Blickfeld der pharaonischen Herrscher. Reich an Rohstoffen und als Kontaktstelle nach Zentralafrika spielte Nubien eine fortwährende Rolle in der Geschichte Ägyptens.

Doch erst Thutmosis III. weitete die südliche Zone des ägyptischen Einflussbereiches bis an den Gebel Barkal im Nordsudan aus. Diese Grenzlinie Ägyptens galt es früh durch mächtige Festungen zu sichern. Tempelbauten und Städtegründungen folgten. Großes Interesse hatten die Pharaonen an den dortigen Gesteins- und Goldvorkommen, die zunächst durch staatlich initiierte Expeditionen kurzzeitig gewonnen wurden, bevor ein regulärer Abbau eingeführt wurde. Der heutige Begriff Nubien könnte sogar letztlich auf die Goldminen anspielen, da Gold auf Ägyptisch nbw (nebu) hieß. Darüber hinaus war Nubien die Schnittstelle von Handelskontakten, ein Umschlagplatz für Waren aus Afrika sowie eine Durchgangszone ins afrikanische Hinterland, wo das Land Punt vermutet wird. Doch die genaue Lokalisierung von Punt ist umstritten. Die Region lag vermutlich im Osten des Kontinents, wohl an der ostafrikanischen Küste. Möglich wären die afrikanischen Küsten um den heutigen Golf von Aden, die auch per Schiff gut erreichbar waren.

Der Schatzmeister Nehesi wurde von Hatschepsut zum Leiter einer solchen Expedition berufen und beauftragt, mit fünf Schiffen inklusive Mannschaft nach Punt aufzubrechen, um verschiedene ägyptische Produkte, wie Goldringe und Ketten, gegen afrikanische Güter einzutauschen. Diese wurden dem König und der Königin von Punt überreicht, welche die Expeditionsmannschaft nach Schilderung der pharaonischen Quellen beherbergten und reichlich bewirteten. Gerade die Königin von Punt scheint die ägyptische Truppe stark beeindruckt zu haben, da sie detailreich im Totentempel der Hatschepsut in Deir el-Bahari, Theben-West, als sehr korpulent, ungewöhnlich ausstaffiert und auf einem Esel reitend dargestellt ist.

Nehesi und seine Begleiter müssen den Schilderungen zufolge vor Ort Erstaunliches gesehen und erlebt haben und kehrten erfolgreich mit voll bepackten Schiffen zurück nach Theben. Die

Pharao Thutmosis III. ließ seine Heldentaten und die Namen der unterworfenen Städte in Stein meißeln. Die Eingravierungen sind noch heute in Karnak zu bewundern.

Schiffe waren «beladen mit großartigen Dingen des Fremdlandes Punt, mit allen guten Kräutern des Gotteslandes und Haufen von Myrrhenharz, frischen Myrrhenbäumen, mit Ebenholz und reinem Elfenbein, (...) Edelhölzern, (...) Weihrauch und schwarzer Augenschminke, mit Pavianen, Affen und Leopardenfellen». Die Worte «niemals hat irgendein König Gleiches erbracht» schienen deswegen für die Expeditionsteilnehmer nicht übertrieben zu sein. Nehesi und seine Männer hatten ihre Aufgabe zur vollkommenen Zufriedenheit ihrer Regentin ausgeführt.
Auch Thutmosis III. hatte Interesse an den Materialien aus Punt und ließ ebenso Myrrhe nach Ägypten holen. Die von Nehesi aufgezählten Rohstoffe und Produkte können als Luxusgüter für die Ägypter gesehen werden, an deren ständigem Import großes Interesse bestand. War es über diese Routen und Handelsstätten wie Punt möglich, dass auch Bernstein oder fossiles Harz nach Kemet gelangte?

Der Blick nach Osten

Samonth, ein Gefolgsmann Thutmosis' III., machte sich in dessen 25. Regierungsjahr auf den Weg auf die Halbinsel Sinai, um eine Türkisexpedition anzuführen. Da der Sinai in direkter Nachbarschaft liegt sowie per Schiff und Eselskarawane leicht aus dem ägyptischen Niltal zu erreichen war, stand diese Gegend ebenfalls von Beginn der Pharaonenzeit an im Blickpunkt Ägyptens als potenzieller Rohstofflieferant. Hintergrund hierfür waren die Türkisvorkommen, ein blaugrünes Mineral, das gern für Schmuckstücke verwendet wurde, und die Kupferablagerungen des Sinai, die seit dem Alten Reich (2740–2180 v. Chr.), der Zeit der großen Pyramiden, regelmäßig aufgesucht und ausgebeutet wurden.

Zahlreiche Stollen, Minen und Graffiti, das heißt eingeritzte Felsinschriften der Teilnehmer der Exkursionen und der Arbeiter, zeugen von einem intensiven Erkunden dieser Region.

Für die Herrin des blaugrünen Minerals, die Göttin Hathor, wurde eigens ein Tempel im gebirgigen Gelände in Serabit el-Khadim am Sinai erbaut. Darin hinterließ uns Samonth auf einer Stele einen Bericht über seine dortigen Aufgaben. Der Inschrift zufolge übernahm er erfolgreich die Reiseleitung und sorgte für den sicheren Heimtransport des Minerals. Kupfervorkommen sind auch aus Timna bekannt, einer Kupferabbaustätte, die sich im Süden Israels befindet. Ägyptische Expeditionstruppen wurden dorthin ausgesandt, um das begehrte Metall abzubauen. Gleichzeitig diente der Sinai wiederum als Pufferzone Ägyptens nach Osten.

Unter Thutmosis III. wurde mit dem Aufbau eines Stützpunktesystems vom östlichen Delta entlang der Küste des Mittelmeeres bis nach Syrien begonnen, das Ägypten vor Einfällen aus den eroberten Fürstentümern und angrenzenden Regionen sichern sollte. Thutmosis III. konnte den Einfluss- und Herrschaftsbereich Ägyptens in den Nahen Osten noch weiter ausdehnen. Die Schlacht bei Megiddo (Nordisrael) kurz nach Antritt seiner alleinigen Regentschaft kennzeichnet den Beginn weiterer Feldzüge nach Vorderasien. Der Pharao rückte mit mehreren Tausend Mann über Gaza bis in das Karmelgebirge vor. Seine gewählte Taktik, die Stadt Megiddo risikoreich über den Engpass von Aruna durch das Gebirge zu erreichen und das gegnerische Heer somit zu überraschen und einzukesseln, gipfelte in einer langen Belagerung Megiddos, bis die Bewohner schließlich kapitulierten.

«Regierungsjahr 23, 1. Monat der Ernte-Jahreszeit, Tag 21, genauer Tag des Erneuerungsfestes. Der König ist am Morgen erschienen. Seinem ganzen Heer wurden Befehle gegeben. (...) Seine Majestät zog auf einem Streitwagen aus Elektron, geschmückt mit seinen angenehmen Dingen (Waffen), wie Horus mit starkem Arm, Herr der Tat wie Month von Theben. (...) Seine Majestät war in ihrer Mitte. Amun war der Schutz seines Körpers im Kampfgewühl. (…) Seine Majestät war mächtig an der Spitze seines Heeres. Sie sahen die Macht seiner Majestät und flohen in Haufen mit angsterfüllten Gesichtern nach Megiddo. Sie ließen ihre Pferde und Streitwagen aus Gold und Silber liegen (…). Das ganze Heer jubelte. (…) Sie jubelten über seine Majestät wegen der Größe seines Sieges.»

Die eroberten Fürsten leisteten Eide als neue Untergebene Ägyptens und lieferten große Mengen an Tributen an den neuen ägyptischen «Herrn» ab. Darunter waren Pferde und Wagen, Kriegsausrüstung, Möbel, Vieh, Gefäße, Getreide, Wein, Öle, edle Hölzer und Metalle sowie Lapislazuli. Als antikes Hauptquellenland dieses Mineralgemisches gilt Afghanistan. Lapislazuli fand in Ägypten bereits seit der Frühzeit der pharaonischen Geschichte häufig Verwendung in Schmuckstücken aller Art. Ob dies durch direkten Kontakt bzw. Import aus der Ferne von Afghanistan, durch Tributleistungen mit zahlreichen Zwischenhandelsstationen oder auch durch eine uns unbekannte ägyptische Herkunftsstätte ablief, lässt sich heute schwer nachweisen.

Verschiedene Gesandtschaften und «politische» Heiraten sollten die diplomatischen Beziehungen zwischen den damaligen antiken Großmächten festigen, sodass immer wieder Töchter verschiedener syrischer Fürsten nach Ägypten geschickt wurden. Beispielsweise wurde eine Prinzessin aus dem Reich Mitanni mit Thutmosis IV., einem Enkel Thutmosis' III., vermählt. In den Brautgeschenken fand sich unter anderem Skr / SAkAl. Eine weitere Prinzessin aus Nordsyrien brachte das Material, bei welchem es sich wahrscheinlich um Bernstein handelte, in Form von einigen Paar Ohrringen als Mitgift an den ägyptischen Hof unter Amenophis III. / IV. mit. Dies belegen die sogenannten Amarnabriefe, wo in der Brautausstattung neben vielen Gegenständen aus Lapislazuli mehrfach auch Bernstein genannt wird. Der darin verwendete sumerische Begriff ŠAG.KAL könnte der ägyptischen Bezeichnung entsprechen.

Ägyptens Stellung als Großmacht in der 18. Dynastie war nicht mehr zu bremsen, und immense Abgaben flossen in die Schatzhäuser am Nil. Einige so weit unbekannte, neue Tier- und Pflanzenarten, Materialien, Geräte und Schmuck trafen erstmals im Pharaonenreich ein. Die Teilnehmer der Feldzüge brachten viele ungewöhnliche Eindrücke aus der Fremde mit und darüber hinaus auch manche Objekte, die es in der Heimat nicht gab. Könnte auf diese Weise auch baltischer Bernstein das Kernland der Pharaonen erreicht haben?

Der Blick nach Norden

Zum wichtigsten Gegner Thutmosis' III. wurde das Mitannireich, das den Norden des Zweistromlandes Mesopotamien und den nördlichen Bereich Syriens einnahm. Zehn Jahre nach der erfolgreichen Schlacht bei Megiddo stieß der Pharao bis an den Euphrat über 600 Kilometer nördlich seiner Residenzstätte vor, um die ägyptische Vormachtstellung in Vorderasien zu untermauern. Auf dem Heimweg vergnügte sich der Herrscher noch auf der Elefantenjagd.

Aus einer wahrscheinlich gefährlichen Situation rettete ihn anscheinend sein Feldherr Amenemhab. Das Erlebnis scheint Amenemhab tief beeindruckt zu haben, weil sich der Feldherr in seinem Grab folgendermaßen dafür rühmt:

«Der Soldat Amenemhab, gerechtfertigt, er sagt: Ich bin der, der wahrhaftig für den Herrscher (...) ist, mit aufrichtigem Herzen für den König von Oberägypten und weise für den König von Unterägypten. Ich war der Begleiter meines Herrn auf seinen Gängen in das nördliche und in das südliche Fremdland, weil er wünschte, dass ich der Gefährte seiner Füße sei. (...) Ich sah wiederum eine andere ausgezeichnete Tat, die der Herr der beiden Länder in Nij(a) machte. Er jagte 120 Elefanten wegen ihrer Zähne. Dann übernahm ich den größten Elefanten, der unter ihnen war, der gegen seine Majestät kämpfte. Ich war es, der seinen Rüssel abschnitt, als er noch lebte, während er vor seiner Majestät und ich im Wasser zwischen zwei Steinen stand. Dafür belohnte mich mein Herr mit Gold.»

Amenemhab scheint ein treuer Begleiter und Gefährte Thutmosis' III. gewesen zu sein, der auf Wunsch und Anweisung seines Königs an weiteren Feldzügen teilnahm und sogar sein Leben für den Regenten geopfert hätte.

Große Bedeutung kam auch Byblos zu. Als Küstenstadt nördlich von Beirut im heutigen Libanon war der Hafen ein bedeutender Umschlagplatz für Waren im gesamten östlichen Mittelmeerraum sowie im vorderasiatischen Gebiet. Könnte dies eine weitere Option für den Handel mit Bernstein in der späten Bronzezeit gewesen sein?

Besonderes Interesse hegten die ägyptischen Herrscher am Holzbestand des Libanon, weil die heimischen ägyptischen Hölzer, wie Palmholz, schlechter für die zahlreichen Schiffsbauten und aufwendigen Grabausstattungen geeignet waren. Über Byblos wurden die verschiedenen Holzarten, häufig Zedernholz, nach Ägypten verschifft. Thutmosis III. ließ hier auch seine Schiffe für die Euphratüberquerung auf dem Weg nach Mitanni herstellen. Byblos entwickelte sich unter dem Herrschaftseinfluss der Pharaonen immer mehr zu einer ägyptischen Stadt auf «fremdem» Boden abseits des Nils in der Levante.

Zahlreiche antike Funde, darunter viele mit Hieroglyphen beschriftete Objekte, zeugen von der damaligen Lebenswelt der Ägypter fernab der Heimat. Die lokalen Machthaber trugen ägyptische Titel, und die Pharaonen ließen dort sogar Tempelbauten für die Götter Ägyptens errichten. So entstand auf Geheiß Thutmosis' III. ein Tempel für die Göttin Hathor als Herrin von Byblos. Dessen Errichtung schildert der Bauleiter Minmose, der als

Vorsteher der Tempel von Unter- und Oberägypten prädestiniert für die Umsetzung einer solchen Aufgabe im «ägyptischen Ausland» war. Minmose begleitete den König ebenfalls auf einigen seiner Expeditionen und Feldzüge, er sah Nubien und Syrien und verwaltete die eingenommenen Tribute. So verwundert es nicht, dass Minmose sagt: «Es veranlasste mich seine Majestät, die Arbeiten in den Tempeln aller Götter zu leiten: (...) den der Hathor, Herrin von Byblos (...), in ihnen spannte ich den Messstrick (zur Tempelgründung).»

Gut 400 Jahre später hatte Ägypten seinen Einfluss in der Levante aufgrund des Emporkommens anderer Großmächte verloren. Dies musste vielleicht ein weiterer ägyptischer Reisender und Beauftragter namens Wenamun schmerzhaft erfahren, als er in Byblos versuchte, Holz für eine neue Götterbarke des Gottes Amun in Karnak einzutauschen. Umstritten ist allerdings, ob die Reise des Wenamun, die auf einem einzigen Papyrus überliefert ist, als fiktiver Reisebericht einzustufen ist oder nicht, ob sie also jemals stattgefunden hat.

Der Text berichtet, welchen Schwierigkeiten Wenamun während der Erfüllung seines Auftrages begegnete: Seine Bezahlungsmittel wurden gestohlen; er musste mehrere Monate auf eine Audienz beim Machthaber in Byblos warten; er führte hitzige Diskussionen, um das Bauholz nach weiteren Monaten überhaupt zu erhalten; geriet dann in einen Sturm; strandete wahrscheinlich auf Zypern, dem antiken Alaschia, womit die Erzählung schließlich abbricht. Ob Wenamun Ägypten jemals wiedersah bzw. was aus der Schiffsladung mit Holz wurde, bleibt offen. Die Handelsvormachtstellung von Byblos verliert sich nach der Bronzezeit zugunsten anderer an Einfluss gewinnender Städte und Häfen im östlichen Mittelmeer.

Die faszinierende Büste von Nofretete im Neuen Museum Berlin. Die aufgemalte Kette erinnert an die Bernsteinkette von Ingolstadt. Sogar der Verschluss hinten am Hals ist ähnlich. ➤

Wie gefährlich diese Schiffsreisen, auch entlang der Küsten, sein konnten, bestätigt der Bericht des Wenamun allemal. Ein tatsächliches, archäologisch fassbares Schiffsunglück ist mit dem Schiffswrack von Uluburun greifbar. Das anhand der geborgenen Funde als Handelsschiff einzustufende Wrack muss in der späten Bronzezeit auf einer Reise durch das östliche Mittelmeer gesunken sein. Viele Gegenstände der ursprünglichen Ladung stützen eine solche Datierung, einschließlich verschiedener Objekte der 18. Dynastie: Mehrere ägyptische Schmuckstücke aus Glas, Gold, Silber und Fayence erwähnen in ihren Inschriften die berühmte Frau Amenophis' IV./Echnatons, Nofretete.

Welcher Auftraggeber die Fahrt veranlasste und ob eine ägyptische Handelsmission mit einem konkreten Fernziel an Bord war, lässt sich nicht mehr klären. Die Zusammensetzung der geladenen Güter lässt mehrere Deutungen bezüglich des Auftraggebers und der Reiseroute zu. Unter den am Meeresgrund geborgenen Waren befanden sich auch Perlen aus baltischem Bernstein, die auf diesem Wege Ägypten hätten erreichen können. Anhand der ägyptischen Produkte an Bord dürfte das Schiff immerhin einen der Häfen im Nildelta bzw. an der Mittelmeerküste angesteuert haben. Genauso zählten Rohkupferplatten aus Zypern und Keramik aus Mykene zur Ladung. Minoische Keramik aus Kreta war den Ägyptern bekannt. Kretische Steingefäße sind dort mehrmals belegt, und Tributbringer aus Kreta werden detailreich in Gräbern hoher ägyptischer Beamter in Theben-West dargestellt. Austausch und Einflüsse beider Kulturen sind somit offensichtlich; ein gegenseitiger Besuch durch Gesandte ist darüber hinaus denkbar. Die Handelsverbindungen per Schiff in weite Teile des Mittelmeerraumes könnten demnach gut für den Transport und die Weitergabe von Bernstein ins Niltal genutzt worden sein.

Pektoral des Hatiai aus Theben. Die altägyptische Goldschmiedekunst schloss wohl auch schon Bernstein mit ein – ein exotisches Luxusgut am Nil.

Der Blick nach Westen

Die westlichen Nachbarn Ägyptens waren nomadische libysche Stämme, die die karge, fast unfruchtbare Gegend der westlichen Wüste durchzogen. Kontinuierlichen Kontakt seitens der Pharaonen gab es nur in die Oasen der Westwüste, die seit dem Alten Reich von den Ägyptern kontrolliert wurden. Die libyschen

Völker wurden erst nach der Bronzezeit in das ägyptische Reich integriert; zuvor sind nur wenige Kontakte im Zuge von Auseinandersetzungen oder Handelstätigkeiten bezeugt. Die libysche Wüste war wirtschaftlich gesehen lediglich von geringem Interesse für die Könige der 18. Dynastie.

Allerdings muss eine einzigartige Glasart, das sogenannte Libysche Wüstenglas, über eine Distanz von 700 Kilometern durch die arabische und libysche Wüste ins Niltal transportiert worden sein. Das Vorkommen dieses Materials beschränkt sich auf ein 6500 Quadratkilometer großes Gebiet der östlichen Sahara, des Großen Sandsees nahe des Gilf Kebir, entlang der modernen ägyptischen Grenze zu Libyen. Es resultiert aus dem Einschlag eines Meteoriten oder Asteroiden vor rund 30 Millionen Jahren und findet sich daher nur zufällig und weit verstreut, teilweise unter Sandschichten tief verborgen. Ein systematischer Abbau des Materials ist nie möglich gewesen, was dessen Kostbarkeit und Wert noch unterstreicht.

Bereits vor Beginn des Zeitalters der Pyramiden war Wüstenglas ein Begriff für die damaligen Menschen, wie Funde von Schmucksteinen aus dem farblich variierenden Glas zeigen. Von Thutmosis III. sind keine Aktivitäten im Westen seines Reiches dokumentiert, dafür von einem seiner Nachfahren der 18. Dynastie. Die bekannteste Verwendung von Libyan Desert Silica Glass (LDSG) ist an einem Pektoral aus dem Grab mit der Nummer 62 im Tal der Könige belegt: KV 62, das Grab des Tutanchamun, eines der letzten Könige der glanzvollen 18. Dynastie (1334?–1324). In KV 62 fand Howard Carter in der Schatzkammer das sogenannte Mondpektoral, eine Kette mit einem außergewöhnlichen Anhänger, dessen Kern ein geflügelter Skarabäuskäfer bildet. Und dieser Käfer besteht aus hellgrünem, milchig-transparentem, libyschem Wüstenglas. Doch machten sich die Ägypter selbst auf den Weg in die Stille der Wüste, oder handelten sie mit den libyschen Nomaden, die das Niltal über Karawanenrouten von Zeit zu Zeit aufsuchten?

Der jung verstorbene Pharao Tutanchamun erhielt einige weitere unerwartete und ungewöhnliche Beigaben für seine Reise ins Jenseits. Neben 19 Gegenständen aus Eisen fanden sich in dem Felsgrab des Gottkönigs auch die meisten Bernsteinartefakte, die man bislang aus Ägypten kennt. Fast 20 Objekte der insgesamt über 140 Schmuckstücke können möglicherweise als Bernstein oder fossiles Harz identifiziert werden.

Darunter sind einige ungewöhnliche, prunkvolle Ringe und Ohrringe, drei Ketten, zwei davon mit Anhängern, sowie einzelne Perlen und Fragmente bzw. mit Harz überzogene Fundstücke. In allen Fällen handelt es sich um ein dunkelrotes, fast schwarzes Harz, das nach rund 3000 Jahren auch nachgedunkelt sein könnte. Bei den Ringen könnte die dunkle Farbe für den Gedanken an das Jenseits sprechen oder auf einen Regenerationswunsch des verstorbenen Herrschers hindeuten. Eine andere Kette, ebenfalls mit einem Skarabäusanhänger versehen, fällt besonders ins Auge. Der Käfer wurde aus dem dunklen Harz geschaffen, der wiederum mit einer Einlegearbeit in Gestalt eines Reihers aus Lapislazuli und farbigem Glas versehen wurde. Doch die Erstbearbeiter Howard Carter und Alfred Lucas, der für die Konservierung der Objekte zuständig war, konnten die eindeutige Bestimmung, ob hier Bernstein oder dunkles Harz vorliegt, nicht ausmachen. Carter stimmte für Bernstein, sein Materialexperte Lucas schloss dies aus und gab zur Identifizierung des Materials nur «black resin – schwarzes Harz» an.

Die Bernstein- oder Harzperlen einer weiteren Kette könnten ihrer charakteristischen Form nach auf eine Herstellung im baltischen Raum hindeuten, da der Zustand und die Gestaltung der 60 grob geformten Perlen an Arbeiten der Tumulus-Kultur im Ostseeraum erinnern. Die Perlen könnten dann per Handelsverbindungen auf Landwegen über Griechenland und auf Seewegen bzw. die Inseln im östlichen Mittelmeer oder über Syrien nach Ägypten gelangt sein. Diese Theorie muss allerdings ohne weitere Untersuchungen der in Frage kommenden Perlen Spekulation bleiben, ebenso die Hypothese, dass Tutanchamun die Bernsteingegenstände als Geschenk eines nördlichen Herrschers oder aus dem syrischen Raum erhalten haben könnte.

Bernstein in Ägypten

Trotz der wohl frühesten bekannten Nennung des Begriffs Skr / SAkAr, womöglich für Bernstein, in der Tempelstadt Karnak unter Thutmosis' III. haben sich aus seiner Regierungszeit keine identifizierbaren Gegenstände aus dem Schmuckstein erhalten. Erst rund 100 Jahre später ist im Grabschatz des Tutanchamun wahrscheinlich Bernstein aus fossilem Harz fassbar, doch ohne dass eine altägyptische Bezeichnung dafür genannt wird. Der Ursprung der in Ägypten gefundenen Harze ist bislang nicht mit Sicherheit zu bestimmen. Ist es tatsächlich baltischer Bernstein, oder kommt er womöglich auch aus afrikanischen Lagerstätten?

Eine tatsächliche Zuweisung als Bernstein generell bzw. als baltischer Bernstein im Besonderen konnte für die Skarabäen und weiteren Objekte aus dem Grab des Tutanchamun bislang nicht ausgemacht werden. Genauso kämen Harzgemische in Betracht, deren chemische Zusammensetzung und Veränderung schwierig nachzuweisen sind. Naturwissenschaftliche Untersuchungen stehen noch aus, um die botanische Herkunft der in Ägypten belegten Harze zu ermitteln. Bernsteinfunde sind in Ägypten im Vergleich zu anderen importierten Materialien in der Bronzezeit, wie Gold und Weihrauch oder Öle und Weine, äußerst selten belegt oder nicht als solche identifiziert. Neben den Funden im Grab des Tutanchamun sind nur einige andere Skarabäen, Perlen und Schmuck anzuführen, die aus Bernstein bestehen könnten. So zum Beispiel das Pektoral des Hatiai aus Theben-West, wo der

Skarabäus dieses Schmuckanhängers aus kastanienbraunem Harz oder Bernstein hergestellt worden sein könnte.

Die Kontakte der Pharaonen waren, wie wir auf unserer Rundreise durch die ägyptische Welt der 18. Dynastie gesehen haben, vielseitig und erstreckten sich über weite Distanzen in ferne Regionen. Meist waren hohe Beamte als königliche Boten im Auftrag des Pharao nach dessen Wünschen und Interessen involviert. Zum Teil waren die ägyptischen Expeditions- oder Bauleiter, wie Nehesi in Punt, Samonth für den Türkis am Sinai oder Minmose in Byblos, persönlich vor Ort anwesend, um die entsprechenden Handelsabkommen und Vorkehrungen zu treffen bzw. den Abbau und Transport der Güter sowie den Baufortschritt zu überwachen. Zum Teil wurden die Rohstoffe und Waren aber auch über eine Kette von Zwischenhändlern, wie vermutlich im Fall von libyschem Wüstenglas, oder infolge von Feldzügen mit den Abgaben der eroberten Gebiete in das Reich am Nil eingeführt.

Der nach Süden verlaufende Handelsweg von Ägypten umfasste zum einen die Karawanenstraßen der West- und Ostwüste ins afrikanische Hinterland über Nubien; zum anderen war es über den regen Schiffsverkehr möglich, stromaufwärts nach Zentralafrika zu reisen. Des Weiteren könnte auch eine Kombination von beidem möglich gewesen sein, wenn man beispielsweise zunächst eine Wüstenroute und danach den Seeweg entlang der Küste des Roten Meeres wählte. Expeditionsmannschaften nach Punt, wie die unter Nehesi, dürften vermutlich eine solche Route gesegelt sein, während für Tributlieferungen vielleicht zunächst die Karawanenstrecken und dann im ägyptischen Niltal Barken benutzt wurden.

Die nördlichen Handelsrouten waren weit vielfältiger und brachten den Kontakt Ägyptens zu vielen damals bekannten Nachbarstädten und -staaten mit sich. Per Schiff nilabwärts ins Delta sowie entlang der Küsten des Mittelmeeres konnte man zahlreiche Häfen erreichen. Das bunte Gemisch an Waren verschiedenster Herkunft zeigt uns das Schiff von Uluburun, das unter anderem Bernstein geladen hatte. Vom europäischen Festland über die Alpen und den Seeweg auf die griechischen Inseln kann der Schmuckstein auf damals bekannten Märkten und Umschlagplätzen gehandelt worden oder auf Karawanenwegen über Syrien und den Nahen Osten ins Nildelta gekommen sein. Unzweifelhaft gab es in der Bronzezeit lebhafte Handelsbeziehungen zwischen Ägypten, Syrien und Mykene. Handelsrouten führten von Griechenland über die Alpenpässe bis nach Süddeutschland, wo zum Beispiel im bayrischen Bernstorf baltischer Bernstein mit mykenischen Schriftzeichen gefunden wurde. Diese Objekte konnten im Labor mit einer neuen Methode zerstörungsfrei entsprechend bestimmt werden (s. Kapitel 6). Mitglieder der Feldzüge Thutmosis' III., wie Amenemhab oder Minmose, können zufällig auf das Harz in Vorderasien gestoßen sein, wo ŠAG.KAL anscheinend häufiger anzutreffen war. Oder es wurde in Form von diplomatischen Geschenken oder bei Heiratsabkommen mit den syrischen Prinzessinnen nach Ägypten gesandt. Damit wäre ein Ursprungsort des Bernsteins aufgrund der vielseitigen Handelswege bis ins Ostseegebiet denkbar, auch wenn das fossile Harz wegen der generell geringen Nachweise in Ägypten kein regulär eingeführtes Gut darstellte. Baltischer Bernstein dürfte erst mit und nach der Ausbreitung des ägyptischen Einflussgebietes nach Nordosten während der 18. Dynastie ins Niltal gelangt sein.

Wertgeschätzt haben die ägyptischen Herrscher Bernstein sicherlich, wie die Beigaben aus Bernstein im Grab des Tutanchamun belegen. Nur weitere Forschungen und Untersuchungen der in Frage kommenden ägyptischen Bernstein-Artefakte können letztendlich klären, ob es sich dabei um baltischen Bernstein handelt und somit Howard Carters Vermutung für die betreffenden Grabbeigaben des Tutanchamun richtig war. Gleichzeitig zeigen die häufigen Kontakte zwischen verschiedenen Reichen und die unterschiedlichen ausgetauschten Gegenstände ein buntes, multikulturelles und vielseitiges Bild vom Handel und von Expeditionen entlang des Nils und im östlichen Mittelmeerraum während der späten Bronzezeit. Könnte Bernstein sprechen, hätte er vermutlich von zahlreichen Reisen, Abenteuern und Erlebnissen mit den schillerndsten Persönlichkeiten der Antike zu berichten …*

* Die im Text genannten Personen und Ereignisse sind alle historisch nachweisbare Personen und Geschehnisse der späten Bronzezeit in und um Ägypten und uns bis heute über 3000 Jahre später durch entsprechend erhaltene Quellen bekannt. Die Quellen sind die sogenannte Poetische Stele im Ägyptischen Museum Kairo (Inventarnummer CG 34010), die thebanischen Gräber (Theban Tomb Nr. 39 des Pumire und 85 des Amenemhab) sowie die Edition von Kurt Sethe, Urkunden (Urk.) der 18. Dynastie. Historisch-Biographische Urkunden, IV. Abteilung, Band 2, Heft 5, 8–11, Leipzig 1906/07.

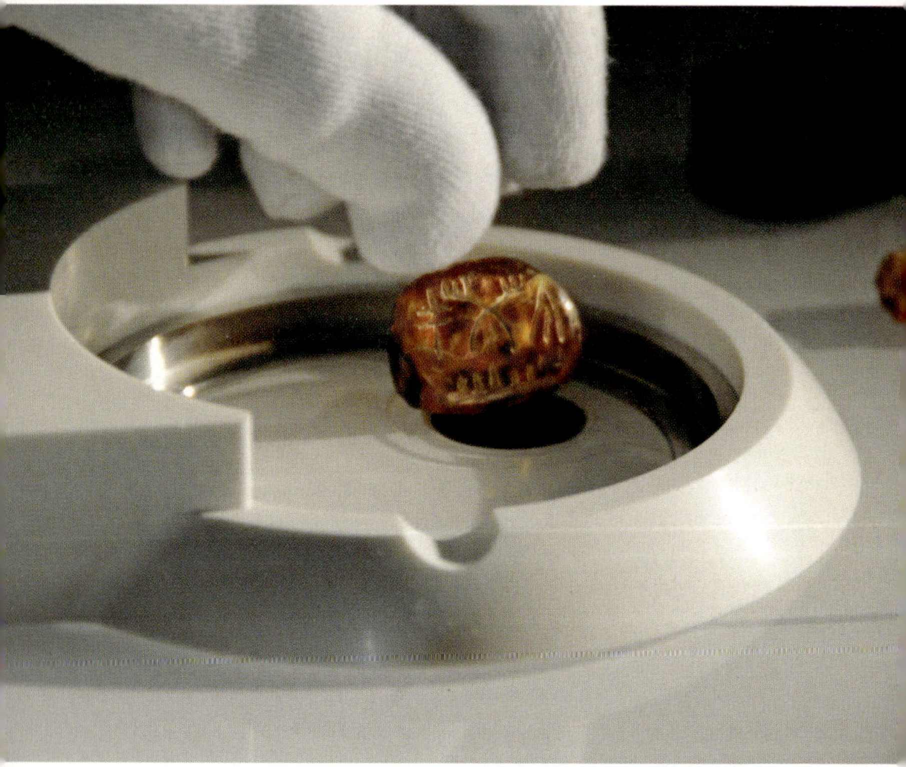

Moderne meets Bronzezeit:
Der NIRMaster «entlarvt» das Bernsteinsiegel.

KAPITEL 6

Detektivarbeit im Labor: der Fingerabdruck des Bernsteins

PROLOG

Hannah und die Schokolade

Als Hannah am Morgen aus ihren Träumen geholt wurde, war sie sofort hellwach und stand bereitwillig auf, um diesen Tag zu entdecken.

Es war ihr Tag, den sie mit ihrem Papa gemeinsam an dessen Arbeitsplatz verbringen würde. Kinder von Bäckern, Piloten und Feuerwehrmännern haben es bekanntlich nicht schwer, eine Vorstellung zu entwickeln, was ihre Eltern so den lieben langen Tag bei ihrer Arbeit tun. Aber Kinder von Chemikern, noch dazu solchen, die meistens nicht im Labor arbeiten, sind eher ahnungslos.

Hannah betrat die Räume der Firma Büchi Labortechnik in Essen und fand sich schnell vor einem Labortisch stehend, auf dem eine weiß glänzende Gerätschaft namens NIRMaster und unterschiedlichste Schokoladentafeln aufgebaut waren. Und Hannah staunte nicht schlecht, dass es ihre Aufgabe war, herauszufinden, welche der vor ihr ausgebreiteten Schokoladen am glücklichsten macht. Papa wusste zu berichten, dass Theobromin der Stoff in Schokolade ist, der Glücksgefühle auslöst, und sie sollte nun ermitteln, wie viel Glücksgefühl in jeder dieser Schokoladen steckte.

Dass Analytik und Qualitätskontrolle an Lebensmitteln wie Schokolade zerstörungsfrei, schnell und kinderleicht stattfinden kann, sollte Hannah durch das Arbeiten mit dem NIRMaster erfahren. Sie stand vor dem Analysengerät und legte ein kleines Stück der Schokolade oben auf das Messfenster der strahlend weißen Box. Sie wusste nicht, wie es geschah, aber innerhalb weniger Sekunden konnte sie den Gehalt an Glücksstoff in der Schokolade ablesen und bald darauf die fast noch komplette Schokolade für spätere Naschaktionen beiseitelegen. Innerhalb von weniger als fünf Minuten waren alle Schokoladentafeln auf diese Weise untersucht, und Hannah nahm sich zufrieden ein Stück von der Schokolade mit dem größten Glückspotenzial. Wie war es möglich, so kinderleicht eine so schwierige Aufgabe zu lösen?

Hannahs Blick fiel auf eine Reihe von Bernsteinen, die im Labor aufbewahrt wurden und im Licht der einfallenden Sonne interessante Farben hatten. Dann erfuhr sie, was es mit den Bernsteinen auf sich hatte.

Warum Chemiker sich mit Bernstein beschäftigen

Steine sind häufig Sache von Mineralogen, Chemikern und Geowissenschaftlern, die sich eingehend mit Struktur, Zusammensetzung und physikalischen Eigenschaften dieser Stoffe aus der unbelebten Natur beschäftigen. Nicht selten werden Steine als hochwertige Bodenschätze eingestuft und für industrielle Zwecke im großen Stile abgebaut. Dabei fällt hin und wieder ein Begleitstein an, der sich in Härte und Zusammensetzung deutlich von den echten Steinen unterscheidet: Bernstein. Er ist organischer Natur, ein fossil gewordenes Harz, das vor geologischen Zeiten klebrig aus Baumöffnungen hervorgetreten ist, um den Baum zu schützen.

Bernsteine sind über Zeiträume von vielen Millionen Jahren ausgehärtet und durch die Bedingungen ihrer Lagerung in unterschiedlichen Sedimenten verändert worden. Weil sie aus einer Vielzahl von organischen Molekülen aufgebaut sind, brennen Bernsteine, wenn man sie in eine Flamme hält. Daher auch der Name «Bernstein» – er ist vom mittelhochdeutschen «Börnsten», brennbarer Stein, abgeleitet.

Durch ihre Erscheinung, ihre (geringe) Wärme(leitfähigkeit), ihre geringe Härte und damit gute Verarbeitungsfähigkeit, ihre Beständigkeit und nicht auch zuletzt durch Einschlüsse (wie zum Beispiel Insekten) waren Bernsteine zu allen Zeiten begehrt und geschätzt vor allem als Schmuckstein und haben in diversen Kulturen eine Rolle gespielt.

Bernsteine tragen auch nach Jahrmillionen noch immer Informationen über ihre Erzeugerpflanze und lassen Rückschlüsse über die Bedingungen ihrer Lagerung in Gesteins- bzw. Kohleschichten zu. Bernsteine verraten damit eine Menge über die Pflanzenwelt in zurückliegenden Erdzeitaltern, in denen noch keine Menschen die Erde bevölkerten. Häufiger findet man Einschlüsse von Blättern und anderen Pflanzenrückständen, aber auch Hinweise auf Tiere, wie Insekten, Vögel (durch eingeschlossene Vogelfedern) oder sogar kleine Reptilien in Bernsteinen.

Der Chemiker schaut vor allem auf die Moleküle im Bernstein und findet hier viele typische Bausteine, die zu der großen Stoffklasse der Terpene gehören. Daneben finden sich in Bernsteinen auch organische Säuren und deren nahe Verwandte, die Säureester.

Grund für den charakteristischen Geruch eines Baumharzes ist ein durch den Stoffwechsel von Pflanzen genau festgeschriebener und genetisch verankerter Cocktail an Terpenen und anderen Substanzen, der für jede Baumart unterschiedlich ist. Viele dieser Terpene können das Harz nicht mehr verlassen, wenn es außen schnell aushärtet und von schützenden Bodensedimenten eingeschlossen wird. So kommt es, dass auch nach Millionen von Jahren noch charakteristische ursprüngliche Harzbestandteile im Bernstein überdauert haben, sogenannte Biomarker, die Rückschlüsse auf die Erzeugerpflanzen erlauben. Häufig genug verändern sich die Bernsteine während ihrer langen Verweilzeit in Bodenschichten durch die Einwirkung von höherem Druck und Temperatur, wie sie bei der Entstehung/Auffaltung von Gebirgen oder durch Vulkanismus vorkommen. Das führt dazu, dass man neben Biomarkern auch sogenannte Geomarker findet, typische stabile Abbauprodukte der originalen Terpene. Das Aufspüren von Biomarkern und Geomarkern in Bernsteinen erlaubt es, Verwandtschaftsbeziehungen zwischen heutigen (rezenten) und zum Beispiel erdmittelalterlichen Pflanzenarten herzustellen und Prozesse bei der Lagerstättenbildung nachzuvollziehen.

Der Chemiker ist interessiert, dem Bernstein die über geologische Zeiträume gespeicherte Information zu entlocken. Er sucht nach charakteristischen Merkmalen oder ganzen Fingerabdrücken, die es erlauben, Bernsteine unterschiedlicher Lagerstätten eindeutig voneinander zu unterscheiden. Das hilft auch bei archäologischen Fragestellungen nach der Herkunft eines ausgegrabenen Objekts. Auch das Erkennen von Bernsteinfälschungen, heutzutage meist Kunststoffimitate mit billigen Füllstoffen, die immer wieder als «echte» Bernsteine auf dem Markt angeboten werden, gehört zu den kuriosen wie spannenden Aufgaben eines Chemikers, der sich mit Bernstein auseinandersetzt.

Moleküle, die schwingen, singen

Mit hochinstrumentellen chemisch-physikalischen Messverfahren konnten in den letzten Jahrzehnten viele Details über die Zusammensetzung der Bernsteine zusammengetragen werden.

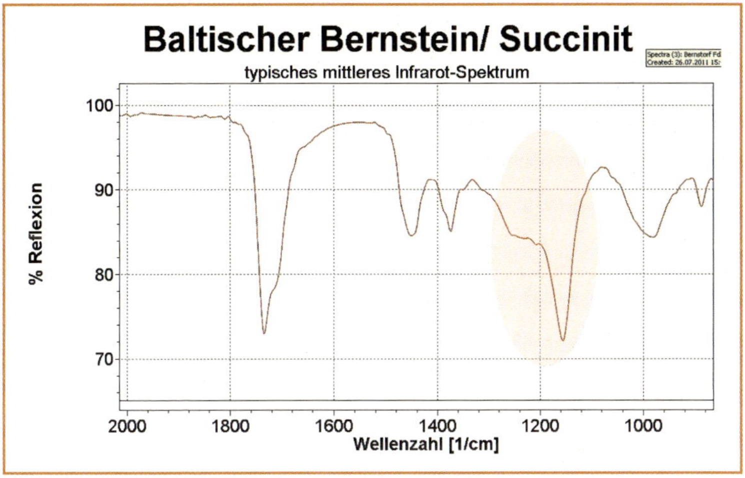

IR-Spektrum eines baltischen Bernsteins mit charakteristischer «baltischer Schulter» (hervorgehoben)

Ähnlich der Detektivarbeit beim Erstellen von Steckbriefen entstanden so zum Teil charakteristische Fingerabdrücke von Bernsteinen, die man anschließend für die Beurteilung von Bernstein-Fundstücken unbekannter Herkunft einsetzen konnte.

Bewährte Analyse-Techniken setzen aber fast immer voraus, dass ein Teil des Bernsteins bei der Untersuchung zerstört werden darf. Vorbereitende Schritte zur Analyse sind häufig Pulverisierung, thermische Zersetzung, Extraktion. Daran schließen sich dann sogenannte chromatographische Trennverfahren mit anschließender massenspektrometrischer Detektion, die Kernresonanzspektroskopie oder die Schwingungsspektroskopie an, um nur die verbreitetsten Verfahren zu nennen.

Gerade die Schwingungsspektroskopie im Spektralbereich des mittleren Infrarot (IR) wird seit den 1960er Jahren erfolgreich zur Herkunftsbestimmung von Bernstein eingesetzt. Das Team um Curt W. Beck hatte seinerzeit in sehr umfassenden Untersuchungen an Bernsteinen – auch von archäologischen Bernsteinfunden – entdeckt, dass es einen charakteristischen Fingerabdruck beim sogenannten baltischen Bernstein (auch Succinit genannt) gibt, der auch bei unterschiedlichem äußerem Erscheinungsbild immer wiederkehrt – die sogenannte «baltische Schulter». Lagerstätten des Succinits findet man vom Ostseeraum bis in den mitteldeutschen Raum und östlich bis in die Ukraine.

Bernsteine aus dem südeuropäischen Raum, aus der Alpenregion und Frankreich zeigen die baltische Schulter nicht in ihrem Fingerabdruck. Das Auftreten der baltischen Schulter bei der Untersuchung eines Bernsteins ist somit hinreichendes Kriterium für die Zuordnung zum Typ des baltischen Bernsteins.

Die Messtechniken sind inzwischen so ausgereift, dass häufig wenige tausendstel bis zehntel Gramm, also bereits kleinere Splitter an Material, ausreichen, um eine Herkunftsbestimmung durchzuführen. Aber die Messtechniken sind eben nicht völlig zerstörungsfrei.

Als der Bernstorfer Projektleiter Rüdiger Krause die wertvollen Bernstorfer Funde vorstellte, war sofort klar, dass nur eine völlig zerstörungsfreie Methode auf die Proben angewendet werden konnte – somit keine der zuvor erwähnten Techniken. Hierfür kamen nur Reflexionstechniken der Schwingungsspektroskopie in Betracht.

Organische Moleküle werden dabei mit Wärmestrahlung zum Schwingen gebracht. Jede Molekülart entzieht dem eingestrahlten Licht einen sehr spezifischen Energieanteil. Ein Teil der nicht vollständig auf die Moleküle übertragenen Wärmestrahlung wird diffus reflektiert. Das Messergebnis nennt man Reflexionsspektrum.

Die Messungen in sogenannter abgeschwächter Totalreflexion (ATR) sind häufig zerstörungsfrei, setzen aber einen direkten Kontakt zwischen Messkopf und Probe voraus, der durch Unregelmäßigkeiten der Bernsteinoberfläche verhindert wird. Ein weiterer Nachteil ist, dass nur die unmittelbare Oberfläche des Bernsteins erfasst wird, die häufig aber aus einer Verwitterungskruste besteht. Für Bernsteine ist die ATR-Technik nur anwendbar, wenn die Proben zuvor pulverisiert werden.

Dagegen sind Reflexionsmessungen im nahen Infrarot (NIR) völlig zerstörungsfrei und erfassen innere Bereiche des Bernsteins, da die Strahlung tiefer eindringt und dabei weniger stark abgeschwächt wird. Unregelmäßigkeiten der Bernsteinoberfläche wie feine Mikrorisse, Wölbungen, Absplitterungen oder Verwitterungskrusten wirken sich weit weniger störend auf die Messergebnisse aus als bei der abgeschwächten Totalreflexion. Auch im NIR werden Molekülschwingungen durch Bestrahlung mit Wärmestrahlung angeregt und spektroskopisch erfasst. Daraus resultieren NIR-Spektren, die aber recht komplex sind.

Für die Messungen sollte ein modernes, leistungsfähiges NIR-Spektrometer, der NIRMaster, zum Einsatz kommen.

Woher stammten die Bernstorfer Bernsteine? Waren es Bernsteine aus regionalen Lagerstätten um Bernstorf, kamen sie aus südeuropäischer Lagerstätte, oder waren es baltische Bernsteine aus dem Ostseeraum?

Um ihrem Geheimnis auf die Spur zu kommen, mussten die Bernstorfer Proben wie Ganoven zum Singen gebracht werden. Mit dem NIRMaster konnten die organischen Moleküle im Bernstein tatsächlich zum Schwingen gebracht werden – und Moleküle, die schwingen, singen.

Was wichtig ist, bleibt dem Auge verborgen

Ein NIR-Spektrum ist nicht gerade der Traum von einem «Corpus Delicti», das sich ein Chemiker (oder nennen wir ihn besser Spektroskopiker) bei seiner Detektivarbeit wünscht. Es in den Händen

Verborgene Information. Illustration aus Antoine de Saint-Exupérys «Der kleine Prinz»

zu halten und dennoch nichts Bedeutsames zu entdecken, ist auf den ersten Blick etwas enttäuschend. Das, «was wirklich wichtig ist, bleibt dem menschlichen Auge verborgen». Diese berühmte Aussage von Antoine de Saint-Exupéry in seinem Buch «Der kleine Prinz» kann einem durch den Kopf gehen bei den vergeblichen Interpretationsversuchen von NIR-Spektren.

Jedes noch so harmlose Analysensignal, das wie ein alter Hut daherkommt, könnte wichtige Bedeutung tragen, zum Beispiel jene Schlange darstellen, die einen Elefanten verdaut. Auch der interpretationswillige Spektroskopiker macht schließlich einen Bogen um die rein visuelle Begutachtung von NIR-Spektren. Man sieht den NIR-Spektren von Bernstein nicht an, wo die wichtige Information versteckt ist.

Der Spektroskopiker wählt stattdessen eine andere Strategie. Er nimmt sich erstens mehr als 100 Bernsteinproben, deren Herkunft genau bekannt ist und die auch mit anderen (nicht zerstö-

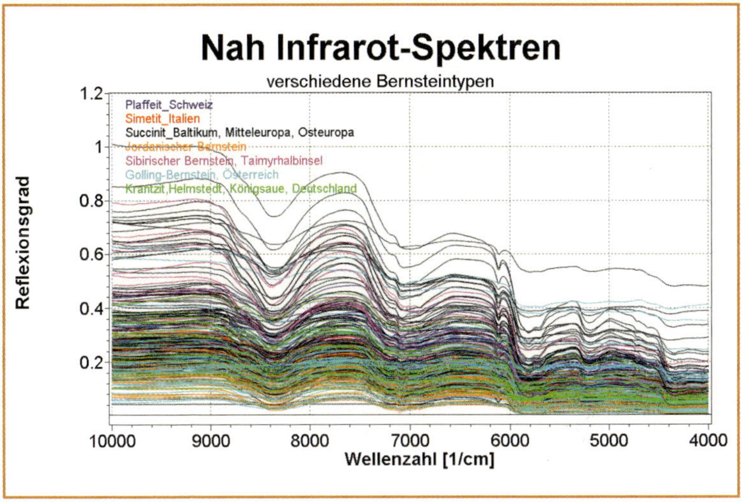

NIR-Spektren von Bernsteinen unterschiedlicher Herkunft

rungsfreien) Analyseverfahren schon intensiv untersucht worden sind. Zweitens misst er diese Proben mit dem NIRMaster ein – und zwar so, dass jede Probe mehrmals an unterschiedlichen Stellen gemessen wird. Auf diese Weise erhält er mehrere Hundert NIR-Spektren. Drittens unterteilt er die vielen Hundert Spektren in einen sogenannten Kalibrationsspektrensatz (davon werden Fingerabdrücke erstellt) und einen Validationsspektrensatz (damit wird später an Bernsteinen bekannter Herkunft getestet, ob die Fingerabdrücke zur Herkunftsunterscheidung taugen). Viertens gönnt er sich eine leistungsfähige statistische Auswertungssoftware, die aus relevanten Details der Spektren Fingerabdrücke erzeugt.

Und fünftens schließlich wendet der Spektroskopiker die Fingerabdrücke auf die unbekannten Bernstorfer Proben an, um deren Herkunft zu bestimmen.

Detektivarbeit bringt es ans Licht

Das Arbeiten mit der Auswertungssoftware und deren Ergebnisse lassen sich leichter verstehen, wenn wir folgenden Vergleich anstellen: Die Verarbeitung der NIR-Spektren zur Erzeugung charakteristischer Fingerabdrücke hat Analogien zum Erstellen eines Steckbriefs für einen gesuchten Ganoven. Nehmen wir an, die Identität des Ganoven ist nicht bekannt, und es liegen auch keine Fotos, sondern nur die Aussagen von vielen Augenzeugen vor. Die beschreiben Merkmale, die dann gewichtet werden. Merkmale wie Geschlecht, Körpergröße, Körperproportionen, Kopfform oder Ohrengröße sind sehr wichtig, da sie auch nach Jahren noch Gültigkeit haben. Dagegen sind Haarlänge und -farbe, Kleidung und Barttyp unwichtiger, da sie sich einfach ändern lassen und deshalb schon nach sehr kurzer Zeit keine Gültigkeit mehr haben. Die wichtigen Merkmale werden anschließend zur Erzeugung einer Art Schablone verwendet, mit der man dann unter Ausnut-

Unterschiede zwischen Bernsteinen werden sichtbar.
Das Hauptkomponentenmodell zeigt die Fingerabdrücke für jeden einzelnen Bernstein.

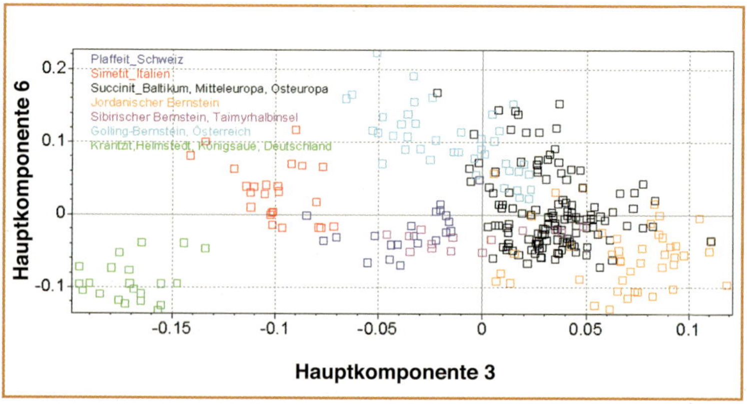

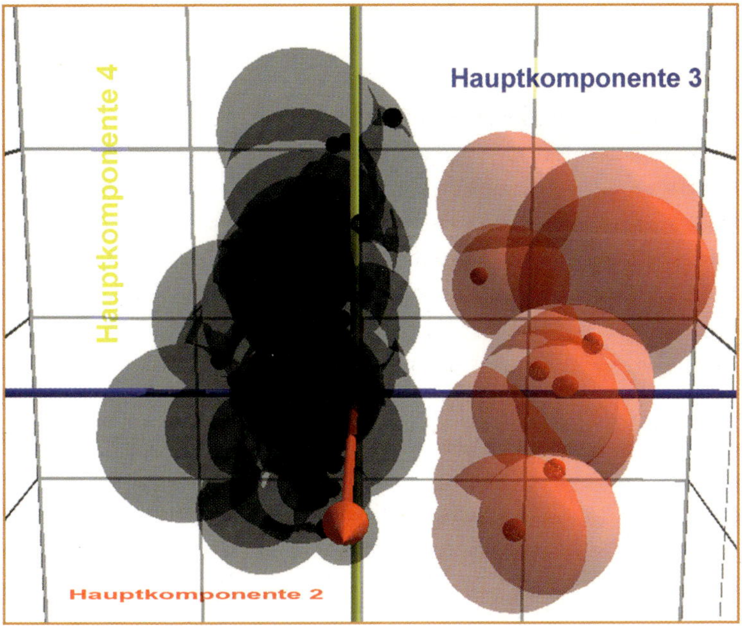

NIR-Fingerabdrücke von italienischem Bernstein (Simetit) und baltischem Bernstein (Succinit) mit Toleranzbereichen

zung von Datenbanken in eine Rasterfahndung gehen kann, an deren Ende die Identität des Ganoven bekannt wird und dessen Festnahme erfolgen kann.

Mit der NIR-Auswertungssoftware verhält es sich ähnlich: In jedem NIR-Spektrum eines Bernsteins sind nicht weniger als 1500 Merkmale beschrieben. Die Auswertungssoftware unterteilt sie in wichtige und unwichtige Merkmale, führt somit eine Gewichtung durch. Dabei fallen bei 300 Spektren insgesamt 450 000 Werte an, von denen rund 98 % als unwichtig eingestuft werden. Die wichtigen Merkmale werden in Form von sogenannten Hauptkomponenten erfasst. Trägt man NIR-Spektren in Hauptkomponentenmodellen auf, kann man die Ähnlichkeit von

Bernsteinen erkennen und unterschiedliche Gruppen nach ihrer Herkunft voneinander trennen. Rechtecke repräsentieren jeweils ein NIR-Spektrum. Rechtecke gleicher Farben gehören zu einem Typ Bernstein. Für jeden Bernsteintyp gibt es auch wieder eine Art Schablone (erlaubter Toleranzbereich). Nur wenn untersuchte Proben innerhalb eines Toleranzbereiches liegen, werden sie als dieser Bernsteintyp erkannt. Mit Bernsteinen bekannten Typs wird dann getestet, ob deren Herkunftsbestimmung mittels NIR-Fingerabdrücken funktioniert. Schließlich werden NIR-Spektren der Bernstorf-Proben mit den Fingerabdrücken verglichen und deren Herkunft bestimmt.

Bei einem ersten Treffen mit Mitgliedern des Ausgrabungsteams wurden von den weniger wertvollen Bernstorf-Bernsteinen nicht nur zerstörungsfreie NIR-Spektren aufgenommen, sondern auch Proben mit einem Mikrobohrer für vergleichende Analysen entnommen. Die Pulverproben konnten dann parallel mit einem Spektrometer im mittleren Infrarot in ATR-Technik vermessen werden. Dabei zeigte sich, dass sämtliche Bernsteine mittels NIR-Fingerabdruck als baltischer Bernstein eingestuft wurden und sich diese Diagnose mit dem Auftreten der «baltischen Schulter» in den ATR-Spektren deckte. Der NIR-Fingerabdruck funktionierte also.

Dann kam der spannende Augenblick, als die wertvollen Bernstorf-Bernsteine, die Maske und das Bernsteinsiegel, mit dem NIRMaster vermessen wurden. Aus der Archäologischen Staatssammlung München wurden die Objekte von einer Mitarbeiterin des Leitenden Direktors Rupert Gebhard nach Essen gebracht.

Wurde die Siegelschrift in einen Bernstein aus Südeuropa eingeritzt, oder wurde ein baltischer Bernstein verwendet? Und woher kam der Bernstein mit der Maske?

Die Herkunftsbestimmungen mit dem NIRMaster zeigten eindeutig, dass beide Bernsteine nicht aus Südeuropa stammten, sondern vom Typ baltischer Bernstein waren. Somit waren sie vor rund 3500 Jahren über die Handelswege zumindest bis nach

Bernstorf, vielleicht sogar zunächst bis nach Südeuropa gebracht worden.

Und zurück zu Hannah: Seit dem Besuch im Labor hat sie das Arbeiten mit Schokolade mit keinem Wort erwähnt. Sie scheint sie zu essen, ohne dabei an Theobromin und Co. zu denken. Gelegentlich erzählt sie anderen, dass ihr Papa sich bei der Arbeit mit sehr wertvollen Funden aus der Bronzezeit beschäftigt. Neulich hat ihr Vater ihr allerdings gestanden, dass solche speziellen Messaufgaben nur extrem selten anfallen und es doch viel häufiger in seinem Arbeitsalltag darum geht, die Inhaltsstoffe in Schokolade zu kontrollieren.

Timo Ibsen untersucht das Halsgeschmeide von Halle-Queis, eine Kette aus Silberspiralen und Bernsteinperlen, die in einem Hort in der Nähe von Halle gefunden wurde. Der Schmuck stammt aus der Bronzezeit.

KAPITEL 7

Die Himmelsscheibe von Nebra – gefunden am Knotenpunkt alter Handelswege

Seit den frühen Astronomen der Hochkulturen am Nil und in Mesopotamien bis zu den späten griechischen Philosophen wie Anaximander (610–547 v. Chr.) oder Hekataios (560–480 v. Chr.) glaubte man es von der Erde, und der mitteldeutsche Frühbronzezeitler dachte es vielleicht vom Firmament vor der eigenen Lehmhaustür: Der Himmel ist eine Scheibe. Zumindest die weltweit älteste konkrete Darstellung des nächtlichen Sternenzeltes ist es: die Himmelsscheibe von Nebra.

Von skrupellosen, illegalen Detektorgängern auf der Suche nach dem persönlichen Kick brutal aus ihrem dreieinhalb Jahrtausende währenden Dornröschenschlaf gerissen und in einer krimireifen Detektivgeschichte von Polizei und Archäologen zurückerobert, wurde sie zum Symbol für die bis dahin ungeahnte Komplexität der bronzezeitlichen Welt Mittel- und Nordeuropas.

Zwar sind zeitgleich im Vorderen Orient, in Ägypten oder auch im ostasiatischen Raum die großen Hochkulturen auf einem Wissensstand, der komplizierte astronomische Berechnungen und das physikalische Verstehen des natürlichen Umfeldes möglich macht. Dass aber die Bestimmung vom günstigsten Zeitpunkt von Aussaat und Ernte, die Messung der Winkel von Sternen zueinander, die Vorhersage von Sonnenfinsternissen, ja vielleicht sogar die Codierung von Kalenderdaten in Gold und Bronze mit einem komplizierten System chiffrierter Zeichen auch nördlich der Alpen nicht nur möglich, sondern gang und gäbe war, hielt man in Deutschland noch vor wenigen Jahren in diesem Umfang für wenig wahrscheinlich.

Freilich hat der bronzezeitliche Mensch in den unwirtlichen Waldgebieten Deutschlands Ackerbau und Viehzucht betrieben, Bronzewaffen und -schmuck hergestellt, einen Sonnenkult ausgeübt und auch eine sozial gestaffelte Gesellschaft besessen. Dass er aber enorme wissenschaftliche Beobachtungen anstellte und dieses Wissen vor allem auch bildlich festhielt und an die Nachwelt weitergab, war selbst in wissenschaftlichen Kreisen noch vor wenigen Jahren umstritten. Sind die in Metall fixierten astronomischen Kenntnisse, die die jahrtausendealten Goldapplikationen auf der ehemals schwarzen Scheibe schlaglichtartig beleuchten, gar aus dem Süden abgekupfert? Ist das Auftauchen der Scheibe von Nebra an einem Knotenpunkt alter Handelswege nur eine logische Konsequenz eines Netzwerkes, das neben Waren vor allem naturwissenschaftliche Kenntnisse, religiöse Ideen und innovative metallurgische Techniken transportiert hat? Die Verteilung von Bernsteinfunden zwischen Mykene und der Ostsee deutet darauf hin. Wie an einer Perlenkette aufgereiht markieren die Bernsteinfunde aus Horten und Gräbern den Weg von Italien über die Alpen, durch Süddeutschland über die deutschen Mittelgebirge weiter bis an die Küsten der Nord- und Ostsee. Und mittendrin: der Fundort Nebra. Der gleichzeitig ein Tatort ist.

Tatort Nebra oder Die Entdeckung der Himmelsscheibe

Zwei Männer keuchen in der warmen Vormittagssonne durch den dichten Laubwald. Angestrengt schleppen sie ein Bündel und einen Spaten mit sich. Immer wieder blicken sie sich um, wirken gehetzt; sie suchen offensichtlich nach einem bestimmten Platz; streben dem Gipfel zu, wollen nicht entdeckt werden. Endlich scheint die richtige Stelle gefunden, genau auf der Spitze. Das Bündel fällt metallisch klirrend in das trockene Laub. Der Spaten dringt in den steinigen Boden ein …

Was vielleicht ziemlich genau die Szene aus der Bronzezeit vor 3600 Jahren wiedergibt und wie eine Geschichte aus einem Kriminalroman klingt, als die Scheibe von Nebra im Boden deponiert wurde, beschreibt hier eher die Raubgräber, die am 4. Juli 1999 die Scheibe ihrem letzten Grab auf dem 252 Meter hohen Mittelberg bei Wangen in Sachsen-Anhalt entrissen. Denn hier beginnt die Geschichte der Himmelsscheibe. Mitten im Nichts. Zumindest heute. Vorbei am verschlafenen Bahnhof im Örtchen Nebra führt eine verschlungene Kopfsteinpflasterstraße, später ein Feldweg entlang an bestellten Feldern in einen typischen deutschen Buchen-Mischwald auf einem sanften Hügel – dem Mittelberg.

Das unaufhörliche Piepsen des Detektors hat den Raubgräbern den Weg gewiesen, und nun machen sie sich ans Werk. Umgeben von einem heute kaum noch sichtbaren kleinen Erdwall, der das gesamte Plateau umzieht und schon aus der Bronzezeit stammen könnte, hacken sie ein unförmiges Loch in den steinharten Boden. Zum Vorschein kommt eine dreckverkrustete Scheibe, auf der es golden schimmert. Später noch zwei Bronzeschwerter, zwei Beile, ein Meißel und zwei Armspiralen. Alles verborgen in einer kistenartigen Steinkonstruktion, wie spätere Ausgrabungen am sicher identifizierten Fundort beweisen.

Gerade diese Zusammensetzung ist der erste Hinweis auf die Echtheit der Funde. Denn die wurde wegen der unprofessionellen Bergung immer wieder angezweifelt.

Die qualitätsvollen Bronzeschwerter mit goldbesetzten Griffen ähneln Exemplaren aus dem Donauraum. Der Aufwand, sie nachzubilden, würde den zuerst geforderten Preis bei weitem übersteigen. Die teure Fälschung auf dem Markt anzubieten, macht also keinen Sinn. Ein weiterer Hinweis, dass die Funde echt sind. Später haben Bodenproben auf der Scheibenrückseite und solche vom Fundort den gleichen geochemischen Fingerabdruck geliefert; Metallanalysen ergaben, dass es sich um alte Bronze handelt; die Zusammengehörigkeit des ganzen Ensembles ist archäologisch stimmig. Die Scheibe ist echt, daran gibt es keinen Zweifel mehr.

Die Finder halten den Jahrhundertfund zunächst für einen Eimerdeckel, dann für einen Schild, das gesamte Ensemble für einen Grabfund. Und noch am selben Tag verkaufen sie den Komplex für 30 000 DM an einen Hehler. Doch die Ware ist heiß und muss schnell weiterverkauft werden. Also bietet der Hehler den Fund in Berlin an. Im Museum für Vor- und Frühgeschichte. Für eine Million DM. Dessen damaliger Direktor Wilfried Menghin erinnert sich: «Wenn schon jemand nicht seine Adresse hergeben will oder sagen will, wo die Sachen lagern, und nur mit schlechten Fotos ankommt, dann kann man sich ja denken, was da eigentlich im Hintergrund los ist. Und so eine Sache kann man als Museumsmann eigentlich gar nicht anfassen.» Er lehnt den Kauf ab und verständigt stattdessen das Landeskriminalamt von Sachsen-Anhalt, in dessen Zuständigkeit der illegale Handel fällt.

Der Fund verschwindet in der undurchsichtigen Szene der Raubgräber. Erster Käufer war ein Oberstudienrat aus Düsseldorf, wie sich später herausstellt. Eine Gastwirtin aus Nordrhein-Westfalen, deren Gasthof «Historia» als Szenetreff gilt, will – so sagt sie zumindest später aus – den geplanten Verkauf ins Ausland verhindern. Sie stellt den Kontakt zum letzten Käufer her, kurz bevor der Jahrhundertfund für diesmal 230 000 DM ins Ausland angeboten wird.

Die Beamten des Landeskriminalamts handeln schnell und wenden sich mit einer Geschichte, nach der ein anonymer Käufer den Schatz für nun 700 000 DM für das Archäologische Landesmuseum Halle aufkaufen will, an die Hehler. Zuvor verlangen sie eine Echtheitsprüfung. Sie soll vom Landesarchäologen Harald

Meller persönlich durchgeführt werden und nicht etwa, wie von den Dealern vorgeschlagen, durch Proben belegt werden. Am 23. Februar 2002 kommt es im Baseler Hilton-Hotel zum krimireifen Showdown. Die vermittelnde Gastwirtin und der Oberstudienrat treffen sich mit Meller und dem vermeintlichen Käufer, einem verdeckten Ermittler. Die Baseler Polizei greift ein und verhaftet die Schieberbande. Die Himmelsscheibe von Nebra wird sichergestellt und nach Halle überführt. Eine vorbildliche Zusammenarbeit der internationalen Behörden in der Bekämpfung des mafiös organisierten Handels mit illegalen Funden findet ihren diesmal positiven Abschluss.

Die Entdeckung der Himmelsscheibe und schließlich ihre Rettung aus den Klauen der Raubgräber haben Wissenschaft und Öffentlichkeit die Tür in eine Welt geöffnet, die nun durch Sonne, Mond und Sterne auch dem Schulkind verständlich wird und für ein breites Publikum interessant macht. Endlich erfährt die so spannende Bronzezeit den gebührenden Respekt als eine hochinteressante Epoche, in der die Anfänge der modernen Globalisierung liegen.

Blick über die Landschaft

Zurück zum Mittelberg. Zugewachsene, tief in die Landschaft eingeschnittene Hohlwege deuten an, dass hier früher einmal mehr Verkehr war. Sind sie Teil eines längst vergessenen Straßennetzes, das vielleicht schon in der Bronzezeit den Norden mit dem Süden verband?

Von unten ist der Gipfel nicht einzusehen. Von oben aber bietet sich ein fantastischer Rundblick: Brocken und Kyffhäuser sind von hier aus am Horizont zu erkennen. Berge, die nicht nur

Durch ständiges Befahren mit schweren Karren haben sich Hohlwege, wie hier bei Halle, tief in die Landschaft geschnitten. Manche von ihnen entstanden schon in der Bronzezeit.

im Volksglauben um Hexen, Opferhöhlen und Menschenfresser magische Bedeutung gehabt haben. Wer auf dem Mittelberg am 21. Juni zum Brocken schaut, sieht die Sonne hier genau über dem Gipfel untergehen. Es ist der Tag der Sommersonnenwende, die kürzeste Nacht und der längste Tag des Jahres. Noch heute feiern Esoteriker, Eventhungrige und Schaulustige in Stonehenge in England, an den Externsteinen im Teutoburger Wald oder auch auf dem Brocken Sonnenwendfeiern.

Am 1. Mai, wenn auf dem Brocken in der Walpurgisnacht die Hexen tanzen, sieht man vom Mittelberg aus die Sonne über dem Kyffhäuser stehen. Kaiser Friedrich I., wegen seines roten Bartes wohl besser bekannt unter seinem Beinamen «Barbarossa», schläft hier angeblich tief im Berg in einer Höhle. Während er schläft, wächst sein Bart um einen Steintisch. Bei der dritten Umrundung soll das Ende der Welt gekommen sein. Alle hundert Jahre wacht

Barbarossa auf. Wenn immer noch Raben um den Gipfel kreisen, fällt er für weitere hundert Jahre in den Tiefschlaf. Aber wenn er endgültig erwacht, soll der Legende nach die Zeit der letzten Schlacht zwischen Gut und Böse gekommen sein.

Der Kyffhäuser ist aber auch bekannt wegen seiner mindestens 20 Höhlen, in denen Spuren bronzezeitlicher Menschenopfer entdeckt worden sein sollen. Legenden ranken sich um die angeblichen Menschenfresser, die diese gruseligen Reste von rituellen Handlungen in den Höhlen entsorgten. Diese Thesen sind zwar heute wissenschaftlich weitestgehend widerlegt, halten sich aber dennoch hartnäckig im Mythenschatz der Gegend. Und die schluchtenartigen Höhlen bargen tatsächlich Knochen von Menschen. Und Bernstein. Der Mittelberg liegt also in einer Umgebung, die wahrlich reich ist an Mythen und Legenden.

Siedlungsinseln im Nebelland

Wie aber sah die natürliche Umgebung hier in der Bronzezeit aus? Zur Zeit der Nebrascheibe? Um das Weltbild des mitteldeutschen Bronzezeitlers zu verstehen, ist ein Blick in seine unmittelbare Umwelt nötig.

In die dichten Eichenmischwälder Mitteleuropas hatte man seit der Steinzeit mit Stein- und später Bronzeäxten regelrechte Inseln geschlagen, auf denen sich Häuser, Hütten und Ställe zu kleinen Lebensgemeinschaften formierten. Zum Haustierrepertoire gehörten Rinder, Schweine, Schafe und Ziegen, die teilweise in den umliegenden Wäldern Nahrung fanden. Jagd, vor allem auf Rothirsche und Rehe, wurde ergänzend betrieben. Auf kleinen Feldern in unmittelbarer Nähe der Dörfer wuchsen frühe Getreidearten und Feldfrüchte. Botanische Reste in Siedlungsgruben, Getreidemühlen in Gräbern, Abdrücke von Pflanzen und Getreidekörnern in Keramikscherben belegen den Anbau und die Verarbeitung von Gerste, Emmer und Einkorn. Das Klima war zu Beginn der Bronzezeit relativ warm und gemäßigter als heute, erst um die Mitte des zweiten Jahrtausends verschlechterte es sich zusehends. Dennoch waren Vorratshaltung und genaue Planung der Erträge nötig, um konstante Lebensbedingungen zu schaffen und auch die Kälteperioden mit genügend Nahrung zu überstehen. Eine genaue Kenntnis des Wetters und seines jahreszeitlichen Rhythmus waren lebenswichtig. Die Farmer der Frühzeit kannten sicher ebenso viele Bauernregeln wie unsere Großeltern und hatten damit die Landwirtschaft gut im Griff.

Wir wissen nicht, wie der bronzezeitliche Mensch sich die Herkunft von Donner und Blitz, von Regen und Regenbögen erklärte, aber es muss allgemein anerkannte Begründungen gegeben haben, die in den Bereich der Religion fielen. Doch wie deutete man Sonnen- oder Mondfinsternisse, Polarlichter, ja Kometen und Sternschnuppen? Es gibt gute Gründe, eine Art Priesterkaste anzunehmen, die für die Erklärung und Auslegungen dieser kosmischen Phänomene zuständig war. Sie vermittelte zwischen den Mächten des Himmels und der Erde, regelte den Kontakt mit den Göttern, bestimmte den günstigsten Zeitpunkt für die Aussaat, organisierte Erntedankfeste und erklärte den Menschen den jahreszeitlichen Rhythmus. Sie war verantwortlich für die Vorhersage von langen, kalten Wintern und damit verbundenen Nahrungsengpässen, für die Warnung vor Dürreperioden, ja vielleicht auch für die Maßnahmen und Opfer, mit denen man die Naturgötter für sich einzunehmen versuchte.

Dieses über Jahrhunderte vermutlich in mündlicher Tradition weitergegebene Wissen war Macht. Religion war schon lange vor Karl Marx Opium für das Volk.

Sonne, Mond und Sterne?

Spätestens seit der Himmelsscheibe aber ist auch klar: Das Wissen wurde nicht nur mündlich weitergegeben. Auf den ersten Blick scheint die Darstellung auf der Scheibe von Nebra eindeutig zu sein. Auf dem 32 Zentimeter großen Fundstück aus etwa 2,3 Kilogramm heute grün angelaufener Bronze prangen neben 32 kreisrunden, kleinen Goldplättchen zwei große Hauptsymbole: eine runde Scheibe aus Goldfolie, rechts daneben ein nach links offener Halbmond aus demselben Material. Sonne, Mond und Sterne? Nur diese Goldbleche sind in der Entstehungszeit der Scheibe sichtbar. Die anderen werden erst im Laufe der 200-jährigen Nutzung bis zu ihrer Niederlegung um 1600 v. Chr. angebracht. Die unterschiedliche Zusammensetzung des Goldes der Einzelobjekte lässt erkennen, dass die Scheibe offenbar mehrfach verändert wurde. Denn während die ursprünglich auf der Scheibe angebrachten 32 Sterne genauso wie Vollkreis und Halbmondsymbol aus einem unlegierten Gold hergestellt sind, bestehen einige nachgebesserte Sterne und die randlichen Applikationen aus einem unreineren Gold mit höherem Silberanteil. Der untere Goldstreifen, der meist als Schiff interpretiert wird, liefert einen dritten geochemischen Fingerabdruck.

Fünf verschiedene Phasen sind es insgesamt. Auf die Scheibe in ihrem Urzustand mit Sonne, Mond und Sternen wurden später – wann, ist unklar – zuerst am rechten und linken Rand zwei goldene, gebogene Bleche angebracht, die sogenannten Horizontbögen. Dafür versetzte oder überdeckte der Handwerker drei der kleinen Sterne. Etwas später wurde am unteren Rand der Scheibe ein halbrundes Goldblech in Schiffsform befestigt. Schließlich stanzte irgendjemand Löcher in den Rand. 40 Stück. Vermutlich zur Befestigung auf einem Stück Leder, um den Kultgegenstand wie eine Insignie bei Prozessionen tragen zu können. Nun beginnt der Niedergang. Der linke Horizontbogen wird entfernt, die

Scheibe damit entwertet. Der letzte Akt ist die Niederlegung. Alle Änderungen haben ihren Sinn in einem Bedeutungswechsel des Kultobjekts, der mit einem Wandel in der Sozialstruktur einhergeht.

Die vermeintliche Sonne, die zum etwas später so verbreiteten Sonnenkult der nordischen Bronzezeit passen würde, entpuppt sich nach langer Diskussion als Vollmond. Die überzeugende Interpretation stammt von Wolfhard Schlosser, einem international angesehenen Astronomen, der an der Ruhr-Universität Bochum den Lehrstuhl für Astrophysik innehat. Dem Vollmond steht ein sichelförmiger Halbmond zur Seite. Etwas oberhalb ist ein kugelförmiger Haufen aus sieben kleinen Goldblechen zu erkennen. Sie bilden eine Rosette. Die Suche nach vergleichbaren Symbolen führt in das alte Sumer, das Reich einer frühbronzezeitlichen Kultur im biblischen Mesopotamien. Sie ist vor allem durch ihre Keilschrifttafeln berühmt geworden. Hier hat man spätestens seit dem 4. Jahrtausend v. Chr. astronomische Beobachtungen in Tontafeln festgehalten, die meist nur überliefert sind, wenn sie bei Katastrophen verbrannten und hart wurden. Ebenfalls aus Sumer stammende Rollsiegel zeigen ähnliche Kombinationen von Symbolen. Immer gruppieren sich neben Sonne und Mond sechs kleine Punkte um einen siebten in der Mitte.

Unterstützt durch die Aufzeichnungen griechischer Dichter mehr als eineinhalb Jahrtausende später kann es für die Punktrosette nur eine plausible Erklärung geben: Es handelt sich um die Plejaden. Das Siebengestirn. Eigentlich besteht es aus zwölf Sternen, von denen aber je nach Helligkeit und Augenschärfe nur sechs bis neun ohne technische Hilfsmittel am Nachthimmel sichtbar sind. Homer (8./7. Jh. v. Chr.) erwähnt sie in seiner *Ilias* (18, 484–486), dem Epos zum Trojanischen Krieg, der vermutlich um 1200 v. Chr. tobte, also etwa 400 Jahre nach der Deponierung der Nebrascheibe: Bei der Ausstattung von Achilles durch den Schmiedegott Hephaistos fertigt dieser einen Schild für den Helden an. Die Vorderseite ist bemalt und zeigt «die Sonne, die unermüdliche, und den vollen Mond, und auf ihm die Sterne alle, mit denen der Himmel umkränzt ist: die Plejaden». Fast zeitgleich beschreibt sie auch der Dichter, Bauer und Viehzüchter Hesiod (gegen 700 v. Chr.) in seiner Schrift *Werke und Tage* als Kalendersterne zur Bestimmung des Zeitpunktes von Aussaat und Ernte: «Wenn das Gestirn der Plejaden, der Atlasgeborenen, aufsteigt, dann fange an mit dem Mähen, und pflüge, wenn sie versinken.»

Vorausgesetzt, die Sonne auf der Nebrascheibe ist nicht die Sonne, sondern – wie Wolfhard Schlosser meint – der Vollmond, bietet sich eine verblüffend einfache Erklärung an. Ein Himmelsphänomen, das auch heute noch Gültigkeit hat, bestätigt diese Hypothese. Die Plejaden gehen jeden Herbst am Sternenhimmel auf und sind dort für ein halbes Jahr jede Nacht sichtbar, bis sie im Frühling wieder hinter dem Horizont verschwinden. Vorübergänge des Mondes an den Plejaden, die drei bis vier Tage nach Neumond stattfinden, sind auf der Nordhalbkugel astronomisch nur in der Jahreszeit des ausgehenden Winters und des beginnenden Frühjahrs möglich. Entscheidend ist dabei, dass im Frühjahr die letzte Plejadensichtbarkeit am westlichen Abendhimmel meist mit einer zunehmenden Mondsichel zusammenfällt. Der erste Aufgang des Siebengestirns am östlichen Abendhimmel im Herbst dagegen wird meist von einem Vollmond begleitet. Diese Daten markieren also Anfang und Ende des bäuerlichen Jahres.

Eine altbabylonische Kalenderregel

Noch mehr Informationen sieht der Hamburger Astronom Rahlf Hansen in der Scheibe verschlüsselt. In seinen Augen codiert sie auch eine alte astronomische Regel, die den Widerspruch zwischen dem 365 Tage langen Sonnenjahr und dem 354 Tage langen

Mondjahr auszugleichen versucht. Etwa alle drei Jahre nämlich muss bei diesem Kalender in den Jahresablauf ein Schaltmonat eingefügt werden, um beide Zeitachsen wieder miteinander zu synchronisieren.

Jeder Monatsbeginn wird in alten Kulturen durch das sogenannte Neulicht, die erste sichtbare, etwa 2,5 Tage alte Sichel nach Neumond, bestimmt. Die auf der Himmelsscheibe dargestellte Sichel allerdings schien Hansen zu dick. Sie entsprach nach seinen Berechnungen einem Alter von 4,5 Tagen. Steckt hinter der Dicke des Mondes auf der Scheibe ein uraltes Wissen?

Den Schlüssel zur Deutung fand Hansen in einer babylonischen Keilschrift, dem *Mul Apin*. Diese Sammlung astronomischer Daten ist vor 2600 Jahren entstanden und damit im Vergleich zur Nebrascheibe relativ jung. Sie basiert aber wahrscheinlich auf sehr viel älteren Aufzeichnungen, die vielleicht bis zu den Sumerern zurückreichen. Im *Mul Apin* ist eine Schaltregel festgehalten, die sich auf die Mondsichel im Frühlingsmonat Nisano bezieht. Genau diese Sichel könnte auf der Nebrascheibe dargestellt sein.

Hansen zitiert den alten Keilschrifttext: «Wenn am ersten Nisano Mond und Plejaden in Konjunktion stehen (zusammentreffen), so ist dies Jahr normal. Wenn jetzt am dritten Nisano, so ist dies ein Schaltjahr.» Er übersetzt die Daten ins Nebra-Deutsch: «Erster Nisano: zwei Tage alter Mond. Dritter Nisano: vier Tage alter Mond. Konkret lautet diese Regel: Wenn ich einen Mond sehe, der so dick ist wie auf der Scheibe, und dieser Mond steht bei den Plejaden, in dem entsprechenden Monat, im Frühlingsmonat, dann bin ich im Kalender falsch und muss einen Schaltmonat einlegen.»

Auch die Anzahl von 32 Sternen passt zu dieser Theorie. Denn man kann den Zeitpunkt des Schaltens auch vom vorangehenden ersten Neulicht aus abzählen. «Wenn der Mond genau 32 Tage später bei den Plejaden steht, ist dies ein zusätzliches Schaltsignal. Seine Sichel ist dann genauso dick, wie auf der Himmelsscheibe dargestellt.»

Rahlf Hansen kommentiert: «Ich kann diese 32 Sterne also auch interpretieren als die 32 Tage, die seit dem letzten Neulicht vergangen sind. Und dann, wenn die Sichel des Mondes nach 32 Tagen bei den Plejaden steht, weiß ich, dass wieder die Notwendigkeit besteht, einen Schaltmonat einzulegen.» Die Schaltregel könnte demnach zweifach verschlüsselt auf der Scheibe abgebildet sein.

So weit, so gut. Diese Regel gilt aber für den babylonischen Sternenhimmel, der zudem Tausende von Jahren zurückliegt und sich seitdem verändert hat. Die Simulation des Nachthimmels um 1600 v. Chr. im Hamburger Planetarium aber bestätigt: Die beschriebene Konstellation war auch in der mitteldeutschen Bronzezeit zu sehen.

Woher kommt das Wissen?

Die Ähnlichkeit des in der Scheibe verschlüsselten Wissens mit den Kenntnissen der Sternenkundigen aus Sumer und dem späteren Babylonien ist nicht von der Hand zu weisen. Aber könnte es nicht auch sein, dass dieses Wissen auf heimischem Boden unabhängig von den Hochkulturen im Vorderen Orient entstanden ist?

Denn die Scheibe kommt nicht aus dem Nichts. Sie hat ihre Vorläufer, die Stationen auf dem Weg zur Fixierung von astronomischem Wissen auf einem Bildträger wie der Himmelsscheibe bilden, lange bevor in Mesopotamien die erste Schrift erfunden wird. Die gut 7000 Jahre alte Kreisanlage von Goseck in Sachsen-Anhalt ist eine dieser Stationen – vielleicht die erste und älteste weltweit! 1991 durch einen Erkundungsflug des Luftbildarchäologen Otto Braasch entdeckt, wurde sie gut zehn Jahre später erst

Die vorgeschichtliche Kreisgrabenanlage von Goseck (ca. 4000 v. Chr.) ist aus 2300 Eichenstämmen gebaut und diente als Sonnenobservatorium.

mit geophysikalischen Messgeräten gescannt, dann vollständig ausgegraben und anschließend rekonstruiert. Wer sich in der Morgendämmerung in der einsam in der Landschaft liegenden, vorzeitlichen Sternwarte einfindet, sieht die Strahlen der aufgehenden Sonne durch die Stämme von etwa 2300 kreisrund angeordneten Eichenstämmen funkeln. Ein magisches Erlebnis.

Ein Graben mit 71 Meter Durchmesser umschließt in Goseck zwei genau aufeinander abgestimmte Holzpalisaden mit einem Durchmesser von 49 und 56 Metern, ringförmig um ein Zentrum angeordnet. Drei torartige Lücken in diesem überdimensionierten Holzzaun ermöglichten die Bestimmung der Winter- und Sommersonnenwende und dienten zur Ermittlung anderer, uralter Kalenderdaten. François Bertemes, Inhaber des Lehrstuhls für prähistorische Archäologie an der Universität Halle, sieht in der

Anlage sogar einen Treffpunkt für eine Art «Steinzeit-EU». «Die Kultur, die eigentlich auch an der Basis von Goseck steht, kommt ursprünglich aus dem Karpatenbecken, das ist die Linienbandkeramik. Diese Leute haben in kürzester Zeit fast den gesamten europäischen Raum kolonisiert, und zwar ausgehend vom Pariser Becken im Westen bis in die Ukraine im Osten, im Norden bis etwa auf die Höhe von Hannover. Also ein riesengroßer Raum von Leuten, die die gleiche Sprache sprachen, die gleiche Kultur hatten, die gleichen Häuser gebaut haben», so der Professor.

Tatsächlich könnte der Zweck des Observatoriums über den astronomischen Gebrauch hinausgegangen sein: Heiligtum, Versammlungsort, Richtplatz oder Zufluchtsort in unruhigen Zeiten. Vieles ist denkbar. Die multifunktionale Anlage von Goseck beweist jedenfalls, dass schon der steinzeitliche Mensch sein Universum genau kannte. Weil er es beobachtete.

Etwas jünger als Goseck ist eine ähnliche Anlage in Pömmelte, die in den Jahren 2006 bis 2008 unweit der Elbe in Sachsen-Anhalt ausgegraben wurde. Sie wurde am Übergang von der Steinzeit zur Bronzezeit gebaut. In vielen Details erinnert sie an die berühmteste dieser vorgeschichtlichen Sternwarten: Stonehenge, im englischen Wessex. Nur dass die deutsche Anlage komplett aus Holz errichtet war, «Deutsches Woodhenge» wird sie deshalb auch genannt. Der größte von sechs konzentrischen Ringen aus Holzpfeilern misst 115 Meter im Durchmesser. Eine gewaltige Anlage, deren Innenbereich von einem Ringgraben mit immerhin noch 80 Meter Durchmesser abgegrenzt wird. Hier fanden die Archäologen Tierknochen und Scherben von Tongefäßen. Stammen sie von rituellen Handlungen? Weitere Knochen deuten sogar auf das höchste aller Opfer hin – den Menschen selbst. Sie könnten allerdings auch zu zerstörten Gräbern gehören.

Auch in Goseck sind Menschenknochen geborgen worden. Sie zeigen seltsame Spuren von Steinwerkzeugen, als hätte man das Fleisch der Verstorbenen von den Knochen geschält. Ritueller Kannibalismus oder eine besondere Art der Bestattung? Zwei

Gräber sind im Inneren der Anlage von Pömmelte nachgewiesen: ein in Fötushaltung bestattetes, fünf- bis zehnjähriges Kind und ein älterer Mann. Ein Priester, wie die Wissenschaftler glauben. War er zuständig für die Himmelsbeobachtungen und deren Deutung? Vergleichbar mit den Menschen, die viel später die Himmelsscheibe von Nebra anfertigten?

Etwa 3500 Jahre später als Goseck, einige Hundert Jahre nach der Himmelsscheibe, treten die weltberühmten Goldhüte der spätbronzezeitlichen Urnenfelderkultur von Frankreich bis Deutschland auf. Diese einzigartigen Goldobjekte, die nur etwa 500–700 Gramm wiegen, sind aus einem kleinen Goldklumpen zu ihrer Hutform getrieben und erreichen dabei eine Höhe bis zu 80 Zentimeter. Die Wandstärke ist mit 0,1 und 0,6 Millimeter dagegen extrem dünn. Allein dies ist eine technische Meisterleistung!

Die Funktion dieser Goldhüte, die vermutlich von Priestern tatsächlich getragen worden sind, war lange Zeit umstritten. Flächendeckend und systematisch sind sie mit komplizierten Ornamenten bedeckt, hinter denen einige Wissenschaftler codierte astronomische Phänomene und einen auf einen Schalttag genauen, lunisolaren Kalender vermuten, der Sonne- und Mondphasen gleichzeitig zur Zeitbestimmung nutzt. Möglich ist es. Denn zwischen Goseck und den Goldhüten steht nun die Nebra-Scheibe, die solchen Theorien neue Nahrung gibt.

Händler bahnen den Weg

Einige Experten meinen, dass das im Sternenkalender von Nebra dokumentierte Wissen mit den darin codierten Schaltregeln nur aus dem Vorderen Orient nach Mitteleuropa gekommen sein kann. Durch Kontakte mit Personen, die Ideen und Weltanschauungen transportierten.

Es müssen Händler gewesen sein, die diesen Schritt wagten. Sicherlich über Zwischenstationen. Über Märkte und Knotenpunkte, an denen um Zinn, Kupfer, Glasperlen, Frauen und Sklaven gefeilscht wurde. In babylonischem Sprachwirrwarr. Und um Bernstein. Als Luxusgut der Elite, die den Handel kontrollierte. Priester gaben die Termine für religiöse Prozessionen und Feste vor. Abgelesen an den Sternen. Sie dominierten das tägliche Leben, den Kult, auch die Bedingungen des Handels. Auf diesen Märkten gab es auch Gerüchte, Nachrichten wurden ausgetauscht, über weit entfernte Reiche, über unglaubliche neue Errungenschaften, Waffen und sagenhaft reiche Herrscher.

Gingen diese Händler den Gerüchten nach bis ins mythische Nebelland im Norden, das in griechischen Zeiten von den sagenumwobenen Hyperboreern bewohnt wurde, einem Volk, das jenseits des Nordwindes lebte, dauernd feierte, nie krank wurde und keine Feinde hatte? Oder ist der umgekehrte Weg wahrscheinlicher? Vom Norden in den Süden, von den Wäldern in die Wüsten?

Auch dieser Weg ist plausibel. Denn der Bernstein, der zur Nebrazeit in größeren Mengen nur an den Gestaden der nördlichen Meere im wahrsten Sinne des Wortes auftaucht und nur abgefischt werden muss oder am Strand herumliegt, findet sich wie an einer Perlenkette aufgereiht in Hortfunden an einer Route, die von der Ostsee über Mitteldeutschland durch Bayern über die Alpen und durchs Mittelmeer zumindest bis nach Griechenland führt. Von hier per Schiff weiter bis nach Syrien etwa, oder nach Bagdad im heutigen Irak. Denn hier lag Babylon mit seinen Sternwarten und Astronomen.

Und noch ein weiterer Weg des astronomischen Wissens ist denkbar: die Anregung und Ideenvermittlung aus Ägypten. Dort waren die Sternenkunde und Himmelsbeobachtung weit fortgeschritten. Die ägyptischen Priester teilten das Jahr ebenfalls in ein Sonnen- und ein Mondjahr ein und haben Sonnenfinsternisse oder das Erscheinen von Kometen akribisch festgehalten. Und auch zu erklären versucht. Oft erstaunlich nahe an der Sichtweise heutiger Wissenschaftler.

Und die Beobachtungen hatten einen praktischen Nutzen, der über Leben und Tod bestimmte. Odysseus schaut am Steuer sitzend die ganze Nacht nach den Plejaden aus, heißt es eineinhalb Jahrtausende später bei Homer in der *Odyssee.* Der heldenhafte Weltenbummler orientiert sich an ihnen und nutzt die Sternengruppe zur Navigation. Außerdem war Schifffahrt im Mittelmeerraum nur in den 50 Tagen nach der Sommersonnenwende möglich, weiß wiederum Hesiod zu berichten. In der noch späteren Römerzeit galt die Zeit zwischen dem 27. Mai und dem 14. September, in der Spätantike aufgrund der verbesserten Schiffbautechnik die Spanne zwischen dem 13. April und dem 15. Oktober als sicher. Welch fatale Folgen muss die falsche Bestimmung dieser Daten zu allen Zeiten gehabt haben, die wir heute wie selbstverständlich aus dem Kalender ablesen! Die zahlreichen Schiffswracks auf dem Grund des Mittelmeeres zeugen von der Gefährlichkeit der Frühjahrs- und Herbststürme. Handel brachte Reichtum. Oder den Tod.

Ist der schiffsförmige Bogen auf dem unteren Rand der Scheibe, der erst in einer späteren Nutzungsphase angebracht wurde, eine Anspielung auf diese goldenen Regeln der frühen Seefahrt? Könnte zumindest das Schiffssymbol aus Ägypten angeregt sein? Denn hier finden sich in den reich bemalten Gräbern von Pharaonen und ihren Untergebenen Darstellungen der Sonne in einem Schiff. Im alten Ägypten spielt das Schiff naturgemäß eine große Rolle und war so stark wie in keiner zweiten Kultur in Religion und Weltanschauung eingebunden. Der Nil dominierte als verbindende Wasserstraße die Landschaft und das Leben. Menschen und Götter reisten in Ägypten per Schiff und fuhren damit auch ins Jenseits. Die altägyptische Religion erklärte das nächtliche Verschwinden der Sonne im Himmelsmeer ebenfalls mit einem Schiff, auf dem der Sonnengott Re durch den Äther reiste.

Die Scheibe von Nebra stand nach Aussage der Raubgräber aufrecht an einen Stein gelegt in ihrer Grube. Das Schiff befand sich also in der richtigen Position. Allerdings lässt die Scheibe mit ihrer fast wissenschaftlichen Nüchternheit die überschwänglichen Illustrationen der ägyptischen Götterdarstellungen vermissen. Das Schiff ist das erste Symbol auf der vorzeitlichen Sternenkarte, das die Sachlichkeit ins Mythologische erweitert.

Die Ägäis, in der Schiffe ebenso zum Alltag gehören und die oft als Vermittler zwischen Süden und Norden angesehen wird, scheidet nach Expertenmeinung als Ideengeber aus. Die nordischen Schiffe der entwickelten Bronzezeit, die auf Waffen, Werkzeugen und vor allem in Felsbildern Skandinaviens auftauchen, sehen anders aus und sind durchweg jünger. Als ältestes Schiffsbild im Norden galt bis zur Entdeckung der Himmelsscheibe das Krummschwert von Rørby in Dänemark, das frühestens um 1600 v. Chr. entstand. Genau zu dieser Zeit aber wurde die Nebrascheibe auf dem Mittelberg deponiert. Ihr Schiffssymbol muss also älter sein und ist damit die erste Darstellung dieser Form in Mittel- und Nordeuropa.

Als frühere Vergleiche bieten sich Schiffsdarstellungen aus Rumänien und dem Karpatenbecken an. Hier tauchen seit Beginn des zweiten vorchristlichen Jahrtausends auf Schwertern und vor allem Äxten stark stilisierte Schiffsdarstellungen auf, die denen auf der Scheibe von Nebra ähneln. Diese Herkunft passt gut zu den beiden Prunkschwertern aus dem Himmelsscheibenkomplex. Denn auch sie haben direkte Vorbilder im Karpatenbecken. Sind aber die dortigen Symbole wiederum aus dem Süden angeregt? Letztendlich ist der Ursprung der Idee vom Himmelsschiff bislang nicht zu klären; vielleicht ist sie eher eine Symbiose verschiedener Vorstellungen, die von Ägypten über den Mittelmeerraum bis nach Europa gelangten.

Wissenstransfer über Tausende von Kilometern

Aber ist der Austausch von Wissen über Tausende Kilometer hinweg in dieser frühen europäischen Epoche überhaupt denkbar? Die Funde von Bernstein aus dem Norden, der bis in die Hochkulturen am Nil gelangt, lassen einen Handelsweg von Nord nach Süd tatsächlich möglich erscheinen.

Dabei scheint die Distanz zwischen beiden Regionen auf den ersten Blick doch sehr groß. «Google maps» spuckt heutzutage folgende Daten aus bei der Routenberechnung von Nebra bis Babylon, dem heutigen Bagdad im Irak: 5215 Kilometer, 30 Tage und 4 Stunden Dauermarsch, über heutige, gut ausgebaute Straßen und 1861 Kilometer davon mit dem Schiff. Und den ironisch wirkenden, aber ernst gemeinten Hinweis: «Seien Sie vorsichtig! – Auf dieser Route gibt es möglicherweise keine Bürgersteige oder Fußwege.» War die Überwindung der Entfernung in der Bronzezeit überhaupt möglich? Sicherlich hätte es bei den früheren Verhältnissen Monate gedauert, den ganzen Weg in einem Stück zurückzulegen.

Dennoch: Sachsen-Anhalts Landesarchäologe Harald Meller vermutet hinter dem Bildinhalt der ersten Phase der Scheibe tatsächlich einen weitgereisten Händler, der sein Wissen aus dem Vorderen Orient mitgebracht hat und es in den Gegenstand der Scheibe von Nebra bannte. Sie diente anfangs nur einer kleinen Gruppe als Memogramm, als in Metall fixierte Gedächtnisstütze, wann ein Schaltmonat in den lunisolaren Kalender einzufügen war. Später geriet sie in unwissende Hände. Der neue Besitzer versieht die Sternenplatte mit Zusatzinformationen, versteht aber den ursprünglichen Bildinhalt nicht mehr. Die in dieser Phase angebrachten Horizontbögen bekommen nun den geographischen Bezug des späteren Fundortes und ermöglichen die Bestimmung von Beginn und Ende der bäuerlichen Jahreszeiten.

Das in einer noch späteren Phase angebrachte Schiffssymbol erhebt die Scheibe komplett in den Status eines Kultobjektes, dessen eigentliche Kalenderfunktion vergessen war. Sie dient nur noch als religiöse Insignie und wird durch die eingestanzten Löcher nun auf einem Bildträger befestigt, der wahrscheinlich der Öffentlichkeit vorgeführt wird.

Irgendwann verliert diese Handlungsweise offenbar ihren Sinn, denn die Scheibe wird durch Entfernung eines der Horizontbögen entwertet und anschließend im Boden niedergelegt.

Technik aus dem Süden?

Und auch der «Geschmiedete Himmel» selbst liefert weitere Hinweise auf die Kontakte mit den Hochkulturen: die Herstellungstechnik. Die Technik der Tauschierung, bei der man eine Metallfolie in eine vorgefertigte Vertiefung auf dem Trägermetall presst und dadurch befestigt, war bis zur Entdeckung der Nebrascheibe nur von wenigen, meist aus dem Süden importierten Stücken bekannt. Die perfektesten Beispiele – mehrere Dolche mit mythischen Löwenjagdszenen – stammen aus den Schachtgräbern in Mykene. Gleichen diese Stücke schon grob denjenigen von Nebra, so finden sich in Rumänien fast identische Waffen:die sogenannten Apa-Hajdúsámson-Schwerter. Form und Verzierung tauchen etwas später auch an mittel- und nordeuropäischen Waffen und Gegenständen auf. Alles deutet darauf hin, dass sich diese Techniken von Mykene über den Donauraum in die Gebiete nördlich der Alpen ausbreiteten. Und Mykene hat sie aus dem Vorderen Orient kopiert. Genau wie das Know-how zur Bronzeherstellung selbst.

Bronze ist eine Legierung aus Kupfer und Zinn, die normalerweise im Verhältnis 9:1 oder 10:1 gemischt werden. Das Kupfer, das für die Herstellung der Himmelsscheibe verwendet wurde, stammt offenbar aus Österreich. Ernst Pernicka, Leiter des Curt-Engelhorn-Zentrums Archäometrie und Professor für dieses Fach an der Universität Tübingen, kann den spezifischen Fingerabdruck der Nebrabronze bis zum Mitterberg bei Salzburg in Österreich zurückverfolgen. Einer seiner 50 000 Datensätze zu vorgeschichtlichen Kupferlagerstätten passt genau hierher.

Der Zinnanteil der Nebrascheibe aber ist mit 2,5 Prozent erstaunlich gering. Das war offenbar nötig, um die Scheibe aus dem ursprünglich rundlichen Bronzefladen zu treiben. Um Spannungsrisse zu vermeiden, musste sie dabei mehrfach erhitzt werden. Als Nebeneffekt dieser Behandlung, der vielleicht gewünscht war, färbte sich die Originalscheibe dabei tiefbraun bis schwarz. Um wie viel kontrastreicher müssen die goldenen Sterne und Symbole vor diesem schwarzen Nachthimmel gewirkt haben! Heute ist die Scheibe durch ihre Korrosion dagegen grün wie das Dach des Hamburger Michel. Aber immer noch eindrucksvoll.

Versteckt oder begraben?

Wir wissen nicht, wer die Scheibe versteckt hat und warum sie versteckt wurde. Mussten die Verantwortlichen vorsichtig sein und die Scheibe heimlich niederlegen? Immerhin hat sie durch die goldenen Symbole und ihre 2,3 Kilogramm Bronze einen enormen Materialwert, der sicher auch einen bronzezeitlichen Dieb trotz drohender Bestrafung durch Götter und Gesellschaft verlockt hätte.

Oder geschah die Niederlegung vor großem Publikum, als Demonstration der Macht, oder gar als symbolische Beerdigung alter Traditionen am Ende einer Epoche? Könnte es sein, dass die Scheibe bestattet wurde, wie es Harald Meller und einige seiner Mitarbeiter vermuten? Wenn ja, warum? Zwar weist die Scheibe durch den abgerissenen Horizontbogen und einige ausgerissene Randlöcher leichte Beschädigungen auf, aber ein damaliger Metallhandwerker wäre sicher in der Lage gewesen, diese geringfügigen Schäden zu reparieren. Oder war der Kalender der Scheibe nicht mehr aktuell, nicht mehr präzise genug? Die Reparaturen und Umsetzungen von Sternen und die spätere Anbringung der Horizontbögen sprechen für ein ständiges Update der Scheibe, das vielleicht am Ende wegen der zu großen Abweichungen ganz einfach nicht mehr möglich war.

Die gängige Interpretation geht in eine ganz andere Richtung: Große soziale Umwälzungen machten die Niederlegung der Scheibe erforderlich, als ob sie als der letzte Zeuge einer vergangenen Ära rituell beseitigt werden musste. Oder als Gabe an die Götter die alten Verhältnisse wiederherstellen sollte. Wie auch immer: Die Zeit der Nebrascheibe ist tatsächlich eine Zeit enormen Wandels in Sachen Umwelt und Gesellschaft.

Über vier Jahrhunderte ist in den Hortfunden und Gräbern ein stetig steigender Reichtum festzustellen, der Ausdruck einer sich ändernden Gesellschaftsstruktur und der Glaubensvorstellungen ist. Eine Klassengesellschaft bildet sich heraus. Die unter großen Hügeln angelegten Fürstengräber, die wie ein Ring um die salzreichen Ebenen am östlichen Harzrand liegen, sind wahrlich «fürstlich» mit Goldgegenständen und exquisiten Waffen ausgestattet. Waffen deuten auf unruhige Zeiten oder Macht hin, Gold auf Reichtum. Beides hatten die Herrscher in den Hügelgräbern, die nur von einer großen Gemeinschaft aus Untertanen oder Gefolgsmännern errichtet worden sein können. So war der Fürst von Leubingen – zusammen mit einem etwa zehnjährigen Kind – unter einem 34 Meter großen und achteinhalb Meter hohen Erdhügel in einer zeltartigen Kammer aus Eichenholz mit einem Dach aus Schilf bestattet. Dieses Totenhaus war mit rotem und weißem

Inklusen, wie z. B. diese in Bernstein eingeschlossene Spinne, kann man in der extrem vergrößerten Projektion wunderbar studieren. In der Realität ist das Tier nur wenige Millimeter groß.

Buntsandstein abgedeckt, der teilweise aus 30 Kilometern Entfernung herbeitransportiert worden sein muss. Die Beigaben gleichen in ihrer Zusammensetzung der Niederlegung der Himmelsscheibe: ein Armring, zwei Nadeln und weitere Kleingegenstände aus purem Gold, dazu mehrere Waffen, nämlich ein Stabdolch, drei Dolchklingen, zwei Beile sowie vier Meißel, eine Steinaxt aus Serpentin, außerdem mehrere Keramikgefäße.

Vergleichbar reich waren auch die ebenso berühmten Fürstengräber von Dieskau oder Helmsdorf ausgestattet: Letzteres enthielt ein Beil, einen Dolch, einen Meißel und eine Steinaxt. Und wieder goldene Beigaben: zwei Nadeln, einen Armring und zwei Lockenspiralen.

Waffen, Gold und Bernstein gehörten den Herrschern. Denn das Begräbnis von Hinz und Kunz der Bronzezeit sah einfacher, fast eintönig und erstaunlicherweise fast immer gleich aus: Oft findet man eine leicht doppelkonisch geformte Tasse mit einem großen Griff, charakteristisches Merkmal der sogenannten Aunjetitzer Kultur, daneben eine Nadel oder ein anderes persönliches Schmuckstück. In der Regel aber fehlen den einfachen Bestattungen auch diese Gegenstände.

Burgen, Salz und Zinn – ein frühes Handelsmonopol?

Was aber war der Grund für den Reichtum der Fürsten? Warum konnten sie sich von der übrigen Bevölkerung absetzen und diese beherrschen?

Die Gründe sind unklar, aber die Zeichen der Macht sind deutlich. Zumindest schienen sie das lange Zeit. Bis vor kurzem nämlich dachte man, auch Mitteldeutschland sei, wie seine Nachbarregionen, schon in der Bronzezeit mit einem Netz aus befestigten Höhensiedlungen überzogen gewesen. Zwölf dieser Burgen waren vor dem Fund der Nebrascheibe in Mitteldeutschland bekannt. In einem neuen Forschungsprojekt des Instituts für Vor- und Frühgeschichte der Universität Jena unter Leitung von Peter Ettel wurden diese Plätze nun erneut unter die Lupe genommen. Klar ist schon jetzt, dass der alte Forschungsstand – noch aus den Zeiten vor der Wende – anscheinend lange überbewertet wurde. Im Zusammenspiel mit den vielen Hortfunden und den reichen Fürstengräbern dachte man nämlich, die Burgen müssten im Sinne einer mediterranen Akropolis als Herrschersitze angesehen werden. Dicht bebaut, auch mit entsprechenden Palastbauten, dominierten sie die Landschaft und wurden von bäuerlichen Siedlungen aus der Umgebung versorgt. Nun zeigt sich offenbar, dass die Bastionen auf den Gipfeln gar nicht befestigt waren, keine Palastgebäude besaßen und dass es weitaus weniger dieser Burgen gab als bislang angenommen. Wo aber wohnten dann die Fürsten? Nach der Ausgrabung mehrerer unbefestigter Siedlungen im Flachland mit bis zu 40 Häusern liegt die Lösung in der Größe der dort nachgewiesenen Bauten. Einige der in Pfostenkonstruktion errichteten Hallen stechen aus der Masse der Hütten durch ihre Größe heraus. Waren dies die Häuser der Elite, die sich in den Fürstengräbern so reich bestatten ließ und dadurch von der Menge abhob? Hier herrscht Forschungsbedarf. Und der Reichtum der Fürstengräber fordert eine Erklärung.

Mögliche Gründe für den Reichtum der Region: ihre Lage am Knotenpunkt wichtiger Handelswege und – Salz. Schon der schwedische Altertumsforscher Oskar Montelius, 1843 in Stockholm geboren und berühmt geworden für seine Unterteilung der Nordischen Bronzezeit, brachte die Fülle an Bronze in der Region mit dem Salzhandel in Verbindung. Davon zeugt die dichte Konzentration von sogenannter Briquetage, einer speziellen, wannenartigen Keramik zum Salzsieden, im Raum um Halle und Nebra.

Dieses Salz konnte an Handelspartner gegen andere Güter eingetauscht werden. Genauso wichtig könnte die strategisch perfekte Position der Herrscher im Raum Halle gewesen sein: zwischen den kupferreichen Alpen und dem bernsteinreichen Norden. Der Harz selbst verfügt über Zinnvorkommen. Ob die jedoch in der Bronzezeit schon abgebaut und auch für die Herstellung der Nebrabronze genutzt wurden, ist umstritten. Neue Untersuchungen weisen jedoch in eine ganz andere Richtung: nach England. Genauer gesagt: nach Cornwall, den südwestlichsten Zipfel Englands, wo eines der reichsten Zinnvorkommen Nordeuropas im Boden schlummert.

Der Weg hierher führt über das Gold an der Scheibe von Nebra. Bislang vermutete man den Herkunftsort des Edelmetalls aufgrund archäologischer Funde in Rumänien. Nun haben Wissenschaftler der Universität Halle um den Geoarchäologen Gregor Borg 300 Goldlagerstätten in Europa mit dem Nebragold abgeglichen. «Die geochemische Zusammensetzung des Himmelsscheibengoldes stimmt mit dem Gold aus dem Fluss Carnon in Cornwall überein», berichtet Borg.

Kam zusammen mit dem Gold auch das Zinn nach Nebra? War das Zinn aus England der Motor für die Entwicklung in Mitteldeutschland? Das begehrte Metall könnte schon von den Mykenern eingekauft worden sein. Wolf-Dietrich Niemeier, bis 2012 Direktor des Deutschen Archäologischen Instituts in Athen, sieht darin gar den Startpunkt für den plötzlichen Aufstieg Mykenes zur Welthandelsmacht. Durch die Kenntnisse von Handelsrouten und deren Kontrolle könnte Mykene das mediterrane Monopol auf den Zinnhandel innegehabt haben. Die waffenstrotzenden Kulturen im Vorderen Orient brauchten den seltenen Rohstoff zur Herstellung ihrer bronzenen Kriegsmaschinerie. Das machte Mykene reich. Das Schiffswrack von Uluburun, das in einem Sturm vor der Küste der heutigen Türkei etwa um 1400 v. Chr. unterging, hatte neben Luxusgütern wie Schwertern aus Mykene, Glasbarren aus Ägypten und in Silber gefassten Straußeneiern aus Afrika vor allem eines geladen: Kupfer- und Zinnbarren. Im Verhältnis 10:1. Genau, wie es für die Bronzeherstellung benötigt wird. Und fünf Bernsteinperlen.

Ab der zweiten Hälfte des zweiten vorchristlichen Jahrtausends dürfte der Zinnhandel mit dem Mittelmeerraum über die großen Flüsse Frankreichs Rhône und Seine sowie den Rhein bis in die Nordsee organisiert gewesen sein. Für die Frühbronzezeit dagegen ist grundsätzlich auch der Weg über die Alpen denkbar. Eine direkte Seeverbindung wird ausgeschlossen. Die Landroute über Mitteldeutschland würde auch den Reichtum dieser Region erklären, die an der Kontrolle des Zinnhandels verdiente.

Und mehr noch: Dieser Weg liefert auch eine einfache Erklärung für das Auftauchen von Bernstein an allen Stationen, die in diesen Handel integriert waren. Gefunden in Gräbern und Horten markieren die Tränen der Götter diese transkontinentalen Handelsrouten. Und sie erklären, warum sogenannte Bernsteinschieber von Wessex in England, wo sie vermutlich erstmalig um 2000 v. Chr. auftreten, über Mittel- und Süddeutschland die Alpenregion erreichten und sogar in den Schachtgräbern Mykenes auftauchen. Diese rechteckigen, in einem komplizierten Muster durchbohrten Bernsteinstücke kommen als Abstandshalter zwischen den verschiedenen, mit runden Bernsteinperlen besetzten Strängen von Halsketten vor, die in Gräbern reicher Frauen von Nord bis Süd auftauchen. Die Alpenquerung über den Julierpass ist durch den Fund in der befestigten Höhensiedlung von Padnal bei Savognin in der Schweiz gesichert: In einem Frauengrab lag eine Kette, auf die über 100 Bernsteinperlen aufgefädelt waren. Dazwischen immer wieder bernsteinerne Abstandshalter, die vermutlich in Wessex selbst hergestellt worden sind. Auch im Raum Halle kommen die Schieber vor. In die beiden Ketten aus Bronzespiralen aus dem Hortfund von Halle-Queis, der zwei Armspiralen, eine Schleifennadel und ein Keramikgefäß enthielt, waren mehrere Bernsteinschieber und -perlen eingearbeitet.

Gaben an die Götter

Der Reichtum der Nebra-Leute hatte noch einen anderen Effekt. Wie keine andere Kultur in dieser Zeit übergaben sie dem Boden große Schätze an Metall – um ihre Götter gnädig zu stimmen. In Mitteldeutschland treten vor allem im Raum Halle / Saale viele Hortfunde auf.

Die schon aus der vorangehenden Steinzeit vereinzelt bekannten Depots tauchen zu Beginn des Goldenen Zeitalters der Bronzezeit plötzlich in großem Stil auf. Massenhaft wurden nun bronzene Beile, Ösenringe oder Spangenbarren im Boden deponiert. Selten sind die Stücke benutzt. Der Hortfund von Gröbers-Bennewitz beispielsweise, beim Pflügen in einem Tongefäß gefunden, enthielt 297 bronzene Beile aus insgesamt 70 Kilogramm Metall.

Erstaunlich ist das offenbar genormte Gewicht, beispielsweise der Ringe mit charakteristischen Ösen an den Enden, die vor allem im süddeutschen Raum auftreten. In der Frühbronzezeit wiegen sie meist zwischen 180 und 200 Gramm, später werden die Gewichtseinheiten auf 70 bis 100 Gramm reduziert. Eine Art frühe europäische Währung.

Neben diesen Massenprodukten gibt es qualitätsvollere Einzelstücke: Stabdolche, Schwerter, Armstulpen, Doppeläxte, Gewandnadeln, Keramikgefäße und: Bernstein! Der Hortfund von Dieskau I enthielt mehr als 100 Bernsteinperlen. Auch hier in Mitteldeutschland ein Material, das als wertvoll erachtet wurde und als Geschenk an die Götter passend schien. Oder handelte es sich um Depots von Rohmaterial als Sparkonten der Bronzezeit?

Die Beweggründe für die bislang ausgegrabenen Horte, die nur die Spitze der verborgenen Schätze bilden, liegen im Unklaren. Warum wurden die wertvollen Gegenstände im Boden, in Sümpfen, Seen und Flüssen, in Felsnischen oder in der Nähe von Siedlungen versteckt? Der Ort der Niederlegung gibt Hinweise auf den Zweck der Horte. Für einige Depots in Siedlungsnähe ist an Versteckfunde in unruhigen Zeiten zu denken, die dann nicht mehr geborgen werden konnten. Diese These war lange Zeit akzeptiert, ist aber heute weitgehend einer anderen Erklärung gewichen. Weitaus der größte Teil der meist bronzenen Gegenstände ist offenbar den Göttern geopfert worden. Als Pars-pro-toto-Opfer, als Teil eines viel größeren Ganzen. Zur Kommunikation mit den Göttern, um für gute Ernte, siegreiches Kämpfen, gutes Wetter, vielleicht auch Fruchtbarkeit, Gesundheit und Glück zu bitten oder zu danken. Selbst Wiedergutmachungsopfer sind denkbar, die für den mit der Innovation der Bronzemetallurgie und Salzsiederei einhergehenden Raubbau an der Natur entschädigen sollten. Oft liegen die Horte auch an verkehrsgünstigen Knotenpunkten oder in Flussnähe. Besteht hier ein Zusammenhang mit dem

Reichtum, den Händler anhäufen konnten, weil sie an ebendiesen Verkehrsadern lebten?

Die Niederlegung der Nebrascheibe weicht von diesem Muster ab. Sie lag exponiert auf einem Gipfel, umgeben von einem unscheinbaren Wall, der vielleicht einen Kultbezirk abgrenzte. Sie hat statt einer Unzahl gleichförmiger Standardfunde sehr qualitätsvolle Beifunde, die eher den Insignien eines Herrschers entsprechen. Die Umstände der Deponierung deuten auf eine regelrechte Bestattung hin, die denen der reich ausgestatteten Fürstengräber von Leubingen, Helmsdorf oder Dieskau in Zusammensetzung und Sorgfalt vergleichbar ist. Auch die Himmelsscheibe von Nebra könnte also fürstlich bestattet worden sein, am Ende einer Ära, in der Mitteldeutschland einen entscheidenden Anteil am weltweiten Handel hatte. Auf den Fernstraßen, die sich hier kreuzten, wanderten Menschen mit ihren Waren wie Zinn, Salz oder Bernstein. Sie brachten neue Ideen und Ansichten mit und verbanden die Gegend um Nebra mit dem Rest der damaligen Welt.

KAPITEL 8

Mitteleuropäische Handelsrouten in der Bronzezeit

Gekrümmt liegt er in der Erde, sein halb zerfallener Schädel grinst die aufgehende Sonne an. Die Archäologen werfen sich zufriedene Blicke zu, denn das berühmte «Stonehenge» in Südengland hat in diesem Moment ein weiteres seiner Geheimnisse preisgegeben: Die Leiche eines höchstens 15-jährigen Jugendlichen, der vor etwa 3500 Jahren nur fünf Kilometer vom sagenumwobenen Steinkreis entfernt bestattet worden ist. Das Besondere an diesem Fund: Der Jugendliche ist kein Ureinwohner des nasskalten Nordens, sondern wurde an den sonnigen Stränden des Mittelmeeres geboren, wie wissenschaftliche Analysen seiner Zähne beweisen.

Wie hat es ihn aus seiner fernen Heimat nach Stonehenge verschlagen und warum? Diese Frage führt die Wissenschaftler auf die Spur uralter Handelswege, die Europas Stämme bereits viele Jahrhunderte vor den Römerstraßen miteinander verbunden haben. Wege, die manche Forscher wegen eines der begehrtesten Güter der damaligen Zeit auch «Bernsteinstraßen» nennen. Es ist eine Spur, die auf vielen Vermutungen basiert, schließlich ist uns aus der mitteleuropäischen Bronzezeit nichts Schriftliches überliefert. Die Archäologen müssen daher mühsam Indizien aus den entdeckten Gräbern und Siedlungen sammeln, miteinander in Verbindung bringen und richtig interpretieren. Im Fall des Jugendlichen von Stonehenge legt das Ergebnis ihrer Detektivarbeit nahe, dass es sich bei ihm um den Sohn eines spanischen Häupt-

Opferschacht in den Kyffhäuserhöhlen. Neben Bernstein fanden sich auch etliche Menschenknochen. Neue Forschungen hegen Zweifel an der Kannibalismustheorie.

lings gehandelt hat, der mit an der Nord- oder Ostsee ansässigen Stämmen Handel trieb.

Dass er ein «Spanier» war, belegen die Sauerstoffwerte und der Gehalt an Strontium in seinen Zähnen. Die Menge dieses chemischen Elements, das mit der Nahrung aufgenommen wird, unterscheidet sich deutlich von Region zu Region. Eine Analyse der Strontiumisotope gibt Forschern also eindeutige Hinweise über die Herkunft einer Leiche. In diesem Fall deutet alles auf die Mittelmeerküste der iberischen Halbinsel hin. Dass der junge «Spanier» Handelskontakte mit Nordeuropa gehabt hat, lässt sich ebenfalls leicht belegen, denn er nahm eine Bernsteinkette mit ins Grab, deren Steine heute noch erhalten sind. Wissenschaftliche Analysen des Bernsteins ergaben, dass er im Norden des heutigen Polen oder in Jütland gewonnen worden war. Der Tote oder seine Familie muss also Handelskontakte zu dieser Region gehabt haben. Theoretisch könnte er die Kette zwar auch aus seiner iberischen Heimat nach England mitgebracht haben – in diesem Fall hätte sie allerdings einen langen Weg hinter sich gehabt. Von Nord- und Ostsee führten nämlich schon in der Bronzezeit Handelswege wie ein Fächer in den Süden. Hinweise auf solche Routen fanden Archäologen im Westen Europas unter anderem an Maas, Saône und Rhein, im Osten beispielsweise an Elbe, Oder, Saale und Inn. Die bronzezeitlichen Wege verliefen meist entlang der Flussläufe, so auch entlang der Rhône bis ans Mittelmeer. Dort, im Südosten des heutigen Frankreich bis in die Schweizer Alpen hinein, fanden Archäologen Gräber, Siedlungen, Gebrauchsgegenstände und Waffen einer entwickelten Zivilisation, der sogenannten «Rhône-Kultur». Möglich, dass der junge Iberer seine Bernsteinkette über Verbindungen zu diesem Alpenvolk eingetauscht hat.

Eine andere Möglichkeit wäre die östliche Handelsroute. Das «Samland», an der Ostseeküste nahe dem heutigen Kaliningrad gelegen und damals Europas größtes Fördergebiet für Bernstein, war nämlich durch ein weiteres Wegenetz mit der Adriaküste verbunden. Auf dieser Route lagen die Siedlungen der damals mäch-

Das Handelsgut des an Rohstoffen sonst armen Nordens: Bernstein aus der Ostsee wurde bis ans Mittelmeer wohl im Staffelprinzip ausgetauscht.

tigsten und einflussreichsten Stämme Mittel- und Osteuropas, die Archäologen der sogenannten Aunjetitzer Kultur zuordnen. Sie ist nach einem archäologischen Fundort in der Nähe von Prag benannt, und alles, was wir über sie wissen, deutet einerseits auf kultivierte Macht-, Stammes- und Kriegerstrukturen hin, andererseits gibt es aber auch Hinweise auf Menschenopfer und andere Grausamkeiten. Es war also ein raues Land, durch das sich die bronzezeitlichen Händler bewegten. An der Mittelmeerküste angekommen, wurde der Bernstein schließlich mit Lastkähnen vor allem in den Orient verschifft, doch es ist nicht auszuschließen, dass einzelne Stücke auch ihren Weg in den Westen fanden.

Am wahrscheinlichsten ist jedoch, dass der junge Mann seine Kette erst in Südengland selbst erstanden hat – möglicherweise als Zaubermittel und letzte Hoffnung gegen eine tückische Krankheit, die ihn schließlich doch das Leben kostete? Ab 1600 v. Chr. kann man anhand von Felszeichnungen und Abbildungen auf bronzenen Rasiermessern nachweisen, dass es Seefahrt vom Süden Skandinaviens bis an die englische Küste gegeben hat. Im Gegensatz zu den von rechteckigen Segeln angetriebenen Lastkähnen des Mittelmeers waren die nordischen Schiffe noch reine Ruderboote. Ihre Form erinnert stark an die späteren «Drachenboote» der Wikinger, und jedes einzelne wurde von mehr als 20 Mann fortbewegt. Sie waren deutlich schneller als die Händler zu Land, und ihre Kapitäne hatten daher den regelmäßigsten Kontakt zu der hochentwickelten «Wessex-Kultur», nahe deren kultischem Zentrum der junge Iberer seine letzte Ruhestätte fand.

Diese «Wessex-Kultur» erstreckte sich über weite Teile Südenglands und der Bretagne. Sie brachte in der Bronzezeit die wohl reichsten Händler Westeuropas hervor. Das lag vor allem daran, dass auf ihrem Gebiet reiche Zinnvorkommen abgebaut werden konnten. Dieser Rohstoff war damals so gefragt wie heutzutage Erdöl, denn Zinn war in Europa extrem selten zu finden und doch für die Herstellung von Bronze unerlässlich. Bronze – diese Legierung brannte einer ganzen Epoche ihren Namen ein, weil sie Waffen und Werkzeuge härter und widerstandsfähiger machte als je zuvor. Um an die Rohstoffe für dieses neue Wundermaterial zu kommen, mussten die Menschen in Mitteleuropa einen erheblichen Aufwand betreiben. Während die Bernsteinhändler des Nordens ihr Handelsgut relativ unproblematisch entlang der Ostsee einsammeln konnten, spielte sich im Bereich der «Wessex-Kultur» sowie in den europäischen Mittelgebirgen und den Alpen bereits ein erstaunlich hochentwickelter Kupfer- und Zinnbergbau über und unter Tage ab.

Mit Feuer und Wasser brechen sie das Erz in der Finsternis

Erstmals entstanden damals Berufe wie Bergmann, Gießer oder Schmied. Diese Pioniere ihres Handwerks bereiteten die Grundlagen für viele zukünftige Innovationen vor und erwiesen sich als äußerst erfinderisch, wenn es darum ging, dem Gestein die wertvollen Erze abzutrotzen. Besonders beeindruckende Bergwerksstollen aus der Bronzezeit fanden Archäologen im österreichischen Götschenberg: 170 Meter tief und 400 Meter lang bohrten sie sich in den Berg hinein. Auf ihrer Suche nach Kupfer gelangten die Arbeiter mit Hilfe einer steilen, mit glitschigem Lehm bestrichenen Rutsche in den tiefschwarz gähnenden Bergschlund. Tief unten, weit entfernt vom Licht der damals oft noch gottgleich verehrten Sonne, gingen die Bergleute ein unglaubliches Wagnis ein: Sie schürten ein großes Feuer, um das Gestein

Sensation am Ufer der Tollense auf dem Weg zur Bernsteinküste: die ersten Metallfunde. Der Zinn kam wahrscheinlich aus England.

zum besseren Abbau zu erhitzen! Sobald das Feuer ausgegangen war, schreckten sie den Fels mit Wasser ab. Dadurch wurde er brüchig.

Die Stollen waren also voll mit Rauch und Ruß, und nachdem Feuer und Wasser ihren Dienst getan hatten, mussten die bronzezeitlichen «Kumpel» in der verpesteten Luft das Gestein mit bronzenen Pickeln und Hartholz-Hämmern aus dem Berg klopfen. Um bei dieser Knochenarbeit überhaupt etwas sehen zu können, hatten die Bergleute harzhaltige Späne dabei, die schwach vor sich hin glommen. Das derart lungenverätzend und schweißtreibend gewonnene Erz wurde – noch fest mit dem wertlosen Gestein verbunden – in Trögen nach draußen transportiert und dort sofort an Ort und Stelle weiterverarbeitet: Zunächst wurde das Material mit Klopfsteinen und steinernen Handmühlen zerkleinert, dann wurde das Erz säuberlich vom Gestein getrennt und schließlich in nur etwa 70 Zentimeter großen, aus feuerfesten Steinen und Lehm gemauerten Schachtöfen auf über 1200 Grad Celsius erhitzt. Erst nach dieser aufwendigen Prozedur hatten Gießer und Schmiede, was sie für ihre Arbeit benötigten.

Dank des Einsatzes der Bergleute und der Erfindung der Bronze boomte also der Zinnexport der «Wessex-Kultur» zu Wasser wie zu Lande und machte die Region reich. Umso mehr deshalb, weil Cornwall und die Bretagne in Westeuropa ein regelrechtes «Monopol» auf Zinn hatten. Während die Kulturen des östlichen Mittelmeerraums, wie zum Beispiel die Ägypter und Hethiter, ihr Zinn auch aus Persien beziehen konnten, lagen für die west- und mitteleuropäischen Kulturen die Britischen Inseln viel näher. Und Stonehenge, das Kult- und Machtzentrum der «Wessex-Kultur», zog nicht nur unseren jungen Iberer, sondern auch viele Händler und Fürsten aus ganz Europa an.

Das beweist ein weiterer berühmter archäologischer Fund aus der Umgebung des sagenumwobenen Steinkreises, der vor einigen Jahren für viel Wirbel unter Archäologen und in der britischen Presse gesorgt hat: der «Bogenschütze von Amesbury». Dieser Mann hat etwa 800 Jahre vor dem «spanischen» Jugendlichen gelebt und ist, wie die Analysen zeigen, aus dem Alpenraum nach Südengland eingewandert. Im Grab des «Bogenschützen» fanden sich neben Pfeilspitzen und einem steinernen Armschutz auch kostbare Schmuckstücke aus Gold. Der Fund ist damit die prächtigste Bronzezeit-Grabstelle in ganz England, errichtet für einen Ausländer, einen «Zugereisten». Das Ergebnis: Die britische Presse machte aus dem «Bogenschützen» zunächst stolz den «König von Stonehenge», empörte sich aber schnell darüber, dass der Ur-Engländer möglicherweise ein Schweizer oder – noch schlimmer – ein Deutscher, ein Bayer sein könnte. Für die Archäologen war sein Grab jedoch der entscheidende Hinweis darauf, dass Einwanderer aus Mitteleuropa zu jener Zeit einen enormen Einfluss auf die «Wessex-Kultur» hatten, ihr vielleicht sogar zu ihrer kulturellen Stärke verholfen haben.

Welchen Beitrag hat der junge Iberer wohl geleistet, um die Kultur seiner neuen Heimat zu bereichern? Wir wissen es nicht, jedoch scheint er durchaus als geachtetes Mitglied der Gemeinschaft aus dem Leben geschieden zu sein, vielleicht sogar als Sohn eines Häuptlings oder eines «Adeligen». Denn eine Kostbarkeit wie jene Bernsteinkette, die er um den Hals trug, legte man nicht einem einfachen Handlungsreisenden mit ins Grab.

Ob der Junge ein Prinz war, wie manche vermuten, lässt sich nicht genau sagen, doch ist erwiesen, dass in der Bronzezeit erstmals die Sitte aufkam, Häuptlings-Titel zu vererben. Vorher war meist der Stärkste oder Klügste eines Stammes zum Anführer erwählt worden. Das änderte die neue Möglichkeit, sich mit Hilfe von Bronzebarren und anderen Wertgegenständen große persönliche Reichtümer anzueignen. Nun begannen die Menschen, zusammen mit den Gütern auch Häuptlingstitel vom Vater an den Sohn weiterzugeben. Der Tod des Knaben könnte also eine «Thronfolge» durcheinandergebracht haben. Fiel der Junge vielleicht einer Intrige zum Opfer? Oder holte er sich im ungewohnt rauen englischen Klima einfach nur sprichwörtlich den Tod? Fragen, die die Wissenschaftler vorerst noch unbeantwortet lassen müssen.

Ein «Road Trip» 2500 v. Chr.

Unter welchen Umständen sind der junge Iberer, der «Bogenschütze von Amesbury» und viele andere ihrer Zeitgenossen wohl quer durch Europa gereist? Wie sahen die Wege aus, und was lag am Wegesrand? Konnten Wanderer sich frei bewegen, oder mussten sie Zoll bezahlen? Dienten sie Fürsten, oder waren sie ihre eigenen Herren? Sachdienliche Hinweise, die zu Antworten auf diese Fragen führen könnten, haben Archäologen inzwischen in ganz Nord-, Mittel- und Osteuropa gefunden. Daher können wir uns ein ungefähres Bild von den abenteuerlichen Umständen einer bronzezeitlichen Reise machen.

Zunächst einmal vermuten einige Archäologen, dass wirkliche «Fernhändler», wie sie die Bernsteinstraßen von der Ostsee bis ans Mittelmeer nahelegen, eher die Ausnahme waren. Sie nehmen stattdessen an, dass die meisten Güter sozusagen nach dem Staffellauf-Prinzip von Hand zu Hand und von Siedlung zu Siedlung gehandelt wurden. Eine solche Art der Verteilung erklärt aber weder, wieso mitten in Europa, weitab von jedem Bernsteinvorkommen, gewaltige Bernsteinlager gefunden wurden, noch, wieso rund um Stonehenge und an anderen wichtigen archäologischen Stätten beinahe im Jahrestakt die Überreste von Fernreisenden entdeckt werden.

Es muss also auch Fern- und Großhändler in der Bronzezeit gegeben haben. Die ungepflasterten «Straßen», denen sie folgten, verliefen meist entlang der Flüsse, allerdings nur selten direkt am Ufer, das oft einem Sumpfgebiet glich, sondern auf den relativ trockenen Wegen hoch über dem Flussbett. Wo immer es ging, verlagerte man den Warentransport am liebsten direkt ins Wasser: Einbäume mit einer Länge von bis zu acht Metern waren die Kanus der Bronzezeit, die sich im Vergleich zum Landtransport unschlagbar schnell fortbewegen konnten. Denn vor allem wenn es regnete, verwandelten sich die Wege in große Schlaglöcher. Dank jener miserablen Straßenverhältnisse finden Archäologen auch heute noch Spuren aus der bronzezeitlichen «Rushhour». So zum Beispiel im thüringischen Krautheim, wo ein zweirädriger Karren mit einer Achsbreite von 1,10 Metern und 11 Zentimeter dicken Felgen vor Jahrtausenden eine bis heute unübersehbare Spur gezogen hat. Das arme unbekannte Zugtier kann einem immer noch leidtun.

Durchgehend befestigte Straßen wie später zur Römerzeit gab es im Mitteleuropa der Bronzezeit noch nicht, allerdings legten die Menschen auf besonders unwegsamem Gelände, wie zum Beispiel in unausweichlich zu überquerenden Mooren oder Sümpfen, erstaunlich kunstfertige Bohlen- und Knüppelwege an. Im Kreis Wesermarsch kann man heute noch einen mehrere hundert Meter langen Bohlenweg bestaunen, dessen geräumige, etwa 2,50 Meter breite Fahrbahn aus bis zu acht Zentimeter dicken Eichenbohlen besteht, die wiederum auf durch senkrechte Pfähle fixierten Längshölzern ruhen.

Derart komfortable Moorpassagen findet man zwar nicht überall, oft haben einfache «Stapfsteine» den Fußgängern den Übergang über die tückischen Wegstellen ermöglicht, aber immerhin wurden die Straßen offenbar von den örtlichen Autoritäten auf die eine oder andere Weise passierbar gehalten. Es ist gut denkbar, dass dafür von jedem, der die so gepflegten Routen betreten wollte, Straßenzoll verlangt wurde. Hat also schon der «Bogenschütze von Amesbury» eine Art Autobahnvignette kaufen müssen, um sicher durch das sumpfige Alpenvorland zu gelangen? Möglich ist es.

Womit haben sich die Menschen auf diesen Wegen nun fort-

Handel braucht feste Regeln über alle Sprachgrenzen hinweg. Neue Funde deuten darauf hin: Bereits in der Bronzezeit gab es europaweit genormte Gewichte.

bewegt? Es gab in der Bronzezeit durchaus schon Pferde und Wagen, allerdings waren beide Transport- und Fortbewegungsmittel vor allem wohlhabenden Reisenden vorbehalten. Hinweise darauf geben die Toten, denn nur in den prunkvollsten Fürstengräbern, und vor allem in der späten Bronzezeit, finden sich sogenannte «Wagengräber», in denen Pferde und Gefährt gemeinsam mit ihrem Lenker begraben sind. In solchen Grabstätten wurden komplette Pferdeskelette entdeckt, oftmals noch mitsamt den zum Zaumzeug gehörenden Trensenknebeln aus Eberhauern. Das durchschnittliche Zugpferd der Bronzezeit war diesen Funden zufolge übrigens eher ein Pony als ein Streitross: Auf gerade mal 1,40 Meter Schulterhöhe brachten es die Tiere, deren Skelette man in den Wagengräbern fand. Die Wagen, die auf den ungepflasterten Wegen der mitteleuropäischen Bronzezeit fuhren, waren einfache Kästen, die direkt auf den beiden Achsen aufsaßen.

Ein großer Fortschritt im Vergleich zur Steinzeit waren auswechselbare Radbuchsen, die den Rädern eine längere Lebensdauer gewährten. Ob sich die Wagen der Bronzezeit durch eine schwenkbare Vorderachse lenken ließen, wie einige Forscher glauben, ist dagegen nicht bewiesen. Die Räder der Wagen waren wohl noch überwiegend schwere Vollholzräder, obwohl einige Funde darauf hindeuten, dass auch Speichenräder bereits bekannt gewesen sein müssen. Allerdings weist vieles darauf hin, dass die aus dem Mittelmeerraum stammende Erfindung des Speichenrades in Mitteleuropa zunächst nur für kultische Geräte aus Bronze verwendet wurde.

Einige Forscher glauben, dass die Europäer größere technische Probleme mit den Speichenrädern hatten und sie daher noch nicht für Transportfahrzeuge nutzten. Andere wiederum meinen, dass sich die viel leichteren Speichenräder in der Bronzezeit flächendeckend durchsetzten. Für diese Annahme gibt es allerdings nur vage Indizien. Tatsächlich wurden Speichenräder bisher vor allem an kultischen Gegenständen gefunden. Am berühmtesten sind das wohl ausschließlich rituellen Zwecken dienende Gefährt des «Kesselwagens von Peckatel» und die sinnbildliche Figur des «Sonnenwagens von Trundholm», der darstellt, wie die Sonne von einem Pferd auf einem Wagen über den Himmel gezogen wird.

Die meisten Menschen, selbst die Händler, waren in der Bronzezeit aber wohl auf Schusters Rappen unterwegs – und das über beachtliche Strecken. Der Münsteraner Prähistoriker Albrecht Jockenhövel schätzt, dass sich jeder Bronzezeitmensch in seinem Leben bis zu 250 Kilometer von seinem Wohnort entfernte.

Fernhändler wie die Bernsteinlieferanten des Nordens oder Auswanderer wie der «Bogenschütze von Amesbury» dürften mit Sicherheit das Vielfache dieser Distanz überbrückt haben – und das vermutlich ohne Reittier. Über das Schuhwerk und die sonstige Kleidung im Mitteleuropa der damaligen Zeit geben zahlreiche gut erhaltene Grabfunde Auskunft, wobei oft nicht klar ist, ob die den Verstorbenen beigelegten Kleidungsstücke wirklich deren Alltagskleidung repräsentieren oder ob sie Sonderanfertigungen für das jenseitige Leben darstellen.

Passend gekleidet ins Totenreich

Auf alle Fälle sollte die Reise ins Jenseits möglichst in angemessener Kleidung angetreten werden. Wie das konkret aussah, lässt sich gerade anhand von Leichenfunden in Nordeuropa gut erkennen, wo viele der Damen in luftdichten «Baumsärgen» bestattet wurden und deshalb erstaunlich gut erhalten sind. So auch das sogenannte «Mädchen von Egtved», die Leiche einer etwa 16- bis 18-jährigen Frau, die im dänischen Jütland entdeckt wurde. Dieses tote «Mädchen», von dem sogar noch Weichteile und seine langen, blonden Haare erhalten sind, war lediglich mit einer bauchfreien Bluse bekleidet, deren Ärmel nur bis zum Ellbogen reichten. Um die Hüfte trug sie einen gerade mal knielangen Schnurrock aus Schafswolle, dessen gewebter Gürtel von einer prächtigen bronzenen Gürtelscheibe verziert wurde. Schuhe trug das «Mädchen von Egtved» nicht.

In anderen Gräbern fanden sich Ledermokassins aus Rentier- oder Rinderhaut. Üblich waren außerdem aus dickem Wollstoff gefertigte Wickelgamaschen. Diese Wollgebinde wurden von Lederriemen oder Bastbändern getragen, die bis zum Knie hoch-

Von Tauchern in Mecklenburg-Vorpommern gefunden: Schmuck für eine Fürstin? Oder Handelsgut gegen Bernstein? Bronzezeitliche Spirale aus purem Gold vom Grund der Tollense

gebunden wurden. Und selbst im Norden Europas standen offene Sandalen, ebenfalls bis über die Unterschenkel geschnürt, bei Männern und Frauen gleichermaßen hoch im Kurs.

Außer dem kurzen Schnurrock des «Mädchens von Egtved» sind noch lange, von Stoffgürteln gehaltene Wickelröcke als übliche Frauenkleider bekannt. Bronzezeitliche Unterwäsche hat man bisher keine gefunden. Dafür weiß man, dass die Frauen ihre Haare mit Hilfe von Netzen oft zu äußerst kunstvollen Frisuren formten und bereits bronzene Pinzetten zum Kampf gegen überflüssigen Haarwuchs benutzten. Wie die Bestätigung eines Klischees mutet zunächst die Entdeckung an, dass die Frauen schon in der frühbronzezeitlichen «Aunjetitzer Kultur» oder auch in der späteren «Lüneburger Gruppe» über und über mit glitzerndem und klirrendem Schmuck behängt waren. Auf den zweiten Blick vermuten Forscher hierbei allerdings weniger eine frühgeschichtliche Form von Schönheitswahn als vielmehr abergläubisches Schutzverhalten: Die Damen wollten mit dem Schmuck keine Männer anlocken, sondern Geister vertreiben. Gegen Ende der Bronzezeit ersannen sie schließlich immer kunstvollere Trachten und Kopfbedeckungen, die sich mit dem Festtagsschmuck heutiger indigener Völker durchaus messen können.

Auf den Handelsstraßen der Bronzezeit begegnete man allerdings eher den stolzen Nordmännern, die übrigens genau wie ihre Frauen keine Hosen trugen. Vielmehr kleidete sie ein von der Schulter bis zu den Knien reichender und aus Flachs und Schafwolle gewebter Rock, der von Schulterriemen gehalten und in der Hüfte geschnürt wurde. Der Gurt wurde dabei oft mit Teilen aus Bronzeblech fixiert. Als Kopfbedeckung trug man viele Arten von Filzmützen, und spätestens seit der mittleren Bronzezeit hatte jeder Mann von gewissem Rang und Stand auf Reisen auch immer sein bronzenes Rasiermesser mit dabei – ein Indiz dafür, dass ein Mindestmaß an Körperpflege auch damals schon zum guten Ton gehörte und die «Barbaren» gar nicht so barbarisch waren.

Das Schneiderhandwerk war als Beruf allerdings noch nicht verbreitet. Forscher gehen davon aus, dass Kleidung in jedem Haushalt in Eigenarbeit hergestellt wurde. Es war auch noch nicht üblich, den Stoff zu färben. Dass das Spinnen von Wolle und das Weben von Stoff ausschließlich die Aufgabe der Frauen war, weiß man ebenfalls aus Grabbeigaben: Während die stolzen Krieger mit Schild und Schwert ins Jenseits reisten, nahmen ihre Gattinnen Spindel und Webschiffchen auf ihren letzten Weg mit.

Ohne Trucks und Eisenbahn: Schwertransport über Hunderte Kilometer

Nur für hohe Anführer und Priester wurde Prunkkleidung bestellt und hergestellt, was oftmals eine Aufgabe für mehrere Familien und Dörfer gewesen sein muss. Wie groß die Entfernungen waren, über die eine solche Zusammenarbeit teilweise vonstattenging, zeigt das frühbronzezeitliche Hügelgrab von Leubingen in Mitteldeutschland. Für dieses riesige Grabmal mussten über 3000 Kubikmeter Erde aufgeschüttet und 210 Kubikmeter Steinmaterial herangeschafft werden. Die meisten dieser Steine stammen aus einem Umkreis von bis zu 40 Kilometer rund um Leubingen, was schon beeindruckend genug ist. Jedoch fanden die Wissenschaftler im Grabmal auch roten Sandstein von der Rothenburg beim Kyffhäuser – über 230 Kilometer von der Totenstätte entfernt! Transportiert auf dem eigenen Rücken oder mit einfachen Pferde- oder Ochsenkarren, falls ein Stammesführer sein Gefährt dafür zur Verfügung gestellt hat. Ähnliches muss sich auch in Stonehenge zugetragen haben, denn die großen Blausteine, aus denen der Steinkreis zusammengesetzt ist, stammen von der walisischen Küste – aus über 300 Kilometern Entfernung!

Dass solche logistischen Meisterleistungen möglich waren, weist auf ein komplexes Macht- und Gesellschaftsgefüge entlang der Handelsrouten hin. Für den bronzezeitlichen Wanderer wird sich dieses neue Zeitalter in Mitteleuropa vor allem durch befestigte Höhensiedlungen und Burgen an den Fernstraßen angekündigt haben. Diese uralten Verkehrswege lassen sich heute noch über Hunderte von Kilometern verfolgen, und allein in Mitteldeutschland sind uns etliche Höhensiedlungen an strategisch wichtigen Punkten wie Kreuzungen, Furten oder Pässen bekannt.

Höhensiedlungen wurden mit Bedacht geplant und gebaut, jede von ihnen nutzte vorhandene natürliche Schutzwälle geschickt aus. Außerdem sind die Höhensiedlungen regelmäßig nur etwa 35 Kilometer von der nächsten entfernt. Boten konnten also in weniger als einem Tagesmarsch die nächste Festung erreichen und so Befehle, Warnungen oder auch einfach nur für den Handel benötigte Informationen weitergeben. Darüber hinaus liegt die Vermutung nahe, dass die Siedlungen sozusagen als bronzezeitliche «Motels» und «Drive-ins» für die gestressten Geschäftsreisenden aus ganz Europa dienten und auch deshalb so nah beieinander errichtet werden mussten. Denn für die Händler wäre es zu riskant gewesen, mit ihrer wertvollen Ware unter freiem Himmel zu übernachten.

Der Aufbau der Höhensiedlungen weist auf jede Menge «Serviceangebote» für die Gäste und auf ein ausgeklügeltes Macht- und Herrschaftssystem hin. Denn in ihnen finden Archäologen vor allem die Hinterlassenschaften von Händlern, Handwerkern und Fürsten, kaum aber von Ackerbauern. Unbefestigte Bauerndörfer und einzelne Gehöfte finden sich dagegen verstreut im Umland. Die Vermutung liegt nahe, dass Bauern aus dem Umland die befestigten Höhensiedlungen mit Nahrung versorgt haben und sich im Gegenzug bei Gefahr in den sicheren Burgen verschanzen konnten. Die Überreste von Höhensiedlungen sind für Archäologen also wahre Schatzkammern, aus denen sie viele Informationen über die Organisation der Handelswege erhalten können.

Eine dieser «Schatzkammern» ist der «Bullenheimer Berg», etwa 30 Kilometer südöstlich von Würzburg gelegen. Dieser Ort ist für eine Höhensiedlung wie geschaffen: 150 Meter hohe steile Abhänge schützen die über einen Kilometer lange und bis zu 400 Meter breite Hochebene auf diesem Tafelberg. Archäologen entdeckten hier Siedlungsspuren von der Jungsteinzeit bis zum letzten Abschnitt der Bronzezeit, der sogenannten «Urnengräberzeit». Das bedeutet, dass der «Bullenheimer Berg» über 4000 Jahre lang immer wieder von Menschen bewohnt worden ist! Allerdings ist nicht die gesamte Hochebene immer bebaut gewesen, vielmehr wurden die verschiedenen Bereiche auf dem Berg zu unterschiedlichen Zeiten besiedelt.

So wurde der große Randwall, der auch heute noch gut erkennbar das gesamte Hochplateau umschließt, wohl erst in einer der letzten Besiedelungsphasen während der spätbronzezeitlichen «Urnengräberzeit» erbaut. Urnengräber und ganze Schatz- und Waffendepots aus diesen kriegerischen Zeiten finden sich ebenfalls auf dem «Bullenheimer Berg». Allerdings sind sich die Wissenschaftler nicht sicher, ob diese Waffenlager tatsächlich für die Ausrüstung von Kriegerscharen angelegt wurden. Vieles weist darauf hin, dass die Depots auch kultischen Zwecken gedient haben mögen – als «Opfergaben» für die Götter.

Im Fall des «Bullenheimer Bergs» zeigt die archäologische Auswertung, dass die Höhensiedlung in der frühen Bronzezeit noch völlig ohne Palisaden, Wallanlagen und ähnlichen Schutz auskam. Als der «Bogenschütze von Amesbury» und unser junger Iberer Mitteleuropa durchwanderten, war der Ort also wohl noch relativ friedlich. In späteren Zeiten änderte sich das allerdings grundlegend: Die Wissenschaftler fanden befestigte Anlagen aus Holz und Erde, die mehrmals komplett niedergebrannt sind. Die Vermutung liegt nahe, dass das Feuer zumindest in einigen Fällen von Feinden gelegt wurde, auch wenn der ein oder andere Brand durch den unvorsichtigen Umgang mit dem Herdfeuer entstanden sein könnte. Doch die Tatsache, dass die perfekt gelegene und gut befestigte Siedlung auf dem «Bullenheimer Berg» in der mittleren Bronzezeit schließlich für einige Zeit komplett aufgegeben wurde, deutet entweder darauf hin, dass der Ansturm von Feinden den Bewohnern schließlich zu viel wurde, oder dass das Klima in Mitteleuropa stark abkühlte und die Menschen Zuflucht in wärmeren Gefilden suchten.

Der «Bullenheimer Berg» – ein bronzezeitliches Machtzentrum?

Erst in der «Urnengräberzeit», ab etwa 1000 v. Chr., wurde der Tafelberg mit massiven Befestigungsanlagen zu einem regelrechten Bollwerk ausgebaut, diesmal allerdings mit einem erheblich höheren Aufgebot an Arbeitskraft. Allein um die den Berg komplett umfassenden Wallanlagen effektiv verteidigen zu können, benötigten die damaligen Fürsten Hunderte, wenn nicht Tausende Männer.

Also wofür wurde so eine Höhensiedlung eigentlich konzipiert? Ihr vorrangiger Zweck als «Burg» ist nicht von der Hand zu weisen, allerdings stellt sich die Frage, ob so eine Höhensiedlung wirklich als ständig bewohnte Stadt oder nur als Rückzugsort für den Kriegsfall angelegt wurde. Die Indizien auf dem «Bullenheimer Berg» sprechen eindeutig für eine dauerhafte Siedlung und gehen über diese Interpretation sogar noch hinaus: Zum einen fanden die Archäologen Spuren von spezialisierten handwerklichen Werkstätten, die es in einer Notsiedlung kaum gegeben hätte. Zum anderen sind einige Abschnitte des «Bullenheimer Berges» unbebaut geblieben, woraus einige Wissenschaftler schließen, dass hier auf kleinster Fläche auch etwas Landwirtschaft betrieben wurde. Vielleicht, um bei einer eventuellen Belagerung unabhängiger zu sein. Für diese These sprechen Funde von landwirtschaftlichen Werkzeugen sowie Knochen von Schafen, Rindern, Ziegen und Schweinen.

Auf der Hochebene befindet sich auch ein sogenanntes Brandgrab, in dem viele wertvolle und unterschiedlich stark vom Feuer in Mitleidenschaft gezogene Bronzeringe gefunden worden sind. In diesem Grab wurde offensichtlich einem mächtigen Fürsten ein fulminantes Begräbnis bereitet, und die Vermutung liegt nahe, dass der Tote auf dem Berg auch seinen Amtssitz hatte. Weitere bronzene und goldene Fundstücke sind wohl für zeremonielle Handlungen eingesetzt worden, was wiederum darauf hinweist, dass der «Bullenheimer Berg» auch ein kultisches Zentrum gewesen ist. Nach allem, was wir über die Bronzezeit wissen, war das alltägliche Leben noch nicht vom Sakralen getrennt, und der Häuptling der Höhensiedlung war daher auch gleichzeitig der Priester. Gut möglich also, dass Menschen von weit her anreisten, um von den Häuptlings-Priestern und Chef-Schamanen der Höhensiedlung Rat zu erhalten.

Fazit: Die Funde der Höhensiedlung am «Bullenheimer Berg» deuten darauf hin, dass die herrschende Schicht damals erstmals in der Geschichte über ihren engeren Siedlungsraum hinaus machtpolitische Fäden zu ziehen begann.

Wer seine Macht ausüben will, braucht aber nicht nur eine stabile Grundlage, sondern muss auch gut über die Geschehnisse in seinem Reich informiert sein. Aufklärung und Kommunikation waren schon damals entscheidend für den Erfolg oder Niedergang eines Stammes. Sicher gab es Boten, beritten oder zu Fuß, die mündliche Nachrichten überbringen konnten, aber das war nicht alles. Denn gerade für die Fernhändler, die ihre Waren von der Ostsee bis ans Mittelmeer oder von Norditalien über die Alpen handeln mussten, kam bei der Kommunikation noch eine zusätzliche Schwierigkeit hinzu: die Sprachbarriere. Wie sollte man Preise handeln, Gewichte festlegen und die Qualität der Ware anpreisen, wenn der eine den anderen nicht verstand?

Einige rätselhafte Fundstücke könnten dabei helfen, diese Fragen zu beantworten: Immer wieder werden bei Ausgrabungen sogenannte «Brotlaibidole» entdeckt, deren Sinn und Funktion den Wissenschaftlern zunächst unklar blieb. Ihren Namen haben diese nur wenige Zentimeter großen Objekte durch ihre Form erhalten, die einem manchmal länglichen, manchmal runden Brotlaib ähnelt. Die «Brotlaibidole» stammen ohne Ausnahme aus der frühen Bronzezeit und waren damals, wie die Ausgrabungen beweisen, über ganz Mitteleuropa verstreut. Ob in den Überresten der Pfahlbauten am Bodensee, in frühen Siedlungen Norditaliens und der niederen Donau bis zu Grabstätten in den Karpaten – überall finden sich die rätselhaften kleinen Täfelchen. Auf ihnen sind parallel verlaufende waagrechte Linien zu erkennen, auf denen in regelmäßigen Abständen sich wiederholende geometrische Formen auftauchen.

Brotlaibidole: die Strichcodes der Bronzezeit?

Interessant ist, dass sich nicht nur die Form, sondern auch die logische Anordnung der Beschriftung über ganz Europa hinweg ähnelt. Zunächst vermuteten die Archäologen, es könne sich um eine Art «Talisman» handeln, vielleicht auch um astrologische Zeichen. Doch die große Übereinstimmung so vieler Fundstücke über so große Entfernungen hinweg und die doch sehr an einen Abakus erinnernden Zeichenfolgen auf ihrer Oberfläche brachten sie bald auf eine andere Idee: Waren die auf den «Brotlaibidolen» angebrachten Zeichen vielleicht eine frühe Art der Warenkennzeichnung? Wurden sie als Stempel benutzt? Vielleicht baumelten sie aber auch an bronzezeitlichen Warenkörben wie heutzutage Preisschilder an Kleidungsstücken. Oder handelte es sich um genormte Gewichte, die von allen Stämmen Europas akzeptiert wurden?

Für alle diese Vermutungen gibt es noch keine ausreichenden Beweise, doch es liegt auf der Hand, dass ein wie auch immer gearteter Austausch von Ideen zur Herstellung der «Brotlaibidole» geführt haben muss. Und das zeigt in Verbindung mit ihrem großen Verbreitungsgebiet, dass Europas Völker bereits in der Bronzezeit viel mehr miteinander zu tun hatten als bisher vermutet und dass durchaus Hinweise auf nicht-mündliche Kommunikationswege existieren. Das gilt auch im Bereich der Landwirtschaft für die sogenannten «Sichelmarken». Bei vielen Ausgrabungen fanden Archäologen nämlich bronzene Sicheln, auf denen ein komplexes Zeichensystem eingeritzt war. Im Gegensatz zu den rätselhaften «Brotlaibidolen» konnten diese Zeichen jedoch relativ leicht entschlüsselt werden: Es handelt sich um kalendarische Angaben, die zum Beispiel Mondphasen betreffen und den Bauern auf diese Weise eine Hilfestellung bei Aussaat und Ernte lieferten.

Eine innovative, komplexe und aufregende Welt war es also, durch die der junge Iberer bis nach Stonehenge gereist ist. Mit Sicherheit werden wir in einigen Jahren noch viel mehr über diese erste Blütezeit des europäischen Handels wissen – und vielleicht können wir in diesem Licht auch die Auswirkungen unserer heutigen «Globalisierung» besser verstehen. Technische und gesellschaftliche Neuentwicklungen haben zu allen Zeiten zu großen Umwälzungen geführt. Die Frage damals wie heute ist vor allem: Wie gehen wir damit um?

KAPITEL 9

Massaker im Tollensetal – das älteste Schlachtfeld Mitteleuropas

Es begab sich zu einer fernen Zeit, dass im Ägypten des großen Pharao Ramses II. Unruhe herrschte. Ein ganzes Volk machte sich auf, das Land zu verlassen und eine neue Heimat zu suchen. Der Exodus der Israeliten wird uns in den biblischen Erzählungen des Alten Testaments in den Büchern 2. bis 5. Mose überliefert. Die Mehrzahl der Wissenschaftler ist sich einig, dass – wenn es den Auszug aus dem ägyptischen Exil so gegeben haben sollte – er im 13. Jahrhundert v. Chr. stattfand. Da war die schöne Nofretete schon an die hundert Jahre tot, die Große Königliche Gemahlin von Pharao Echnaton, dem Ketzerkönig, der den Sonnenkult mit Gott Aton in Form einer Sonnenscheibe zur Staatsreligion Ägyptens erhoben hatte. Die Idee der Sonnenscheibe, der Mythos von der Reise der Sonne, vom Lauf des Licht und Wärme spendenden Sonnengestirns über unseren Himmel, war auch im bronzezeitlichen Mittel- und Nordeuropa verbreitet, wie in Dänemark der Sonnenwagen von Trundholm von etwa 1400 v. Chr. zeigt. Ideen, Vorstellungen, Religionen wandern über Tausende von Kilometern auch ohne Internet.

Bewundern können wir im Berliner Neuen Museum Nofretetes uns immer wieder in den Bann ziehende Porträtbüste, gefunden am 6. Dezember 1912 bei Ausgrabungen der Deutschen Orient-Gesellschaft im freigelegten Atelier eines Bildhauers in Tell-el-Amarna. Bemalt ist der mit Stuck überzogene Kalkstein mit einer

Eingeschlagener Schädel von der Tollense-Schlacht. Die Einbuchtung oberhalb der Stirn entspricht genau dem danebenliegenden Holzknüppel.

Kette, die genau einer in Ingolstadt freigelegten Bernsteinkette aus der Zeit ähnelt. Auch der Verschluss hinten am schlanken Hals der Königin sieht gleich aus. Bis in höchste diplomatische Kreise ging und geht die Auseinandersetzung um die von Ägypten geforderte Rückgabe, die von der Stiftung Preußischer Kulturbesitz mit dem Hinweis auf die damalige Fundteilung und den besorgniserregenden Zustand, der einen Transport unmöglich mache, abgelehnt wird. Die Schöne schlug sogar einen Kaiser in ihren Bann: Wilhelm II. war so fasziniert, dass er 1918 ins holländische Exil eine Kopie der Porträtbüste mitnahm. Das Original wurde von einer Versicherung auf 300 Millionen Euro geschätzt.

Nofretetes Stiefsohn, der ob seiner goldenen Totenmaske weltberühmte junge Pharao Tutanchamun (Regentschaft 1332–1323) hieß ursprünglich Tutanchaton und war der Sohn des Ketzerkönigs Echnaton. Allerdings, seine Mutter war nicht Nofretete, die Gemahlin seines Vaters, da sind sich die Wissenschaftler aufgrund genetischer Beweise sicher. An die 80 Jahre ruhte der junge Gottkönig bereits in seiner Grabkammer, als unter der Regentschaft von Ramses II. der Auszug der Israeliten aus Ägypten begann – sollte die Bibel recht haben. Unentdeckt und fast ungestört ruhte Tutanchamun über drei Jahrtausende, bis sich 1922 ein Engländer auf seine Spur machte. Neben Unmengen des Edelmetalls, das Howard Carter beim ersten Blick in die Grabkammer zum Ausruf verleitete: «Gold, Gold, Gold», fand sich noch anderes an «wunderbaren Dingen» (Carter), die dem Neunzehnjährigen auf die weite Reise und zur Ausstattung für das Jenseits mitgegeben worden waren: Ketten und ein wunderschöner Skarabäus, wohl alles aus Bernstein. Leider hat die ägyptische Altertümerverwaltung die Stücke noch nicht untersuchen lassen, um eine hundertprozentige Sicherheit über den schönen Käfer zu erzielen. Wahrscheinlich war das exotische Harz begehrter als Gold, denn es war hier besonders selten – die reichhaltigen Goldminen Nubiens lagen deutlich näher als das Herkunftsland des Bernsteins an der Ostsee.

In der Epoche des großen Ramses also, des vielleicht mächtigsten Pharaos aller Zeiten, der prächtige Tempel, Paläste, ja ganze Städte bauen ließ, zur Zeit des berühmten, oft verfilmten Trojanischen Krieges (wer erinnert sich nicht an Brad Pitt mit seinen künstlichen Muskeln auf den zu mageren Armen?), zur Zeit kurz vor dem Untergang des großen hethitischen Reichs und seiner Hauptstadt Hattuscha, zur Zeit also von Wüstenwanderung und Wundern, etwa um 1250 bis 1200 v. Chr., fand im heutigen Mecklenburg-Vorpommern ein gewaltiges Massaker statt, das womöglich auch mit dem wertvollen Bernstein von der Samlandküste zu tun hatte.

In den Gräbern der Pharaonen hatte man nachgedunkeltes Harz gefunden und – eindeutig identifiziert als baltischer Bernstein – bei ihren Geschäftspartnern, den Königen von Mykene und den Fürsten von Qatna im heutigen Syrien. Aus baltischem Bernstein bestehen auch die Perlen im Handelsschiff von Uluburun, das auf dem Weg zwischen Griechenland und dem Vorderen Orient / Ägypten vor der türkischen Küste sank. Und in den Horten, die auf den windumtobten eisigen Alpenpässen zu Ehren der Götter niedergelegt wurden, befanden sich etliche Ketten aus dicken Bernsteinperlen. Wenn wir die bronzezeitlichen Wege vom Nil weiter gen Norden verfolgen, stoßen wir auf besonders viele freigelegte Bernsteinobjekte im Alpenvorland und im Raum Halle – dort, wo auch der reiche Fürst von Leubingen unter einem mächtigen Hügel bestattet und die Himmelsscheibe von Nebra gefunden wurde.

Was geschah auf den Bernsteinstraßen zwischen Alpen und Ostsee? Verlief der Transport immer so friedlich im Staffelprinzip? Von Hand zu Hand, von Station zu Station wurden die Waren aus dem Süden wie Kupfer und Zinn und aus dem Norden wie Salz und Bernstein immer teurer, die Händler reicher und die Herrscher über Flüsse und Knotenpunkte immer mächtiger und wohlhabender. Gab es keine Kämpfe um die Handelszentren, die Furten über die Flüsse, um «Zölle» und Abgaben, um die Beherrschung der Routen, keine Überfälle auf reiche Karawanen?

Mit Holzkeulen gegen Bronzepfeile

Während in Ägypten der biblischen Überlieferung nach die zehn Plagen toben, ein Volk, von Gotteswundern beschützt, sich auf den Weg ins Gelobte Land macht, packt ein Stamm im Alpenvorland seine Siebensachen zusammen, auch die Frauen und Pferde und – fast genauso wichtig – seine bronzenen Waffen, und macht sich auf den Weg nach Norden, Richtung Ostsee. In keiner Zeile wird uns davon berichtet, in keinem Buch, auf keiner steinernen Stele, durch keine Inschrift in Tempeln und Palästen. Wer im schriftlosen Norden der Bronzezeit hätte sie aufschreiben sollen, die Geschichte von dem langen Marsch durch Mitteleuropa?

Doch während von der Wüstenwanderung gen Kanaan keinerlei archäologischen Belege vorliegen – hatte die Bibel denn recht? –, erreichen uns wie auf einer Litfaßsäule der Vergangenheit Botschaften zumindest vom möglichen Ende des Marsches durch Nordeuropa. Die werden aktuell auf einer der spannendsten Grabungen Deutschlands entschlüsselt. Es waren keine 600 000 Männer plus Frauen und Kinder, auch keine 40 000, wie Wissenschaftler es eventuell für möglich halten, die gemäß Exodus 12,37 zu jener Zeit aus Ägypten auszogen. Aber ein paar Tausend können es gewesen sein, die sich im Donauraum aufmachten. Eine unerhört große Zahl, die quer durch Urwälder, Moore, Sümpfe gen Norden zog. Im Gepäck hatten sie neben den bronzenen Waffen das Wertvollste: Zinn. Das begehrte Handelsgut zur Herstellung von Bronze. Eine global gültige Währung. Und Gold. Im Tollensetal südlich von Greifswald stießen sie wohl auf Einheimische, die einiges gegen die weitgereisten Fremden hatten. Es kam zu einem grausamen Kampf an einer Furt über die Tollense, einen Nebenfluss der Peene, die zur Ostsee führt. Und zum Bernsteinland.

Googelt man die Grabung des Landesamtes für Kultur und Denkmalpflege Mecklenburg-Vorpommerns und der Universität Greifswald, erhält man dazu Tausende von Einträgen. Da der zeitgleiche Trojanische Krieg sich zweifellos griffiger anhört als ein «Tollensescher Krieg», fand man andere martialische Umschreibungen: Der *Deutschlandfunk* berichtet von «Anfängen der organisierten Gewalt», die *Süddeutsche Zeitung* spricht von einer archäologischen Sensation und titelt: «Mit Holzkeulen gegen Bronzepfeile», und *bild der wissenschaft* weiß: «Blutbad vor 3200 Jahren: die Tollense-Schlacht». *Spiegel online* berichtet nach der Entdeckung: «Massaker an der Tollense. Bronzezeit-Gemetzel macht Archäologen ratlos», und spricht von einem «schaurigen Großereignis von überregionalem Ausmaß». *Welt online:* «Europaweit einzigartiger Fund – Erstmals Schlachtfeld der Bronzezeit entdeckt.» *NDR 1 Radio MV* sendet einen Beitrag «Goldgräberstimmung im Tollensetal» über die Ringe aus purem Gold, die in drei Meter Tiefe unter Wasser gefunden wurden, die Bronzespiralen und die ältesten Zinnfunde Europas – neben Waffen und Skeletten.

Das riecht nach einer archäologischen Sensation.

Was war geschehen?

Die Universität Greifswald lädt Ende April 2012 zu einer Pressekonferenz ein unter der Überschrift «Gold und Zinn vom Schlachtfeld der Bronzezeit im Tollensetal»: «Ehrenamtliche Archäologen haben im Sommer 2011 im Fluss Tollense den archäologischen Schatz gefunden, von dem sie schon seit Jahren geträumt hatten.»

Diese erfüllten Träume von Sonja und Frank Nagel, Rügener Unterwasserarchäologen, und Vater und Sohn Borgwardt aus Burow, den örtlichen ehrenamtlichen Mitarbeitern des Landesamtes, wollen wir uns etwas genauer ansehen.

Alles begann mit einer Paddeltour auf der Tollense. Bei Neubrandenburg fließt das schmale, bis drei Meter tiefe Flüsschen aus dem Tollense-See. Dort war ab 1941 auf einer künstlichen Insel eine Torpedoversuchsanstalt der deutschen Marine errichtet worden. Jeder frontverwendungsfähige Torpedo, die Hauptwaffe der U-Boote, wurde hier etwa einen Monat lang fein eingestellt. Da liegt so manches auf dem Seeboden, ein Dorado für Taucher, denn etwa 40 Prozent der Waffen sollen dabei verlorengegangen sein. Und das war kostspielig: Der damalige Wert pro Stück von 50 000 Reichsmark entspricht heute 600 000 Euro. Doch wie viele Menschenleben mögen durch nicht einsatzfähige Torpedos glücklicherweise verschont worden sein!

Die Weltkriegshinterlassenschaften interessieren Sonja und Frank Nagel weniger. Seit Jahren ist zwar der Bereich Weltkriegsarchäologie im Programm der Landesämter, so wie Schlachtfeldarchäologie und sogar KZ-Archäologie, doch was die Forschungstaucher hier im Dienst der Wissenschaft auf dem Grund des Flüsschens entdecken und zum ersten Mal nach über drei Jahrtausenden wieder ans Tageslicht holen, das finden sie allemal spannender. Mäandermäßig schlängelt sich die Tollense 68 Kilometer Richtung Norden durch ein stilles Wiesental, ein altes, hier 400 Meter breites Urstromtal für seinen Lauf nutzend, bis es bei Demmin in die Peene mündet. Biber und Fischotter, Kröten, Eidechsen, Ringelnattern und Kreuzottern leben hier. 729 Insekten- und 740 Pflanzenarten wurden gezählt, 156 Vogel- und 37 Fischarten. Ein ruhiges, unberührtes Stück Natur ohne Masten, Überlandleitungen und Windräder, die den Horizont zerstören. Nur wenn der Wind aus Osten weht, hört man die nahe Autobahn nach Berlin. Unbegradigt, mit natürlichen, zum Teil verschilften und versumpften Ufern ist der Fluss auf ganzer Strecke mit dem Kanu befahrbar. Und das macht es für die Ausgräber so gefährlich, seit die Goldfunde bekannt wurden, denn Raubgräber reagieren auf entsprechende Nachrichten sofort und skrupellos. Die drohenden Strafen sind offenbar immer noch nicht hoch genug.

Hier, am Ort des Sensationsfunds nördlich von Altentreptow, wohl an einer alten Furt, windet sich der Fluss schmaler und schneller durch den modrigen Sumpf, der so perfekt organische Materialien konserviert.

Mit der Einsamkeit und der Stille ist es zumindest an diesem

Abschnitt seit jenem Sonntagnachmittag vorbei, als Hans-Dietrich Borgwardt eine Tour mit dem Schlauchboot unternahm und sich die Abbruchkante etwas genauer ansah. Der Wasserstand ist sehr niedrig an diesem Tag. Aus der torfigen, senkrecht stehenden Uferböschung, ein Stück über der Wasserlinie, ragt horizontal etwas hervor, das kein abgestorbener Ast ist, sondern ein dicker, langer Menschenknochen. Beim Abendessen im trauten Familienkreis erzählt er wenig später ganz trocken: «Da gucken Knochen raus, menschliche.»

Vater und Sohn beschließen, sofort, noch vor der Dunkelheit, erneut zum Fluss zu gehen. Sie waten in der Dämmerung durch das tiefstehende Wasser und entdecken «einen ganzen Haufen Knochen», wie Sohn Ronald berichtet. Am anderen Morgen, einem Montag, fährt Ronald Borgwardt wieder zu der Fundstelle. In Badehose taucht er an der flachen Stelle und findet «alles, was zu Menschen so zugehört».

Schon als Junge ist der Archäologiefan hinaus in die Natur, hat in Kiesgruben Versteinerungen gesucht und im Baggeraushub auch schon mal ein Bronzebeil und andere Altertümer entdeckt. Während die Gleichaltrigen im Westen mit ihren Eltern die Welt bereisten, erkundete man hier in der DDR die Heimat. Doch das war kein normaler Pirschgang an diesem Montagmorgen. Die Funde übertrafen alles bisher Entdeckte. Zwei Stunden sammelt er sorgfältig die Knochen ein, zwei große Einkaufskisten voll. Es nieselt, es ist kalt, er zittert. Doch er ist wie elektrisiert. In seinem «mit Knochen voll bis obenhin» gepackten Wagen fährt er nach Hause, will die Beute seinem Vater zeigen. Dieser denkt, die Menschenknochen würden aus dem Zweiten Weltkrieg stammen. Doch während sie noch überlegen, ob der Pfarrer zu holen sei, und die Kofferhaube öffnen, erblicken sie ganz obenauf das erste Indiz, das zu der archäologischen Sensation führen wird: einen Oberarmknochen, in dem tief im Gelenkende eine Pfeilspitze aus Feuerstein steckt. Und eine Holzkeule, die aussieht wie ein prähistorischer Baseballschläger.

Dass Hans-Dietrich Borgwardt zuerst an Weltkriegsopfer denkt, hat einen guten Grund. Er kennt die Erzählungen älterer Menschen aus Demmin von Anfang Mai 1945. Es war ein ungewöhnlich warmes schönes Frühjahr, alles grünte und blühte, als die 65. Sowjetarmee einmarschierte. Die Nazibonzen hatten sich längst aus dem Staub gemacht. Die Stadt brannte, wurde geplündert, Frauen und Kinder jeden Alters – auch ganz kleine – wurden vergewaltigt. Voller Panik flohen Mütter an die Ufer von Peene und Tollense, einen Rucksack mit Steinen auf dem Rücken, das Baby im Arm, um sich mit ihren Kindern zu ertränken. 1000 Menschen, wird man später schätzen, begingen Selbstmord. Der Massenselbstmord wurde selbst den Russen unheimlich, einige Soldaten zogen die Menschen wieder aus dem Wasser. Ganze Familien verschwanden in den Fluten, vorher hatten sie sich zusammengebunden, damit keiner von ihnen übrigbleibe. Auf dem Bartholomäifriedhof in Demmin steht heute ein Gedenkstein über dem Massengrab mit den tausend Leichen. Doch viele wurden nie geborgen.

Die Invasion der Hirseesser?

Nach der Entdeckung der Pfeilspitze aus Flintstein ist Ronald Borgwardt klar, dass es sich hier um ältere, sehr viel ältere Knochen handeln muss. Heute weiß er, dass er den Fund an Ort und Stelle lassen und die Archäologen hätte rufen müssen. Inzwischen hat er beim Archäologischen Landesamt eine Schulung gemacht und ist ehrenamtlicher Bodendenkmalpfleger, besucht Fortbildungskurse, hat einen Ausweis und spricht von «Notgrabung aus Schutz vor Paddlern», wenn er wieder etwas entdeckt, dokumentiert, freilegt und den Wissenschaftlern vorlegt. Wie

3200 Jahre alter Oberarmknochen mit noch im Gelenk steckender Pfeilspitze aus Feuerstein

bei der Bergung eines über 3000 Jahre alten Holzhammers mit langem Griff. Erst hatte er den Schädel einer etwa dreißigjährigen Frau am Flussufer geborgen – eine Frau auf einem Schlachtfeld? Eine Amazone? Überreste von Pferden wurden auch entdeckt. Er liebt Amazonenromane, sagt er. Direkt darunter lag das Holzgerät, mit dem vielleicht ein Schädel eingeschlagen worden war, der ein Loch mitten über der Stirn hat, in den der Kopf der Waffe passt. Borgwardt erkannte sofort, dass das Holz bearbeitet war, dass es eine hammerartige Waffe war, und er begriff, dass er einen großen Fund gemacht hatte.

«Das ist das Beste, was mir je im Leben passiert ist», sagt er heute. Und beschreibt das Gefühl, morgens barfuß über den warmen torfigen Boden zu gehen, er ahnt, wo die Fundschichten liegen, und wenn dann der Metalldetektor piept, schlägt sein Herz höher. Seine siebenjährige Tochter nimmt er manchmal mit auf seinen offiziellen Begehungen, die sei schon sehr interessiert. Und während eines der ersten Wörter bei Stadtkindern oft «Auto» sei, habe sie schon ganz früh «archäologisch wertvoll» gesagt, schwört Borgwardt. So oft hat sie das zu Hause bei Vater und Großvater gehört.

Ronald Borgwardt berichtet äußerlich ganz cool, wie nebenher und selbstverständlich, von all seinen Funden, die er inzwischen gemacht hat: Menschen- und Pferdeknochen, Waffen aus Flintstein, aus Holz, aus Bronze. Der «Baseballschläger» ist aus Eschenholz, 73 Zentimeter lang, der Hammer, der einem Poloschläger mit 56 Zentimeter langem Stiel ähnelt, aus einem Schlehdornbaum gefertigt.

Er glaubt an einen Treck von 1000 bis 2000 Leuten aus dem Süden, die hier an einem Übergang auf Einheimische stießen. Das würde erklären, dass Frauen dabei waren, bei der großen Schlacht an der Tollense. Er glaubt, dass die Kämpfe direkt am und im Fluss stattfanden. «Das macht keinen Sinn, dass die hier oben auf dem Acker kämpfen und dann die Leichen unten in den Fluss werfen. Und dann noch vom Pferd aus.» Bei Eis sind sie vielleicht eingebrochen, meint er.

War die Tollense einst ein Grenzfluss? Markierte er einen neuen Herrschaftsbereich? Wer waren die Neuankömmlinge, die mit Bronzelanzen gegen Holzknüppel kämpften? Und woher wussten sie von dem Übergang im sumpfigen Tal? Hatten sie einen Führer? Gab es einen Verräter unter den einheimischen Dorfbewohnern? Oder lag hier ein bekannter Handelsknotenpunkt an einer Furt auf dem Weg zur Ostsee, den es zu erobern galt?

Spekulationen ohne Ende. Die Geschehnisse werden sich nie ganz aufklären lassen. Eines ist jedoch sicher: Die Grabungsergebnisse verändern unser Bild von der Bronzezeit.

Wie sind die Fakten? Was sagen die Wissenschaftler? Die sind seit 2008 zur systematischen Erforschung selbst vor Ort. Auf ihre «Hilfssheriffs», die Ehrenamtlichen, wollen und können sie trotzdem nicht verzichten. Die Ämter sind unterbesetzt, die wenigen Wissenschaftler können nicht alle Funde orten und den aus dem ganzen Land kommenden Meldungen nachgehen. Ronald Borgwardt hat an jenem grauen Montagmorgen fast alles richtig gemacht, fotografiert, dokumentiert, nicht weitergebuddelt, um die Fundsituation nicht zu zerstören, und hat die Entdeckung gemeldet. Da konnte noch niemand die Dimension ahnen und dass die Arbeit hier sich zum Ausgrabungs-Hotspot in Deutschland entwickeln würde, seit 2010 gefördert von der Deutschen Forschungsgemeinschaft.

Die Detektivarbeit ist wie ein Puzzle. Zusammengesetzt aus den Forschungsergebnissen verschiedenster Disziplinen. Projektleiter sind der Landesarchäologe Detlef Jantzen (Landesamt für Kultur und Denkmalpflege Mecklenburg-Vorpommern) und Thomas Terberger (Ur- und Frühgeschichte der Universität Greifswald). Doch ohne die Hilfe ihrer vor allem naturwissenschaftlichen Kooperationspartner und der Taucher, deren Träume wahr wurden, rätselten sie noch immer, was hier wohl um das Jahr 1250 v. Chr. geschah, während alle Welt nach Ägypten, Mykene, Troja und Hattuscha schaute. Auf der Grabung sind unter anderem vertreten: Archäozoologie, Paläogenetik, Neurochirurgie, Dendrochronologie, Vegetationsgeschichte und Landschaftsrekonstruktion, und auch Professor T. D. Price von der University of Wisconsin ist mit im Team zur Strontium-Isotopen-Analyse.

Was haben die vier Jahre Forschungen ergeben?

Für die guten Erhaltungsbedingungen der organischen Zeugen einer großen Schlacht gibt es eine Erklärung: Durch die schmelzenden Eiszeitgletscher stieg der Spiegel der Ostsee an, die Zuflüsse wurden zurückgestaut, die Flusstäler vermoorten. Die Gefallenen und ihre hölzernen Waffen wurden von einer wachsenden Torfschicht luftdicht abgeschlossen. Dies ist neben der

Die Taucher Sonja und Frank Nagel, deren Träume wahr wurden, besprechen mit Professor Thomas Terberger (links) die Metallfunde: Zinn, Bronze, Gold

Konservierung auch der Grund für die braune Farbe der Knochen. Selbst kleine Zehen- und Fingerknochen haben sich im Schlamm erhalten. Weit über hundert hingemetzelte Individuen haben die Archäologen vom modrigen Grund des Flüsschens und aus dem nassen Boden unter den Wiesen bisher geborgen. Dabei ist erst ein kleiner Abschnitt systematisch untersucht worden. In den nächsten Kampagnen wird sich die Zahl der Toten noch deutlich erhöhen, da ist man sich sicher. Mehrere hundert Gefallene, vielleicht sogar tausend, die auf einem Schlachtfeld zurückgelassen wurden bei einer Bevölkerungsdichte von gerade einmal drei bis fünf Menschen pro Quadratkilometer: Da muss es um mehr gegangen sein als um ein örtliches Gerangel von Bauern oder Dorfgemeinschaften oder die Abwehr von marodierenden Banden, die auf reiche Beute an Handelswegen aus waren.

Worum wurde hier gekämpft? Und warum wurden die Gefallenen nicht bestattet? Die meisten Toten waren männlich und zwischen 20 und 40 Jahre alt. Die Skelettuntersuchungen zeigen massive Verletzungsspuren. Ein mörderischer Kampf muss hier getobt haben, der sich offenbar über eine weite Strecke hinzog: mit Knüppeln eingeschlagene Schädel, zerfetzte Knochen, von Pfeilen durchbohrt, zertrümmerte Rückenwirbel, durch Lanzen zermalmte Gelenke. Reste von Pferden deuten auf Berittene; bronzene Speerspitzen und bronzene Pfeilspitzen lassen vermuten, dass ein weiterentwickelter Stamm, der bereits über die sehr viel effektiveren Metallwaffen verfügte, auf eine ansässige Bevölkerung stieß, die sich zu Fuß mit Holzknüppeln und mit Pfeil und Bogen mit Feuersteinspitzen wehrte.

Die Isotopenanalyse der Knochen durch Professor Jan Heinemeier aus Aarhus ergab, dass die Eindringlinge offensichtlich reichlich Hirse gegessen hatten. Die ist aber für die Zeit vor 3200 Jahren in Mecklenburg-Vorpommern bislang nicht nachgewiesen. Das könnte bedeuten, dass sie aus dem Südosten oder dem Alpenvorland kamen, wo damals Hirse angebaut wurde. Dafür gibt es ein weiteres Indiz: Es wurden Bronzenadeln freigelegt von einem Typ, der 400 Kilometer weiter südöstlich in Schlesien üblich war. Viele Fragen sind noch unbeantwortet. «Wir sprechen scherzhaft von einer Invasion der Hirseesser», sagt Thomas Terberger und weiß, dass noch jahrelange Arbeit vor ihnen liegt, um das Rätsel des idyllischen Tals zu entschlüsseln.

Goldgräberstimmung im Tollensetal

Hatte ein ganzes Volk seine Heimat verlassen? War es der Klimawandel, eine Nahrungsmittelknappheit, waren örtliche Konflikte um knapper werdende Ressourcen die Ursache für die Suche nach einer neuen Heimat hoch im Norden, im Nebelland, wo der magische Stein gefunden wurde? War es eine Kriegerhorde, die neue Gebiete erobern und damit Handelswege kontrollieren wollte? Auf jeden Fall waren sie reich und trugen außerordentlich wertvolle Güter mit sich, wie die neuen Funde zeigen.

Um 1300 v. Chr. hatte sich das Klima in Süddeutschland deutlich verschlechtert. Lösten Versorgungsprobleme eine kleine Völkerwanderung aus? Die Siedler hier waren Teil eines großen Handelsnetzwerkes vom Tollense-See über die Flüsse Tollense und Peene in die Ostsee. Güter wurden vor allem auf Schiffen transportiert, das Flüsschen, so glauben die Projektleiter Jantzen und Terberger, war ein bedeutender bronzezeitlicher Transportweg. Und der birgt noch viele Geheimnisse.

So kamen Sonja und Frank Nagel zu ihrem erfüllten Traum. Sie wissen, wo sie suchen müssen. Die Skelettteile und das, was die Gefallenen in ihren Taschen hatten, setzten sich vor allem an Biegungen fest, an Sandbänken, großen Steinen, im Ufergestrüpp, und wurden bald vom Torf bedeckt. Nach Dutzenden von Schädeln und unzähligen Knochen bargen sie Metalle, die nicht zu Waffen gehörten, sondern Schmuck oder Tauschwaren darstellen. Drei Meter tief im Schlick fanden die Forschungstaucher Spiralringe aus purem Gold. Vermutlich handelt es sich um – männlichen? – Haarschmuck. Die freigelegten Spiralen aus Zinn dienten wohl als Rohstoffbarren zur Herstellung von Bronze. Und die Bronzespiralen glitzern immer noch wie Gold nach 3200 Jahren.

Die Funde und Befunde sind für die Wissenschaftler auch deshalb eine Sensation, weil es sich hier um das bisher einzig entdeckte bronzezeitliche Schlachtfeld nördlich der Alpen handelt.

Wie ein Feldherr, der dirigiert und alles im Griff hat, steht Thomas Terberger auf diesem jahrtausendealten Schlachtfeld am Ufer der Tollense. Aufmerksam beobachtet er die roten Bojen, die das Arbeitsfeld der Unterwasserarchäologen anzeigen. Immer wieder stapfen sie triefend an Land und breiten auf einer Plane die Funde aus, vor allem moorig dunkelbraun gefärbte Menschenknochen.

Und alles wird sogleich kommentiert: «... kräftiger Oberschenkel ... Hast du noch mehr von den Rippen? ... Da kommt ja eine ganze Wirbelsäule zusammen.» Und: «Man wagt ja gar nicht zu überlegen, was da unten noch alles liegt.»
Die Metallfunde bringen die Wissenschaftler einen großen Schritt voran. Die Menschen hier hatten etwas mit Handel zu tun, ist Terberger sicher. Die Rohstoffe wie Kupfer und Zinn kamen aus dem Süden. Bezahlt wurden sie mit Sklaven, Fellen, Bernstein aus dem Norden. Vielleicht auch mit Frauen. Doch sicher nachweisen als Gegengabe lässt sich im archäologischen Fundgut nur Bernstein.

Flüsse waren nicht nur Grenzen, sondern auch Verbindungswege. Hier, an dem schiffbaren Fluss bis zur Ostsee, lag eine Durchzugsregion für den Handel zwischen Süddeutschland und dem Ostseegebiet. Eine der «Bernsteinstraßen».

Die Anfänge des Krieges in Mitteleuropa

Bei der geringen Besiedlungsdichte lassen die Funde gesellschaftliche Umwälzungen erahnen, die mit der Grabung deutlich werden, meint Thomas Terberger: «Gewalt hat es seit den Anfängen der Menschheit immer gegeben. Aber mit der Bronzezeit hier im Tollensetal gewinnt dieses Kapitel eine neue Dimension. Hier fassen wir zum ersten Mal einen gewalttätigen Konflikt in einem Ausmaß, wie er uns so in der Archäologie bisher nicht bekannt war. Wir befinden uns an der Schwelle der Professionalisierung der Krieger. Erst hiernach treten Metallobjekte wie Schilde, Helme, Brustpanzer auf. Wir fassen hier die Anfänge des Krieges in dieser Dimension in Mitteleuropa!»

Und an noch einer Stelle muss Geschichte neu geschrieben werden. Unser Bild vom bronzezeitlichen Kämpfer stimmt nicht.

Neue Funde vom schlammigen Grund der Tollense. Hunderte, wenn nicht tausend Menschen müssen hier im Kampf ihr Leben gelassen haben.

Aus zeitgleichen reichen Krieger- und vor allem Fürstengräbern kennen wir kostbare Schwerter als Beigaben. Doch die wurden im Kampf gar nicht unbedingt eingesetzt. Das waren Machtinsignien, Würdezeichen des Mannes. Benutzt wurden vor allem Holzwaffen, Pfeil und Bogen. Die waren – selbst für jeden Bauern – schnell und einfach herzustellen. Man ging mit Knüppeln aufeinander los, nicht mit Schwertern. Das zeigt die Schlacht an der Tollense, und das zeigen die in Grabanlagen freigelegten Schwerter mit oft kaum benutzter Schneide.

Inzwischen haben weitere Funde ergeben, dass sich die Kämpfe über mindestens 1,5 Kilometer erstreckten und über Wochen immer wieder aufgeflammt sein müssen. Das deutet auf eine Organisation hin, auf Anführer, Häuptlinge, auf eine Elite. Und die war «global» vernetzt, war in interkontinentalem Kontakt miteinander. Und zwar offenbar, wie der überregionale Konflikt hier zeigt, nicht nur mit friedlichen Geschäften bis zum Nil und nach Afghanistan und mit Heiratsalliancen der Eliten untereinander, mit dem gleichen Geschmack der Oberschichten und Hunger nach Fremdem, Exotischem wie dem Bernstein. Die Fachwelt spricht sogar von einem «internationalen Stil» in der späten Bronzezeit, dem ersten in der Kunstgeschichte, weil Motive, Ornamente, Symbole, Handwerkskunst und -techniken von Deutschland bis in den Mittelmeerraum, das Alte Ägypten und den Vorderen Orient sich ähneln. Es gibt eine Studie der Universität Berkeley, in der von einer «internationalen Design-Sprache» in der Bronzezeit berichtet wird, die eine politische Rolle spielte beim Austausch luxuriöser Geschenke zwischen kleinen und großen Machthabern. So wie Ägypten Gold an den babylonischen König sandte und von ihm als Gegengabe eine seiner Töchter angeboten bekam.

Baltischer Bernstein und ägyptisches Glas für die Fürstin

Zur Bestimmung der weitreichenden Handelsnetze trug auch ein unglaublich wertvoller Hortfund in der Mecklenburgischen Seenplatte bei. Am 17. März 1991 geht eine Meldung bei der Leiterin des Stadtmuseums Neustrelitz ein. Auf einem Grundstück am südöstlichen Stadtrand oberhalb eines ehemaligen kleinen Teiches seien Scherben und Bronzen gefunden worden. Unter reger Anteilnahme der Nachbarn wurden die Fundstücke geborgen. Ein mehrtägiger Dauerregen behinderte die Arbeiten, sodass trotz Sicherung der Fundstelle davon ausgegangen werden muss, dass nicht alles vollständig abgeliefert wurde. Doch auch der gerettete Hortfund kann sich sehen lassen: Deponiert in einem hohen Keramikgefäß lagen 700 bronzene Gegenstände wie Arm- und Halsringe, 180 Glasperlen und 20 Bernsteinperlen, alle aus baltischem Bernstein.

Die einst hellblauen Glasperlen sind der größte bronzezeitliche Glasperlenfund im norddeutsch-skandinavischen Raum. Sie ergeben ohne Zwischenraum auf einen Faden gezogen eine 125 Zentimeter lange Perlenkette. Lange Zeit glaubte man, dass alle im Norden gefundenen Glasperlen aus Ägypten stammen. Inzwischen meinen die Wissenschaftler eine Herkunft aus Süddeutschland, Schweizer Seeufersiedlungen und Norditalien zu erkennen, wo ostmediterrane Vorbilder nachgeahmt wurden. Intensive Handelskontakte in diesen Raum sind belegt. Das Rohglas stammt überwiegend aus dem östlichen Mittelmeerraum. Der Hort muss einer mit außerordentlich hohem Prestige ausgestatteten Persönlichkeit gehört haben. Vielleicht einer Fürstin, denn die

Neustrelitz: Bronzespirale und Perlen aus ägyptischem Glas. Auf einen Faden gezogen ergeben die Perlen eine Kette von 125 Zentimetern Länge.

große spiralverzierte Gürtelscheibe gehört zu einer Frauentracht. Auch hier mögen die Handelsrouten über Fluss- und Seenverbindungen verlaufen sein.

Andere Funde können das bestätigen: Im Raum Parchim wurden Ketten aus Glas- und Bernsteinperlen freigelegt. Im Hügel «Grootkopp» bei Bechelstorf im Landkreis Nordwestmecklenburg wurde ein ganz besonderes Stück ausgegraben: Zierelemente eines Klappschemels, wie wir ihn aus Ägypten kennen. Und der seidene Totenschleier der «Dame von Thürkow» stammt wenn nicht aus China, dann zumindest wohl aus dem Mittelmeerraum.

Horte gelten überwiegend nicht als Verstecke, die nicht mehr aufgesucht werden konnten, sondern als Gaben an die Götter. Das ist kein primitives Verhalten des bronzezeitlichen Menschen. Im Gegenteil. Die dahinterstehende Geisteswelt offenbaren uns die babylonischen Sintflutgeschichten. Die Menschen müssen für die Götter sorgen, sonst zürnen diese. Die Bitten an die Allmächtigen, die «Gespräche» mit ihnen, sind auf Tontafeln erhalten: «Warum hast du mich vernachlässigt? Wer kann dir einen Ersatz für mich geben?» oder: «Was habe ich dir getan? Ich kann vor lauter Kummer nicht einmal meinen Kopf hochhalten.» Da halfen nur wertvolle Geschenke wie Gold, Bronze und Bernstein.

Magie und rituelle Handlungen «zeugen von einem sonst nur in der Naturwissenschaft begegnenden logischen Schema von Ursache und Wirkung», schreibt der Theologe Wilko Teifke im Ausstellungskatalog *Mythos und Magie. Archäologische Schätze der Bronzezeit aus Mecklenburg-Vorpommern.* Und weiter: «Der Mensch versucht durch die Magie auf die Weltzusammenhänge und damit auf das Übernatürliche und Heilige einzuwirken. (...) Der Mensch begibt sich in eine magische Einheit – eine *Unio Magica* – mit dem Numinosen.»

Ob die im Tollensetal gefundenen Gold- und Metallfunde als Handelsware in den Taschen der Kämpfenden transportiert wurden und mit ihnen untergingen oder ob es sich ebenfalls um einen Hort handelt mit der Bitte um einen Sieg oder dem Dank für die erfolgreiche Schlacht, das ist für die Projektleiter Jantzen und Terberger natürlich besonders spannend. Sie fragen immer wieder ganz genau nach, wie, wo, in welchem Verbund die wertvollen Metalle gefunden wurden. Das ist oft schwierig zu beantworten nach 3200 Jahren in einem Flussbett.

Das Handelsnetz, in das die Bewohner des Tals einbezogen waren, war größer als der Machtbereich selbst der größten Pharaonen, Könige oder Fürsten. Über Knoten im Netz wurden die Geschäfte gemacht, wurde Bernstein aus dem Norden getauscht gegen Metalle, Gold und Glas. Die Händler an den Enden der bekannten Welt werden sich wohl nie begegnet sein.

Die aus Feuerstein hergestellten Fischschwanzdolche ahmen bronzezeitliche Waffen aus Metall nach. Sie sind Meisterleistungen der Steinbearbeitung. ➤

KAPITEL 10

Im Land der Nebelgötter – Norddeutschland in der Bronzezeit

Ob der Krieg der Vater aller Dinge ist, wie der griechische Philosoph Heraklit im 5. vorchristlichen Jahrhundert behauptete, oder nicht doch der Handel – wer vermag das zu entscheiden? Vielleicht hielten sich das Streben nach Vorherrschaft und das Streben, materiellen Wohlstand durch Austausch von Waren zu erreichen, schon immer die Waage. Vielleicht sind beide Phänomene der kulturellen Evolution nur zwei Seiten derselben Medaille. Meist besteht ja eine solche aus Metall. Und Metall ist ein gutes Beispiel für die enge Verzahnung und gegenseitige Bedingung von Macht und Handel, von Krieg und Geld – oder einem pekuniären Äquivalent. Faszinierenderweise ist jüngst ausgerechnet ein bauliches Großprojekt, das dem Warentransport dienen soll, zum Vater einer rekordverdächtigen archäologischen Megauntersuchung geworden. Sie öffnet Fenster in viele Epochen deutscher Frühgeschichte – insbesondere auch ins Metallikum, also in Bronze- und Eisenzeit.

Mit der «Schröder-Pipeline» in die Vergangenheit

Auf einer Länge von 440 Kilometern erstreckt sich die im Bau befindliche Trasse der NEL zwischen Lubmin im Nordosten Mecklenburg-Vorpommerns und Rehden nahe Diepholz in Niedersachsen. NEL steht für «Nordeuropäische Erdgasleitung». Sie soll russisches Erdgas nach Westeuropa führen – das größte Pipelineprojekt Europas. 2005 unterzeichneten der damalige Bundeskanzler Schröder und Russlands Premierminister Putin einen Vertrag, der den Megabau besiegelte. Seitdem hat die Leitung ihren Namen weg: «Schröder-Pipeline».

Auf niedersächsischem Gebiet hat das Niedersächsische Landesamt für Denkmalpflege die Koordination einer lückenlosen archäologischen Prospektion, also einer wissenschaftlichen Untersuchung vor Baubeginn, in Angriff genommen. Bereits im Vorfeld war die Trasse luftbild-archäologisch und mit anderen Methoden erkundet worden – insgesamt «weiche Prospektion» genannt. Im Anschluss folgt die «harte Prospektion», womit Suchschnitte und Grabungen gemeint sind. Bis zu 13 Grabungsteams arbeiten auf dem 200 Kilometer langen und bis zu 36 Meter breiten Untersuchungsstreifen. Er zieht sich quer durch Land, das seit der Frühzeit besiedelt ist – die Chance für die Wissenschaftler, mehr als nur einen Blick in die vielschichtige Vergangenheit zu werfen. So rufen sie eines der größten Grabungsprojekte Europas ins Leben.

Dort, wo Funde aufgrund früherer Entdeckungen zu erwarten sind, gehen sie besonders gründlich vor: Sie legen einen sechs Meter breiten Suchschnitt an, und das auf insgesamt 50 Kilometer Länge. Auf den anderen Abschnitten der Trasse überwachen die Grabungsspezialisten das Entfernen der oberen Bodenschichten. Für die Baggerführer bedeutet das, äußerst behutsam zu arbeiten und doch im Zeitplan zu bleiben. Ende 2010 haben die Prospektoren begonnen. Bereits zwei Jahre später soll das Gas erstmals durch die gewaltigen Rohre strömen. Den Archäologen bleiben nur zehn Monate.

Als im April 2011 der Grabungstechniker Jan Stammler nahe Gessel, einem Ortsteil von Syke im Landkreis Diepholz, seine Arbeit aufnimmt, ahnt er nicht, dass er an diesem Tag den Fund seines Lebens machen wird. Sein Suchgerät signalisiert ihm Metall im Boden. Aber das kommt öfter vor. Neben archäologisch Relevantem ist schon alles dabei gewesen – vom Nagel bis zu Hinterlassenschaften des Krieges. Mit großer Vorsicht wird das Erdreich etwa 60 Zentimeter tief abgetragen. Doch der Detektor hat weder auf eine Fliegerbombe noch auf modernen Zivilisationsmüll, sondern auf vier bronzene Nadeln angesprochen. Ganz offensichtlich ein frühgeschichtlicher Fund – schon dies ein schönes Erlebnis. Was jedoch in der Folge aus dem sandigen Boden ans Licht des 21. Jahrhunderts kommt, versetzt das ganze Team in höchste Aufregung: eine goldene Spiralrolle und ein weiteres goldenes Fundstück. Und so, wie es aussieht, steckt da noch mehr im Boden.

Nach langen Untersuchungen und genauer Dokumentation bergen die Grabungsspezialisten den gesamten Fund im Block. Sie stanzen ein 90 x 65 Zentimeter großes Stück aus dem Erdreich und transportieren es nach Hannover in die Werkstätten des Landesamtes für Denkmalschutz. Mit speziellen bildgebenden Verfahren wie der Computertomographie gewinnen die Wissenschaftler Einblick in den wertvollen Klotz. Bald ist klar, dass in ihm eine große Zahl metallener Gegenstände sehr dicht ineinandergepackt steckt.

Der Goldschatz besteht aus 117 Einzelteilen: ein Armreif, ein Wendelring, eine zusammengebogene Fibel und zahlreiche gewickelte Spiralen aus gezogenem Gold, zusammengesteckt zu mehreren Ketten. Bei einem Teil der Spiralen könnte es sich um Gold als Zahlungsmittel handeln – aber das ist bislang nur eine Vermutung. Die Anordnung der Teile und anhaftende Faserreste sprechen dafür, dass der gesamte Schatz einst in einem Leinensack vergraben worden ist. Das Alter wird auf mindestens 3300 Jahre datiert. Ein unbekannter Bronzezeitler hat demnach den Beutel im Erdreich deponiert – glücklicherweise so tief, dass er unterhalb der Pfluggrenze lag. So blieb der «Goldhort von Gessel» mehr als drei Jahrtausende unversehrt.

Er zählt zu den größten Funden dieser Art in Europa. Spannende Ergebnisse der Untersuchungen liegen bereits vor. So haben Analysen ergeben, dass das Gold aus Zentralasien stammt und die Bronzenadeln ihren Ursprung in Südosteuropa haben. Weshalb der Schatz vergraben wurde, ist unklar. Vielleicht war sein Besitzer ein Händler. Dafür spricht, dass Teile der goldenen Artefakte nicht endgefertigt sind, Verzierungen und abschließende Feinarbeiten fehlen noch. Oder ist der Schatz aus rituellen Gründen im Boden versenkt worden, wie es während der Bronzezeit in ganz Europa praktiziert wurde – als Gabe an die Götter? Vielleicht ist die Lösung des Rätsels auch ganz profan, und der Leinensack enthielt Diebesgut, versteckt von einem Räuber oder Plünderer. Erwischt bei einer anderen krummen Tour, konnte der bronzezeitliche Kriminelle seine Beute nicht mehr abholen. Wie auch immer es nun wirklich war – der Goldhort verrät es nicht. Sicher ist jedoch, dass es sich nicht um Naturgold, sondern um eingeschmolzenes Edelmetall handelt – sozusagen «Recyclinggold». Analysen an einem Teil des Schatzes ergaben, dass er Artefakte mit einem Goldgehalt von 90 Prozent und solche mit einem Goldgehalt von 86 Prozent enthält.

Die NEL ist für Archäologie, Geschichtsforschung und alle Interessierten mehr als ein Sechser im Lotto. Noch ehe die Pipeline auch nur einen Kubikmeter Gas von Ost nach West transportiert, versetzt sie uns vom Heute ins Gestern und Vorgestern und Vor-Vorgestern und noch weiter zurück. Wie auf einer Bernsteinkette aufgereiht liegen Fundorte aus der Steinzeit bis zur Neuzeit in Serie auf der Trasse. Mehr als 130 Fundstellen, von denen zuvor 90 Prozent unbekannt waren, belegen 12000 Jahre Kulturgeschichte in Niedersachsen – und mittendrin die Bronzezeit.

Der Schatz von Gessel aus der frühen und mittleren Bronzezeit

Die längste Grabung Deutschlands: 200 Kilometer «harte» Prospektion in Niedersachsen vor der Verlegung der NEL, der Nordeuropäischen Erdgasleitung. Luftbildarchäologen begleiten Planung und Ausführung der Pipelinegrabungen.

ist nicht der einzige Fund, der aus jener Epoche stammt. So wurde bei Eydelstedt im Landkreis Diepholz eine Siedlung aus der späten Bronzezeit am Übergang zur Eisenzeit angeschnitten. Pfostenspuren zeugen von Speicherhäusern und einem dreischiffigen Gebäude. Zahlreiche Keramikscherben bestätigen die Datierung der Dorfreste. Aus derselben Zeit stammen Brand- und Urnengräber, die während der Bauarbeiten an der NEL-Trasse entdeckt wurden, und zwar etwa einen Kilometer östlich von Heiligenloh, einem Ortsteil von Twistringen im Landkreis Diepholz. Auch hier verraten Keramikscherben die zeitliche Einordnung. Alles in al-

Restauratorin Tina Heintges legt im Labor in Hannover den Goldfund von Gessel anhand eines exakten 3-D-Modells des im Block geborgenen Fundes frei.

lem herrschte zur Bronzezeit reges Landleben auf dem Gebiet des Kreises Diepholz. Doch obwohl die reichen Funde Schlaglichter auf die frühen Bewohner werfen, weiß man bis heute wenig über jene Menschen – und das gilt nicht nur für die «Ur-Diepholzer».

Handel bringt Wandel

Die norddeutschen Bronzezeitler sind zwar nicht spurlos verschwunden, wie schon allein die Pipeline-Trasse beweist. Sie waren offenbar tüchtig – auch geschäftstüchtig – und handwerklich begabt, aber sie sind leider nicht auf die Idee gekommen, etwas aufzuschreiben. Alles, was uns Nachgekommenen Auskunft geben kann, sind Funde und Befunde – wie der «Goldhort von Gessel». Er zeigt, dass während der Bronzezeit die Handelsbeziehungen von Norddeutschland aus viele tausend Kilometer weit reichten. Sicherlich gab es noch keine «Global Player» im modernen Sinne. Im Norden lief alles etwas gemächlicher ab. Das lag nicht zuletzt an der zunächst wenig ausgebauten Infrastruktur. Im mediterranen Raum wickelten bereits professionelle Fernhändler ihre Warengeschäfte über große Distanzen via Seefracht oder über Landstraßen und Karawanenwege ab. Aus dem Norden hingegen fanden anfangs Handelswaren nur etappenweise – von Station zu Station – ihren Weg nach Süden. Dieser «Down-the-line-Handel» funktionierte dennoch gut, und zwar in beide Richtungen.

Welche Güter dabei getauscht wurden, kann oft nur vermutet werden: In «Norddeutschland» werden es Felle und Häute, vielleicht Salz, ganz sicher aber Bernstein von Nord- und Ostsee gewesen sein, die unsere Vorfahren gegen wichtige Waren, die sie selbst nicht besaßen, zum «Export» angeboten haben. Auf der Importliste stand Metall ganz oben. Denn als der Mensch lernte, mit Metall umzugehen und es zu nutzen, veränderte dies sein Leben von Grund auf. Bereits am Ende der Jungsteinzeit arbeiteten die ersten europäischen Metallurgen mit Kupfer, Gold und Silber. Doch erst mit der Entdeckung, das relativ weiche Kupfer mit dem härtenden Zinn zu mischen, also eine vorteilhaftere Legierung herzustellen, begann der Metall-Boom. Anders als im Süden fehlten jedoch gerade im norddeutschen Raum erreichbare Erzlagerstätten. Dennoch zeugen zahllose Funde aus ganz Nordeuropa von handwerklich hochentwickelter Metallurgie. Erste bronzene Gegenstände und ein gewisses Know-how müssen also über Handelswege nach Norddeutschland gelangt sein.

Über Ausmaß und Qualität dieser Infrastruktur streiten sich seit einigen Jahren die Gelehrten. Spätestens seit der Ethnologe Hans Peter Duerr 1994 auf der Suche nach der versunkenen Stadt Rungholt im nordfriesischen Wattenmeer mediterrane

Altertümer gefunden haben will, ist die Diskussion vor allem hinsichtlich bronzezeitlicher Schifffahrtsrouten regelrecht aufgeflammt. Tatsächlich bezogen die kontinentalen Bronzegießer Zinn auch aus Cornwall – und das ging nur per Schiff. Tatsächlich fuhren schon vor Beginn der Nordischen Bronzezeit Boote nach Helgoland, um den nur dort vorkommenden roten Feuerstein zu holen. Aber ebenso tatsächlich sind bisher nur relativ wenige Schiffsdarstellungen in Norddeutschland gefunden worden – auf bronzenen Rasiermessern, nicht jedoch auf den zahlreichen, weitverbreiteten Bildsteinen. Das ist seltsam, zumal in Skandinavien Schiffsmotive auch auf Stein zu den gängigen Abbildungen zählen. Vermutlich existierte keine urgermanische Hochseeflotte, doch Küsten- und Binnenschifferei auf Bootsniveau betrieben die Bronzezeitler schon. Der Transport von Gütern über den Wasserweg war angesichts des anschwellenden Warenverkehrs unabdingbar.

Und auch zu Lande waren die norddeutschen Verkehrswege während der Bronzezeit besser als früher angenommen. Bohlenwege und Knüppeldämme führten durch Sümpfe und Moore. Im Laufe der Jahrhunderte bildeten sich Handelswege heraus, an denen sogar befestigte Plätze Sicherheit boten, vor allem entlang der Bernsteinstraßen.

Ganze Perioden der Menschheitsgeschichte wurden nach den jeweils in Kultur und Technik vorherrschenden Metallen benannt. Die Bronzezeit, die auf die jungsteinzeitliche Kupfer(stein)zeit, das Chalkolithikum, folgte, wird für Mitteleuropa auf die Zeitspanne von 2200 bis 880 v. Chr. datiert. Sie ging in die Eisenzeit über. Das sind jedoch nur grobe Richtwerte, denn die Metallurgie ist keine nordische Erfindung. Sie kam, ursprünglich im Nahen Osten entwickelt, aus dem Mittelmeerraum nach Norddeutschland und Skandinavien. Das brauchte seine Zeit. Da das bronzezeitliche Deutschland in geographischer wie geologischer Hinsicht ebenso vielfältig war wie das heutige, bildete es auch damals weder naturräumlich noch kulturell eine Einheit.

Im Süden kamen Neuerungen aus dem mediterranen Raum früher an. Es dauerte Jahrhunderte, bis sich die neuen metallurgischen Kenntnisse bis in die Region der heutigen Gebiete von Niedersachsen, Schleswig-Holstein und Mecklenburg-Vorpommern fortgepflanzt hatten. Um der Vielzahl der kulturellen Gruppen und ihrer Entwicklung in den komplizierten zeitlichen Gefügen Rechnung zu tragen, unterscheidet die Wissenschaft die Datierung der Bronzezeit für die südlichen und mittleren Teile Deutschlands von der für Norddeutschland. Dabei verläuft die Grenze in etwa entlang der nördlichen Ränder der Mittelgebirge. Südlich dieser Linie gilt die zeitliche Gliederung der Bronzezeit nach Paul Reinecke (1872–1958). Dieser Teil Deutschlands stand immer in engem Kontakt mit Oberitalien, den Alpenländern sowie Böhmen, Mähren, Polen und Ungarn, im Westen auch mit Frankreich bis hinauf zu den Niederlanden und nach England. In diesem Bereich wird die Bronzezeit in Früh- (vom Ende des 3. vorchristlichen Jahrtausends bis ins 16. Jahrhundert v. Chr.), Mittel- (16. bis 13. Jh. v. Chr.) und Spätbronzezeit (13. bis 8. Jh. v. Chr.) gegliedert. Nördlich der Mittelgebirgslinie, in Norddeutschland und Südskandinavien, gilt das Periodensystem des schwedischen Prähistorikers Oscar Montelius (1843–1921). Es überspannt den Zeitraum von etwa 1200 Jahren und umfasst sechs Perioden: Periode I (1800–1550), Periode II (1550–1300), Periode III (1300–1100), Periode IV (1100–950), Periode V (950–700) und Periode VI (700–600).

Der Nordische Kreis

Im 19. Jahrhundert steht Oscar Montelius vor demselben Problem, das allen Forschern zu schaffen macht, wenn sie aus einer Fülle von Fakten eine Systematik ableiten und Ordnung ins scheinbare Chaos bringen sollen. Sein Forschungsgebiet sind die bronzezeitlichen Kulturen von Schweden, Norwegen und Dänemark sowie von Norddeutschland, damals Gebiete zwischen der Weser im Westen und der Weichsel im Osten. Montelius fasst sie zu den Kulturen des «Nordischen Kreises» zusammen. Ihm ist klar, dass Geräte und Werkzeuge des täglichen Gebrauchs, aber auch Waffen und Schmuck von den Menschen stets in Richtung bessere Verwendbarkeit, Handhabung und Haltbarkeit weiterentwickelt worden sind. Es müsste sich daher aus dem Fundmaterial die zeitliche Abfolge herauslesen lassen. Das klingt schlüssig und einfach, hat es aber angesichts der Vielzahl und Verschiedenheit der Objekte in sich.

Doch Montelius lässt sich nicht entmutigen. Er zieht Hortfunde und Grabbeigaben für seine Arbeit heran. Der Vorteil: Die verschiedenen Stücke dieser Funde sind jeweils zur selben Zeit am Fundort abgelegt worden. So stammen nicht alle Gegenstände beispielsweise aus dem «Goldhort von Gessel» aus exakt derselben Zeit, wurden aber zumindest gleichzeitig in dem Leinensack vergraben. Einen solchen Hort wie auch entsprechende Grabfunde bezeichnet Montelius als «geschlossenen Fund». Der Vergleich mehrerer geschlossener Funde müsste also den zeitlichen Verlauf erkennen lassen. Vor allem an bronzenen Beilen, Schwertern, Gewandfibeln und Gürteldosen ermittelt er in jahrelanger Fleißarbeit den Ablauf der Formveränderungen. Welche Art von Beilen kommt gleichzeitig mit welcher Art von Fibeln vor? Was verraten andere Fundstücke wie Keramiken, und welche Rückschlüsse lässt der jeweilige Gesamtbefund zu? Tatsächlich gelingt es Montelius mit seiner «Typologische Methode» genannten Arbeitsweise, Entwicklungslinien nachzuzeichnen und sogar Funde Jahreszahlen zuzuordnen. 1885 veröffentlicht der Schwede das Ergebnis seiner Vergleichsstudien in seiner bahnbrechenden Publikation *Om tidsbestämning inom bronsaldern med särskild avseende pa Skandinavien* – ein Meilenstein der Bronzezeit-Forschung in Norddeutschland und Südskandinavien. Seither sind das sechsstufige Periodensystem der Nordischen Bronzezeit und der Terminus «geschlossener Fund» anerkannte Bestandteile der vor- und frühgeschichtlichen Wissenschaft.

Während der frühen Bronzezeit Mitteleuropas herrschte in Norddeutschland noch tiefste Steinzeit. Im Alpenraum hingegen, in der Ungarischen Tiefebene und auch in Spanien quälten sich bereits die ersten Bergleute ins Gestein, um Kupfererze abzubauen. Meist nutzten sie dabei sogenannte Ausbisse – Stellen, an denen Erzadern an geologischen Bruchkanten oder an Abhängen von Flusstälern an die Oberfläche treten. Welcher Mitteleuropäer als Erster den neuen Beruf des Bronzeschmiedes ergriff, liegt in den Rauchschwaden der frühen Schmelzfeuer verborgen. Vermutlich hat ein findiges Mitglied der Aunjetitzer Kultur die Zauberformel 90 x Cu + 10 x Sn herausgefunden: 90 Prozent Kupfer und 10 Prozent Zinn ergeben die beste Bronze. Vielleicht hatte er sein Wissen aber auch nur auf unbekanntem Weg aus erfahrener Quelle abgestaubt.

Die Aunjetitzer Kultur hatte ihren Einflussbereich von ihren Kernländern in Böhmen, Mähren und Niederösterreich bis in das östliche Niedersachsen, nach Sachsen-Anhalt, Thüringen und Sachsen ausgeweitet. Auch das nördliche Harzvorland gehörte zum Siedlungsgebiet der Aunjetitzer. Sie bewohnten kleine Dörfer und lebten hauptsächlich von Ackerbau und Viehzucht. Doch sie hatten auch Zugriff auf Kupfervorkommen in Harz, Fichtelgebirge, Vogtland und Erzgebirge. Sogar das in Europa sehr seltene Zinn lag in ihrem Territorium vor. Vermutlich haben sie es aus Fluss-Sanden gewaschen. Ob sie tatsächlich Bergbau betrieben haben, ist noch nicht ganz sicher. Tatsächlich aber praktizierten sie im Vergleich zu anderen Kulturgruppen ihrer Zeit sehr früh den Kupfer- und Arsenbronzeguss und gewannen darin großes Know-how. Von dort ist der Schritt zur Kupfer-Zinn-Legierung nicht weit.

Teils waren geniale Schmiede am Werk, die hochwertige

Prunkwaffen wie Doppeläxte, Vollgriff- und Stabdolche herstellten. Welchen Grad an Perfektion einige Kunstschmiede dieser Kulturgruppe erreichten, zeigt eindrucksvoll die «Himmelsscheibe von Nebra», die älteste astronomische Himmelsdarstellung der Welt. Aus welcher Zeit der Jahrhundertfund wirklich stammt, war zunächst ein Rätsel. Die präzise C-14-Methode schied aus, weil die verarbeiteten Materialien keinen Kohlenstoff enthielten. Das wahre Alter der Scheibe vom Mittelberg bei Nebra, die vom Landesarchäologen von Sachsen-Anhalt, Harald Meller, für die Forschung gesichert wurde, verriet erst ein unerhörter Glücksfall. An einem der Schwerter aus dem Beifund fand sich ein winziger Holzrest, der datiert werden konnte: und zwar auf ein Alter von 3500 Jahren – Bronzezeit.

Von den Aunjetitzern gelangten Wissen und Waren zu den weiter nördlich lebenden Stämmen. Diese zogen mit ihrem Vieh durch Mecklenburg-Vorpommern. Sie waren nicht sesshaft, besaßen aber offenbar bronzene Gegenstände. Das beweisen entsprechende Funde. Doch sonst ist über Siedlungsweise, Hausbau und Lebensverhältnisse dieser Stämme nur sehr wenig bekannt. Im westlichen Norddeutschland, also in den nördlichen Teilen Niedersachsens, lebten zur selben Zeit späte Vertreter der Glockenbecherkulturen. Kupfer- und vor allem spektakuläre Goldgegenstände sprechen für gute Beziehungen zu Stämmen auf den Britischen Inseln und für Warenströme von den anglo-irischen frühbronzezeitlichen Metall-Lieferanten. In den Gebieten des Nordischen Kreises behalf man sich derweil noch mit steinernen Materialien.

Dabei allerdings erreichte man eine nie zuvor und auch später nie gekannte Perfektion. Feuerstein ist ein Material, das an den Gestaden der Ostsee im Überfluss vorkommt. Große Flintknollen bis zu einem Meter Durchmesser liegen am Strand zusammen mit anderen Geröllen, die die Gletscher in Hunderttausenden von Jahren an die Steilküsten der Ostsee transportierten. Die Entstehung von Feuerstein oder – wie er auch genannt wird – Flint oder

Silex aber ist noch nicht vollständig geklärt. Die gängigste Theorie ist diejenige, dass in den urzeitlichen Meeren, die vor vielen Millionen Jahren die Erde bedeckten, Plankton mit seinen Skeletten aus Kieselsäure, chemisch SiO_2, lebte. Dieses Plankton sank beim Absterben auf den Meeresgrund und lagerte sich als Schlammschicht ab. Die kieselsäurereichen Teile bildeten im Laufe der Zeit knollenartige, zunächst noch weiche Gebilde, die schließlich aushärteten und später zu den typischen Feuersteinknollen wurden. Sie sind überall dort in den Küstensedimenten eingebettet, wo Gletscher mit ihren gewaltigen Kräften die Landschaft formten. Als eiszeitliches Geschiebe reicht ihr Vorkommen in der norddeutschen Tiefebene aber nur bis an den Harzrand heran, steht also nur nördlich dieser sogenannten Feuersteinlinie zur Verfügung.

Das Besondere an diesem Stein ist seine kalkulierbare Brüchigkeit. Durch gezielte Schläge mit einem Schlagstein oder Geweihwerkzeug lassen sich – vergleichbar mit Glas oder Obsidian – plattige, flache Späne rundlicher oder länglicher Form von der Knolle abspalten, die so in die gewünschte Form gebracht wird. Aber auch die Abschläge lassen sich nutzen, da ihre Ränder so extrem scharf sind, dass sie Fleisch oder Leder mühelos durchschneiden.

Die steinzeitlichen Menschen der nordeuropäischen Gefilde haben diese Techniken so perfektioniert, dass sie am Anfang der Bronzezeit wahre Meister in der Herstellung steinerner Werkzeuge und Geräte waren. Und dies nutzten sie, um bronzene Gerätschaften wie Sicheln oder Dolche zu kopieren, als das Metall noch knapp war. Zunächst wurden die frühen Bronzedolche, die in Mittel- und Süddeutschland schnell weite Verbreitung fanden, daher in Stein nachgebildet. Sie hatten eine dreieckige Grundform. Das Pendant in Feuerstein imitierte sogar Gussnähte, die auf dem Griff der bronzenen Vorbilder vom Herstellungsprozess übrig blieben. Aufgrund des typischen, seitlich ausschweifenden Griffendes heißen diese Waffen Fischschwanzdolche.

Als Schwerter in Gebrauch kamen, die denen der Beifunde

der Nebrascheibe gleichen, wurde eine andere Kopiertechnik angewandt. Die Grundform der Schwerter wurde nun zunächst in Holz nachgeschnitzt. Griff, Spitze und Seiten aber bestanden aus Feuerstein. Die extrem scharfen, zugerichteten Silexklingen wurden mit organischen Klebern in vorgefertigten Nuten des Holzes befestigt, sodass eine umlaufende scharfe Schneide entstand.

Ob diese Schwerter wirklich tauglich waren für den Kampf, ist eine andere Frage. Sicherlich hätte man auch damit töten können. Aber das war vielleicht gar nicht beabsichtigt. Denn auch die bronzenen Schwerter sind wahrscheinlich nur Statussymbole gewesen, die ihre Besitzer – in der Regel Männer – aus der Masse hervorheben sollten und weitreichende Kontakte, Reichtum und Kenntnis der Welt im Süden symbolisierten.

Die meisterhafte Technik der frühbronzezeitlichen Steinschläger geriet beim Vormarsch der Bronze langsam in Vergessenheit. In der Neuzeit vom 16. bis zum 19. Jahrhundert wurde der Flint in Steinschlossgewehre und -pistolen eingebaut, wo er zur Erzeugung des Zündfunkens diente und so das Schwarzpulver zur Explosion und die Geschosse auf ihren Weg brachte. Der Begriff *Flins* bezeichnete im Althochdeutschen einen Steinsplitter. Daher der Name Flinte. Außerdem wird zermahlener Feuerstein in moderner Zeit wegen seiner reflektierenden Eigenschaften in Straßenbelägen und Markierungen verwendet oder dient als Schleifmittel. Auch heute noch gibt es Klingen aus Feuerstein: In der Schönheitschirurgie werden kleine, aus Feuerstein gefertigte Klingen für Skalpelle eingesetzt, da sie bei gleicher Schärfe gegenüber Metall andersartige Wundränder hinterlassen, die schneller und besser heilen als die mit kaltem, exaktem Stahl geschnittenen.

Die alte Technik der Steinbearbeitung aber ist heute nur noch etwas für Experimentalarchäologen wie den Schleswiger Harm Paulsen. Er braucht mit seiner mehrjährigen Erfahrung für die Herstellung eines Fischschwanzdolchs etwa einen Tag.

Aber nicht nur die ersten steinernen Kopien der begehrten neuen Waffen lehnen sich erstaunlich eng an ihre Vorbilder an. Auch

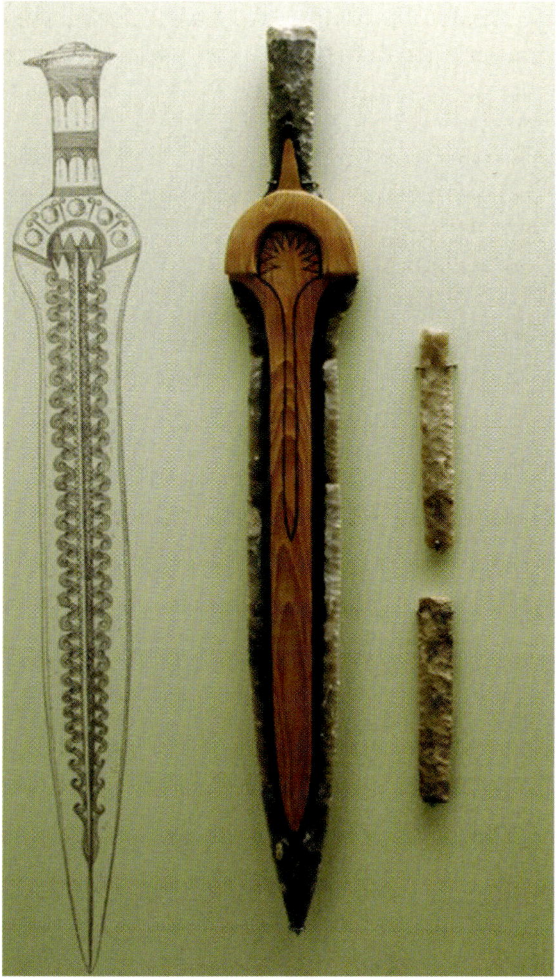

Vorbild und Imitation: Bronzeschwerter aus dem Süden (Zeichnung links) wurden von den Menschen in Norddeutschland in Holz und Stein kopiert (rechts).

die später in Bronze gegossenen Objekte sind teilweise kaum von den Originalen aus dem Süden zu unterscheiden. Gleichzeitig kommt hier der enge Kontakt zum Ausdruck, den die norddeutschen Siedler mit den südlicher gelegenen Nachbarn pflegten und der vermutlich vor allem auf Handel beruhte.

Als Tauschmittel gelten Pelze, landwirtschaftliche Güter, Feuerstein, Sklaven und natürlich Bernstein. Denn irgendwie musste die im Norden fehlende Bronze ja bezahlt werden. Zusätzlich stieg der Bronzebedarf einerseits durch ansteigende Bevölkerungszahlen, andererseits dadurch, dass bronzene Beigaben in Gräbern die Verfügbarkeit des Rohstoffs auf dem Markt wieder verknappen ließen. Und es schürte eine Art Abhängigkeit von den metallreichen Kulturen. Der Zusammenbruch der Aunjetitzer Kultur in Mitteldeutschland kurz nach Vergraben der Nebrascheibe um 1600 v. Chr. zum Beispiel machte eine Neuorientierung der Menschen des heutigen Norddeutschlands und Skandinaviens nötig. Nun wandte man sich zum Handeln verstärkt Richtung Süden, und die Warenströme verlagerten sich in den Bereich der Hügelgräber- und Urnenfelderkultur Süddeutschlands, wie zahlreiche Fertigprodukte aus diesen Regionen in norddeutschen Gräbern und Hortfunden zeigen.

Die Nordische Bronzezeit begann in Norddeutschland um 1800 v. Chr. mit Periode I. Selbst in so entlegenen Gegenden wie der Ostseeinsel Usedom hielt das neue Metall sehr bald Einzug. Erze gab es auf Usedom nicht. Doch die frühen Insulaner unterhielten offenbar schon gute Fernbeziehungen zu Erzlieferanten. Sie importierten Kupfer und Zinn und stellten ihre eigenen Bronzeartikel her. Mit Bernstein verfügten sie über ein begehrtes Zahlungsmittel. Das fossile Harz dürfte die Währung gewesen sein, in der sie die wertvollen Importgüter bezahlt haben.

Ein Hortfund bei Zinnowitz auf Usedom aus einer späteren Periode zeugt von den Fähigkeiten der Usedomer Schmiede. Neben diversen Arbeitsgeräten enthielt der Hort auch Ringe, Armreifen und einen Doppelknopf. Zweifellos sind zumindest einige Insulaner zu beachtlichem Wohlstand gelangt – den sie letzten Endes dem Bernstein zu verdanken hatten.

Wir verdanken Hortfunden wie dem von Zinnowitz unsere Kenntnisse über die Menschen jener Zeit. Ob im Boden vergraben wie der Schatz von Gessel oder in Mooren, Wasserläufen oder Teichen versenkt – ohne diese Hortfunde und die Gräber mit ihren Beigaben wüssten wir Heutigen kaum etwas von den «Nordlichtern» jener Epochen. Insbesondere in Norddeutschland konnten bislang nur vereinzelt Hausgrundrisse und andere Spuren von Siedlungsplätzen freigelegt werden. Doch gerade diese Spuren können wichtige Informationen zu Wirtschafts- und Sozialstrukturen jener frühen Gesellschaften liefern. Umso bedeutender sind somit die Hortfunde. Doch paradoxerweise rätselt die Wissenschaft immer noch, was es mit den zahlreichen versteckten Schätzen auf sich hat. Sie teilen viel mit über Handwerk, Handelsverbindungen, Alltags- und Waffentechnik, auch über den Wohlstand zumindest einiger Personen. Aber darüber, was die Menschen dachten, was sie glaubten, welche religiösen Vorstellungen sie hatten, wie sie miteinander umgingen – darüber schweigen sie sich weitgehend aus.

Im Zeichen der Sonne

Viele Hortfunde sind in der Vergangenheit ohne wissenschaftliche Dokumentation der Fundsituation und ohne systematische Erfassung der Befunde geborgen worden. Das schwächt ihre Aussagekraft. Deponiert wurde von Gussabfällen über Beile und Waffen, Gerätschaften des Alltags und Schmuck bis hin zu Musikinstrumenten ein breites Spektrum von Gegenständen. Außerdem bestanden längst nicht alle Hortobjekte aus Metall – in der Regel Bronze oder Gold. Viele Gegenstände in den Depots waren aus Stein, Holz oder Knochen gefertigt. Allerdings waren die Lagerungsbedingungen oft nicht optimal, sodass gerade Teile aus organischer Substanz vergingen oder stark beeinträchtigt wurden.

Archäologen neigen heute zu der Auffassung, viele Horte seien dem Erdboden oder dem Wasser übergeben worden, nachdem sie im Rahmen ritueller Handlungen benutzt wurden und anschließend nicht mehr im profanen Alltag verwendet werden sollten. Doch über die religiösen Vorstellungen der Menschen des Nordischen Kreises weiß man wenig. Da viele Gegenstände mit runden Verzierungen versehen sind, die als Sonnensymbole gedeutet werden, vermuten Forscher einen Sonnenkult in Norddeutschland. Der weltberühmte Sonnenwagen von Trundholm, der 1902 von einem dänischen Bauern beim Pflügen auf Seeland im Trundholmer Moor entdeckt wurde, weist deutlich in diese Richtung, zumal die Beziehungen zwischen den norddeutschen und den dänischen Stämmen eng waren und die Glaubenswelten sehr ähnlich gewesen sein dürften. Auch aus Ostfriesland ist ein ähnliches Objekt bekannt.

Im März 1910 sticht ein gewisser Vitus Dirks Torf im Südbrookmerland bei Aurich. Plötzlich trifft er auf etwas Seltsames: Eine sehr dünne metallene Scheibe steckt in der braunen organischen Masse. Doch der einfache Mann kommt gar nicht auf die Idee, dass er im Torf auf einen wahren Schatz gestoßen sein könnte. Er lässt zunächst seine Kinder mit dem Objekt spielen, ehe er das Stück als Altmetall verkauft. Dann erhält das Landesmuseum in Hannover Kenntnis von dem Fund und erwirbt ihn im Jahr 1926. Die 14,5 Zentimeter große Scheibe wird auf Periode II der Nordischen Bronzezeit datiert. Sie besteht aus hauchdünnem Goldblech. Mit zwei Laschen versehen, zeigt sie ein von der Rückseite eingetriebenes Radialstrahlenmuster, das als Sonnendarstellung interpretiert wird. Vermutlich war die Goldscheibe einmal auf einer stärkeren Bronzescheibe montiert, ähnlich der goldenen Scheibe auf dem Sonnenwagen von Trundholm.

Bereits ein Jahr später nehmen Wissenschaftler den Fundort bei Moordorf genau unter die Lupe. Das Gelände ist längst abgetorft. Die Untersuchungen lassen auf einen etwa 75 Zentimeter hohen Hügel schließen, der sich einst über einem 2,3 Meter langen und 57 Zentimeter breiten Grab gewölbt hat. Vielleicht ist das als

«Sonnenscheibe von Moordorf» berühmt gewordene Kunstwerk eine Grabbeigabe gewesen. Sie erinnert an ähnliche Objekte aus dem irischen Raum. Doch die Analyse ihres Goldes gibt Rätsel auf. Das Edelmetall ist mit keiner in Mitteleuropa gängigen Sorte in Übereinstimmung zu bringen. Vermutlich stammt es aus dem östlichen Mittelmeerraum. Waren Austausch und Handel doch intensiver als bisher angenommen?

Wie auf dem Gebiet der Steinbearbeitung erlangten die Handwerker des Nordens auch in der Bronzeherstellung schnell eine Fertigkeit, die der der südlichen Nachbarn in nichts nachstand.

So beherrschten die Nordleute den Guss von besonders dünnwandigen Schalen, während die Träger der Hügelgräberkultur ihre Gefäße in Treibtechnik herstellten. Diese gelten im Norden daher als Importe.

Auch die Schatzkammer von Schloss Gottorf ist voll von solchen Schalen und anderen Gegenständen wie Arm- und Halsringen, Nadeln oder Gürtelhaken. Sie bestehen aber aus dem wertvollsten aller Metalle: Gold. Vieles davon aus der Bronzezeit, gelagert hinter einer Hochsicherheitstür, die nur vom Direktor des Archäologischen Landesmuseums Claus von Carnap-Bornheim und seiner Magazinleiterin Ingrid Ulbricht gemeinsam aufgeschlossen werden kann – zwei verschiedene Schlüssel für zwei verschiedene Schlösser.

Goldene Scheiben, Ringe, Gürteldosen, verziert mit den typischen radialen Mustern und Kreisaugen liegen fein säuberlich aufgebahrt in einem Schubladenschrank. Sie symbolisieren die Sonne, die sich im blank polierten Metall perfekt spiegelt. Kein Wunder, dass der Sonnenkult und das Gold direkt miteinander verbunden sind.

Woher das Gold stammt, ist allerdings noch unklar. Es könnte zusammen mit den eingestanzten Symbolen aus dem Süden herangeschafft worden sein. Denn von dort kommt das in der Nordischen Bronzezeit so weit verbreitete Motiv der Doppelspirale. Zusammen mit dem neuen Metall: der Bronze. Es ist anzunehmen, dass nicht die Rohstoffe selbst, also Kupfer und Zinn, direkt in den Norden verhandelt wurden und hier erst zur begehrten Legierung zusammengefügt wurden. Vielmehr scheint die Bronze in Barrenform oder als Altmetall hierhergelangt zu sein. Im Norden wurde sie dann eingeschmolzen und in neue Formen gegossen. Allerdings sind zumindest die frühen Funde ihren Vorbildern noch zum Verwechseln ähnlich. Erst im Laufe der Zeit kam es zu eigenen Kreationen. Vielleicht verlangten auch die nordischen Eliten eine eigene Formgebung und Verzierung, um sich von anderen Herrschern abzusetzen.

Sicher ist aber, dass es diese Neureichen der Bronzezeit gegeben hat. Denn in den mächtigen Grabhügeln liegen mächtige Leute. Auch sie sind mit goldenen Beigaben ausgestattet. So fanden sich in einem Grabhügel bei Hüsby nahe Schleswig gleich zwei Bestat-

Diese kleine Axt aus Bernstein konnte nicht wirklich benutzt werden. Sie war als Grabbeigabe eines Bronzezeitlers nur ein Prestigeobjekt als Ausdruck seines Reichtums.

tungen, die offenbar in einem Abstand von wenigen Jahren angelegt worden sind. Beide Gräber enthielten goldene Gegenstände: das ältere Grab 1 einen Dolch und eine Nadel aus Bronze, dazu zwei kleine goldene Spiralen, die als Schläfenringe gedeutet werden. Das zweite, jüngere Grab war noch reicher ausgestattet. Hier fanden die Archäologen ein Schwert, eine Lanze, ein Beil, Gürtelhaken, einen Feuersteindolch, ein Rasiermesser zusammen mit einer Pinzette, eine Fibel, eine Gewandnadel und goldenen Armschmuck. Die goldenen Gegenstände beider Gräber zeigen erstaunlicherweise keinerlei Abnutzungsspuren. Sind sie also extra für die Bestattung hergestellt worden? Um die Zeremonie der Beerdigung noch pompöser zu gestalten und den Verstorbenen als reichen Mann von hohem sozialem Rang darzustellen? Und den Erben ebendiese soziale Stellung, vielleicht auch einen Machtanspruch zu sichern?

Ein weiterer Grabhügel in der Nähe von Hüsby – nur ein weiterer von insgesamt mehr als 150 Stück in der Umgebung Schleswigs – enthielt neben zwei Armringen aus Bronze und einem aus Feuerstein und Schwefelkies bestehenden Feuerzeug auch eine Bernsteinperle. Neben dem sonst üblichen Schmuck aus Bernstein gab es zudem Objekte, die für ihre ursprüngliche Funktion gar nicht taugten. Griffe von Pfriemen zum Durchlochen von Leder, Tassen oder auch eine Axt aus Bernstein waren sicherlich nicht verwendbar, unterstrichen aber als Luxusgüter den Status der Besitzer. Wieder ein klares Zeichen, dass dieses etwas andere Gold genauso zu den Luxusgütern zählte wie das echte Edelmetall. Oder zeigt es nur an, wodurch die Toten reich geworden waren? Waren es Bernsteinhändler, die mit dem magischen Harz im Fernhandel bezahlten?

Insgesamt wurde Nord- und Ostdeutschland während der frühen Periode der Nordischen Bronzezeit aus verschiedenen Richtungen beeinflusst: im Westen von den Britischen Inseln und den Glockenbecherleuten, im Osten von den Aunjetitzern und in der Mitte von beiden Kulturkreisen. Im Übergangsbereich westlicher und östlicher Einfluss-Sphären tauchte um 1600 v. Chr. ein Kulturkreis auf, der in Gebieten von Jütland über Niedersachsen bis nach Thüringen angesiedelt war: der sogenannte Sögel-Wohlde-Kreis. Benannt nach Sögel, einer Stadt im Emsland, und Dohnsen-Wohlde im Landkreis Celle, steht diese Kulturgruppe für eine bestimmte Art der Grabhügelbestattungen mit typischen Grabbeigaben. Auch in den anderen Teilen Norddeutschlands setzten sich später Grabhügel als eine weit verbreitete Form der Sepulkralkultur durch. Allerdings hielten manche Regionalgruppen an anderen Formen der Körperbestattung – etwa Beisetzung in Flachgräbern – fest. Diese «Hügelgräberkultur» des Nordens unterscheidet sich in mancherlei Hinsicht von der Hügelgräberkultur der südlicheren Gebiete zwischen Frankreich und Ungarn und wird von mehreren regionalen Gruppen gebildet wie etwa der Lüneburger Gruppe oder der Vorlausitzer Gruppe. Allen gemeinsam ist das Errichten eines Hügels über der Grablege.

Hügel der Häuptlinge

Die bronzezeitlichen Grabhügel prägen bis heute viele Landschaftsteile von Niedersachsen, Schleswig-Holstein, Mecklenburg und Vorpommern, aber auch anderer Länder des Nordischen Kreises, vor allem Dänemarks. Diese Erdbauwerke verraten einerseits durch die in ihnen geborgenen Grabbeigaben und andererseits durch ihren erheblichen Erstellungsaufwand manches Detail ihrer Erbauer.

Die Errichtung eines Hügelgrabes kostete viel Zeit und Arbeitskraft. Daher wurde nur den Reichen und Vornehmen die Ehre zuteil, die letzte Ruhestätte unter einem «Tumulus», einem Grabhügel, finden zu dürfen. Zunächst musste ein Eichenstamm zugearbeitet und ausgehöhlt werden. In diesen Natur- oder Baumsarg legte man den Leichnam samt Kleidung und verschiedenen Gegenständen. Der Tote war in Felle oder wollene Tücher gehüllt. Neben Werkzeugen und Objekten des täglichen Bedarfs wurden Männern Waffen und Frauen Schmuck beigegeben. Aus den Unterschieden in Ausstattung und Beigaben des Grabes lässt sich die fortgeschrittene soziale Differenzierung der damaligen Gesellschaft ablesen. Der Eichensarg lagerte auf einer länglichen Steinsetzung. Überbaut wurde er mit Material der jeweiligen Gegend. Schüttungen aus Sand, Lehmboden oder Kies waren ebenso möglich wie das Aufschichten von Heideplaggen – mit der bewachsenen Seite nach unten – oder Grassoden.

Meist lagen die Grabhügel nahe den Siedlungen, wie Scherben und Feuersteine in mancher Aufschüttungsmasse zeigen. Für den Bau eines Grabhügels auf der dänischen Insel Fünen stachen die Arbeiter 650 000 Grassoden auf einer Fläche von sieben Hektar aus. In Mecklenburg buk man da meist kleinere Brötchen. Hier haben die Tumuli einen Durchmesser von etwa sieben bis zu 40 Metern und eine Höhe von ungefähr einem knappen Meter bis zu vier Metern. Doch auch für eine vergleichsweise bescheidene Sieben-Meter-Anlage haben Archäologen einen Arbeitsbedarf von 26 Stunden für fünf Personen errechnet. Schätzungen zufolge konnte ein Mann mit seinem hölzernen Spaten pro Tag zwischen drei und vier Kubikmeter Erdreich bewegen. Diese Arbeitskräfte mussten freigestellt werden und konnten sich an der Erfüllung der täglichen Aufgaben, beispielsweise in der Landwirtschaft, nicht beteiligen – ein Luxus, den sich die bronzezeitlichen Gesellschaften offenbar leisten konnten.

Im Zuge der Umstellung auf Bronze hatte sich die Gesellschaft deutlich verändert. Ganz neue Berufe waren im Umfeld der Metallurgie entstanden. Und ganz neue soziale Schichten hatten sich herausgebildet. Bernstein- und Erzhandel sowie das Geschäft mit der Bronze hatten Reichtum geschaffen – doch nur für einen kleinen Kreis. Längst nicht jeder Dorfbewohner wurde so beigesetzt.

Für den kleinen Mann gab es die kleine Lösung: einfaches Erdgrab oder Brandbestattung. Die Reichen und Mächtigen hingegen ließen sich auch in Norddeutschland unter stattlichen Tumuli zur letzten Ruhe betten bzw. in späteren Perioden als Asche beisetzen. So maß ein Grabhügel in Wendelstorf im Landkreis Bad Doberan 30 Meter im Durchmesser und vier Meter in der Höhe. So eindrucksvoll solche Bauwerke auch sind – in der Neuzeit ging man wenig respektvoll mit ihnen um. Von den schätzungsweise 40000 bronzezeitlichen Grabhügeln Mecklenburg-Vorpommerns sind höchstens zehn Prozent erhalten. Viele mussten Landwirtschaft und Straßenbau weichen, andere wurden als Quelle von Baumaterial abgetragen. So auch das «Königsgrab von Seddin» in Brandenburg.

Am Morgen des 15. September 1899 machen sich zwei Männer auf den Weg zum «Hinze Berg». Der Sage nach soll in diesem Berg ein König namens Hinz in einem dreifachen Sarg ruhen. Aber daran glaubt hier niemand mehr. Seit 1850 liefert diese Erhebung südwestlich des Dorfes Seddin im heutigen Landkreis Prignitz den Menschen der Umgebung Steine. Auch die beiden Arbeiter wollen aus dem Hügel das begehrte Baumaterial herauslösen. Tatsächlich treffen sie auf geschichtete Steine. Mit vereinten Kräften gelingt es ihnen, einige Brocken herauszubrechen – und plötzlich blicken sie geradewegs in eine prachtvolle Grabkammer. Geistesgegenwärtig verständigen sie Ernst Friedel, den Direktor des Märkischen Museums in Berlin.

Am 20. September nehmen Friedel und einige Spezialisten die Entdeckung in Augenschein – und erkennen eine archäologische Sensation. Die ebenerdig errichtete Grabkammer liegt nicht genau im Zentrum des Hügels. Neun aufrecht stehende Findlinge bilden die Wände und tragen ein 1,75 Meter hohes sogenanntes «falsches Gewölbe», also eine Decke aus Steinen, die so geschichtet sind, dass sie eine gewölbeähnliche Raumdecke bilden. Die Kammer zeigt Reste einer geglätteten Lehmauskleidung mit roter mäanderartiger Bemalung. In einem Tongefäß befindet sich eine bronzene Urne. In ihr sind Asche und Knochenreste eines nach seinem Tod verbrannten 30- bis 40-jährigen Mannes beigesetzt. Den üppigen bronzenen Grabbeigaben nach zu urteilen, war er zwar kein König, aber sehr wahrscheinlich ein Häuptling. Neben seinem Tongefäß stehen zwei weitere mit den Leichenbränden je einer 20- bis 30-jährigen Frau.

Die Museumsleute sind begeistert. Nach der wissenschaftlichen Aufnahme und dem Sichern des Befundes werden die Fundstücke ins Märkische Museum überführt. Eine Neuvermessung im Jahr 2000 korrigiert alte Werte aus der Literatur. Der Tumulus misst 63,8 Meter im Durchmesser und war ursprünglich neun Meter hoch. Auf einer Grundfläche von über 3000 Quadratmetern waren einst – vor dem Steineklau – 16 230 Kubikmeter aufgehäuft worden. Die neuen Untersuchungen lassen auch vermuten, dass den Grabhügel einmal ein Graben umgeben hat – insgesamt eine kolossale Anlage. Und sie war nicht die einzige ihrer Art. Ähnliche Grabkomplexe in der Umgebung sind im 19. Jahrhundert zerstört worden.

Es bleiben Fragen: Wer gab diese Prunkgräber in Auftrag? War dies eine reine Privatsache der superreichen Familien, oder entschied eine gesellschaftliche Instanz, ein Ältestenrat vielleicht, über die Durchführung so aufwendiger Projekte? Und wer errichtete die riesigen Gräber – Sklaven, Freiwillige, abhängige Arbeiter? Dazu schweigen die Funde. Ein kleines Mysterium ist allerdings inzwischen entzaubert: Im «Hinze-Berg» ruhte tatsächlich eine hochgestellte Persönlichkeit in einem dreifachen Sarg, nämlich in einer bronzenen Urne in einem irdenen Gefäß in einer steinernen Kammer – auch wenn es nicht König Hinz war.

Auf eine außergewöhnliche Art der Bestattung stieß man im Jahr 1941, als Archäologen den Grabhügel im Kong Arrildshöj in Harrislee bei Flensburg freilegten. Der Hügel ist offensichtlich kurz nach der Beisetzung schon wieder beraubt worden, da alle Metallbeigaben fehlten – bis auf einen kleinen goldenen Schläfenring, der den Verstorbenen als reiche Person charakterisiert. Das

Besondere: Die Forscher trafen auf erstaunlich viele organische Materialien: Fell, Textilien, Holz und Horn. Und: erstaunlich viel Wasser im Inneren des Hügels, zurückgehalten von einer harten, den gesamten Kern des Hügels ummantelnden Eisenschicht. Beim Durchstoßen dieser Eisenhülle floss das Wasser plötzlich ab und ergoss sich in die neben der Grabung liegenden Felder. Die Lagerung unter Wasser machte die Erhaltung der organischen Beigaben erst möglich. Und so fanden sich in vielen dieser Gräber Stücke, wie sie in der Ausstellung des Archäologischen Landesmuseums in Schleswig zu bewundern sind – Gegenstände und Kleidung aus Leder, Wolle und Stoff, ja sogar die Leichname selbst waren teilweise wie Moorleichen konserviert. In einem der Gräber fand sich eine Wollkappe, die heute wie ein zu lange im Ofen vergessener, verbrannter Gugelhupf aussieht. Diese rundgewölbten Kopfbedeckungen aus Wolle, sogenannte Krimmer-Kappen, waren durch ein extrem kompliziertes Knüpfmuster hergestellt und aufgrund des Arbeitsaufwandes vermutlich nur für reiche Personen erschwinglich.

Von diesen Grabhügeln mit Eisenschichten im Inneren gibt es so viele, dass ihr Vorhandensein kein Zufall sein kann. Besonders in der Zeit zwischen 1500 und 1250 v. Chr. Allein in Schleswig-Holstein sind gut 50 Exemplare bekannt, die Dunkelziffer dürfte weit höher liegen. Waren die Eisenschichten bewusst künstlich erzeugt, um den Leichnam und die Ausstattung zu konservieren? Ein Projekt des Forhistorisk Institut der Universität Aarhus in Dänemark beschäftigt sich seit 1992 mit dieser Frage. Auch das Archäologische Landesmuseum forscht seit 2000 mit. Das Ergebnis: Die Eisenschichten sind das Resultat eines Redox-Prozesses. Durch einen Mangel an Sauerstoff im Hügelkern kommt es zunächst zu einer Reduzierung von Eisen- und Manganmolekülen. Die Moleküle werden mobil und verlagern sich durch Wasserströmungen im Inneren. Sobald ein Kontakt mit Sauerstoff entsteht, oxydieren die freien Moleküle und fällen als harte Eisenschicht aus. Sie schützt den Hügelkern vor dem Austrocknen.

Bronzezeitlicher Originalfund: «Krimmer-Kappen» bestechen durch ihr aufwendiges Knüpfmuster aus vielen kleinen Knoten. Nur wohlhabende Menschen konnten sich so eine Kopfbedeckung leisten.

Im Experiment ist es gelungen, den gleichen Effekt zu erzeugen: Die Forscher bauten einen Grabhügel aus Steinen, Erde und Grassoden, den sie mit einem Baumsarg, verschiedenen Beigaben und einem toten Ferkel bestückten. Anschließend wässerten sie den Hügel. Schon nach drei Jahren hatte sich die luftdicht verschließende Eisenhülle im Inneren gebildet. Das Ferkel hätte man nach der experimentellen Ausgrabung noch essen können, so die Forscher. Das bedeutet, dass die Ausfällung des natürlichen Eisens im Boden durch starkes Bewässern gezielt herbeigeführt werden kann.

Es bleibt die Frage, ob diese bodenchemischen Prozesse von

den Erbauern der Grabanlagen schon verstanden wurden und der Effekt gewünscht war. Zumindest setzte der Prozess des Luftabschlusses unmittelbar nach dem Bau der Anlage ein, wie nicht zersetzte Grassoden im Inneren zeigen. Und oft sind die Hügel nach nur wenigen Jahren wieder beraubt worden, entweder von den Angehörigen, die ja genau wussten, welche Werte in den Gräbern schlummerten, oder von fremden Grabräubern auf der Suche nach dem schnellen Profit. Wer auch immer es tat: Er stieß dabei unweigerlich auf die verhärtete rostrote Eisenschicht, die den Leichnam in seinem hölzernen Sarg schützte. Und mit ihm organische Beigaben, die sonst dem natürlichen Verfall ausgesetzt sind und nur selten bis heute überdauert haben.

Besonders interessant ist die Verteilung dieser Grabhügel in der Landschaft, speziell in Schleswig-Holstein. Die Siedlungsareale sind hier natürlicherweise voneinander abgegrenzt. Dort, wo die Schmelzwasser der Gletscher massenweise Sand ablagerten, entstand die Geest: große Sandflächen, die zwischen die leicht gebirgige Jungmoränenlandschaft im nordöstlichen Landesteil und die küstennahen Marschen mit ihren ausgedehnten, durch allmähliche Verlandung gebildeten Wattgebieten eingebettet liegen. In der Geestlandschaft finden sich die meisten archäologischen Spuren der späten Stein- und frühen Bronzezeit.

Hier gibt es auch die meisten Grabhügel. Sie liegen zu kleinen Gruppen formiert in der Landschaft, was auf Bestattungsareale kleiner Siedlungskammern oder ganzer Großfamilien hindeutet. Diese Hügelgruppen formieren sich auffällig oft an einer Linie, die ganz Schleswig-Holstein von Süd nach Nord bis weit nach Dänemark hinein durchzieht: der sogenannte Ochsenweg oder auch Heerweg, beides Bezeichnungen, die auf mittelalterliche und eher neuzeitliche Ereignisse wie Viehhandel und Kriege zurückgehen. Andere Namen sind: Pilgerweg, Romweg, Sachsenweg, Adelsweg oder Königsweg. Die Ursprünge der gigantischen Handelsstraße aber liegen schon in der Bronzezeit.

Denn die halbkugeligen Erdhügel von bis zu 60 Meter Durchmesser mit ihren bronzezeitlichen Baumsärgen liegen immer in direkter Nachbarschaft der alten Trasse. Freilich funktioniert die Geschichte auch genau anders herum: Die Handelsstraße verlief genau dort, wo die vorgeschichtlichen Hügelgräber als markante Geländedenkmäler wie Orientierungsmarken genutzt werden konnten. Auch das wäre logisch. Wer war also zuerst da? Henne oder Ei, Weg oder Hügel? Die Antwort liegt in Wagenspuren, die 1958 unter einem bronzezeitlichen Grabhügel in Dänemark in der Nähe der heutigen Stadt Vojens ausgegraben wurden und damit älter sein müssen als der Hügel selbst. Ähnliche Wagenspuren aus der Mitte des 4. Jahrtausends v. Chr. sind auch bei Flintbek in Schleswig-Holstein gefunden worden. Sie deuten an, dass der Weg vielleicht schon vor der Bronzezeit bestanden hat. Oder vielmehr: die Wege. Denn die unbefestigte Trasse hat sich im Laufe der Jahrtausende mehrfach verlagert. Die schweren Holzräder der frühen Karren, die vermutlich schon in prähistorischer Zeit von Ochsen gezogen wurden, schnitten tiefe Furchen in den Sandboden der Geestflächen, auf denen der Weg hauptsächlich verläuft. Schon aus diesem Grund dürften die Wagenlenker oft schwierige, morastige Stellen umfahren und so neue Trassen geschaffen haben. Der Ochsenweg ist also mehr als Handelskorridor zu verstehen, dem die Hauptverkehrsachsen der damaligen Zeit folgten.

Wo die Wagen mit ihren Waren anhielten, wo die Fahrer übernachteten, in welchen Dörfern die mitgeführten Produkte angeboten oder abgeladen wurden, all das allerdings bleibt bislang noch im Dunkel der Geschichte verborgen. Denn Siedlungen der Bronzezeit hat man bisher kaum gefunden. Zumindest nicht in Schleswig-Holstein, wo seit 2007 ein von der Akademie der Wissenschaften und Literatur in Mainz finanziertes Forschungsprojekt läuft, das gemeinschaftlich von der Georg-August-Universität Göttingen und dem Archäologischen Landesmuseum Schleswig durchgeführt wird. Ziel ist die Auffindung von Siedlungsspuren und Hausgrundrissen in der Umgebung der Grabhügel, die im benachbarten Dänemark zahlreich ausgegraben wurden. Doch auch in Schleswig-Holstein muss es sie gegeben haben. Erster Erfolg des Projektes war die Lokalisierung und Ausgrabung einer Siedlung der älteren Bronzezeit in der Gemeinde Brekendorf im Landkreis Rendsburg-Eckernförde. Zuvor hatten der Archäologe Dietrich Meier und sein Team den Boden mit geophysikalischen Messgeräten durchleuchtet, Bohrungen durchgeführt, die Äcker nach Scherben und Kleinfunden abgesucht, ja sogar einen Minihelikopter in die Luft geschickt, um in den ausgedehnten Getreidefeldern des Nordens nach auffälligen Bewuchsmerkmalen zu suchen. Stellen nämlich, an denen das Getreide schlechter oder besser wächst, weisen auf unterirdische Siedlungsgruben und andere Befunde hin, da hier die Feuchtigkeit im Boden anders verteilt ist als in der Umgebung. Letztlich brachten dann lange Suchschnitte an den verdächtigen Stellen den gewünschten und erwarteten Erfolg. Mindestens vier Häuser in Pfostenbauweise konnten in Brekendorf freigelegt werden, die sich zudem zeitlich überlappen. Das deutet auf eine längere Besiedlung hin. Normalerweise lebten Mensch und Vieh unter einem Dach, wie besonders die dänischen Häuser der Bronzezeit zeigen. So waren die Tiere in der Nacht geschützt, und gleichzeitig heizten sie die Häuser auf.

Feuer für die Toten

Mit Beginn von Periode III, also etwa ab 1300 v. Chr., gewinnt die Lausitzer Kultur im Osten Vorpommerns an Einfluss. Sie hat ihr Kerngebiet in der Lausitz, reicht aber bis nach Usedom und Pommern. Zeitgleich mit der Nordischen Hügelgräberkultur legen die Lausitzer riesige Urnengräberfelder an. Sie praktizieren die Brandbestattung und setzen den Leichenbrand in Tongefäßen bei. Unter den sparsamen Grabbeigaben befinden sich nur relativ wenige bronzene Artikel.

Das lässt nach Meinung einiger Spezialisten darauf schließen, dass die Lausitzer Gesellschaft einfacher und eher egalitär organisiert war. Ihre Angehörigen waren gut vernetzt in Europa. Ihre Kontakte reichten bis zur Ägäis. Zur selben Zeit hatte sich bereits westlich und südlich des Nordischen Kreises die Urnenfelderkultur etabliert. Allmählich löste sie die mitteleuropäische Hügelgräberkultur ab. Auch die Angehörigen der Urnenfelderkultur setzten ihre Verstorbenen in Urnen bei. Diese Kultur war in Europa am weitesten verbreitet. Es gab regionale Untergruppen mit jeweils leicht unterschiedlichen Riten und Traditionen. Vor der Beisetzung verbrannten sie ihre Toten meist auf einem Scheiterhaufen. Der Leichenbrand wurde anschließend in einer Urne zur letzten Ruhe gebettet. Mit der Zeit färbten ihre Begräbnissitten auch auf Gruppen des Nordischen Kreises ab.

Mit Beginn von Periode IV, also etwa ab 1100 v. Chr., ging auch im Nordischen Kreis die Zeit der Körperbestattungen weitgehend zu Ende. Man stellte auf Brandbestattung um. Neue Flachgräberfriedhöfe entstanden. Aber auch die alten Hügelgräber wurden noch für die Beisetzung von Urnen genutzt. Eine Periode des Umbruchs hatte begonnen. Bei den Grabbeigaben herrschte jetzt mehr Zurückhaltung.

Die Zahl der dauerhaften Siedlungen nahm – zumindest in Mecklenburg – sprunghaft zu. Sie lagen meist in der Nähe der Flachgräberfelder. Die Bronzetechnik wurde verfeinert, die Keramikproduktion gesteigert und die Landwirtschaft effizienter gemacht. Rinder zogen jetzt Pflug und Wagen. Mit Schwein, Schaf, Ziege, Pferd und Hund wurden weitere Nutztiere gehalten. Linsen, Erbsen, Pferdebohnen wurden ebenso angebaut wie Gerste, Dinkel, Rispenhirse, Einkorn und andere Pflanzen. Die Einführung von Bronzesicheln verbesserte die Erntearbeiten. Der Bernsteinhandel florierte auf immer besseren Fernverbindungswegen. Ebenso der Export von speziell für diesen Zweck hergestellten

Bronzeartikeln. Immer mehr Handwerker spezialisierten sich auf bestimmte Produkte. Das Warenangebot wurde vielfältiger. Vor allem der Formenreichtum auf dem Metallsektor erreichte eine bis dahin nicht gekannte Fülle. Den Menschen ging es gut. Die Bevölkerung wuchs.

Doch mit dem Aufkommen des härteren Eisens schmolz die Menge der benötigten Bronze allmählich zusammen. Zudem entstanden gegen Ende der Bronzezeit offenbar Engpässe bei der Versorgung mit Kupfer- und Zinnerzen. So ging die Bronzezeit gleitend in die Eisenzeit über. Das sogenannte Goldene Zeitalter war nun auch im Norden zu Ende. Die Entdeckung, die jener Epoche den Namen gab, die Bronze, hat allerdings bis heute in Kunst und Technik überlebt.

Aber nicht nur kaltes Metall, auch moderne Menschen können ihre Herkunft aus jenen fernen Zeiten ableiten. Im Februar 1980 dringen fünf Höhlenforscher in die schwer zugängliche Lichtensteinhöhle in der Nähe von Osterode am Harz vor. Das Alter dieser Karsthöhle wird auf bis zu 100 000 Jahre geschätzt. Am hintersten Ende des unterirdischen Ganges stößt das Team auf eine scheinbar unpassierbare Enge. Doch damit finden sich die Fünf nicht ab. Es gelingt ihnen tatsächlich, den Durchschlupf zu erweitern – einer der größten Augenblicke im Leben eines Speläologen (Höhlenforschers): einen Höhlenraum zu betreten, den noch nie zuvor jemand betreten hat. Angespannt neugierig arbeiten sich die Forscher vor. Da zucken die Lichtkegel ihrer Lampen über unzählige Knochen – Tierknochen und, wie sich bald herausstellt, auch sterbliche Überreste von mehreren Menschen. Sie sind doch nicht die Ersten hier. Aber der Schauder lässt Enttäuschung gar nicht erst aufkommen. Was ist das hier? Ein Massengrab? Eine Hinrichtungsstätte? Tief beeindruckt ziehen sie sich zurück.

Einige Wochen später beginnt die schwierige Bergung der in mehreren Kammern der verwinkelten Höhle liegenden Knochen. Es kommen schließlich teils sehr gut erhaltene Skelette von mindestens 40 Personen im Alter zwischen vier und 60 Jahren ans

Tageslicht. Bronzeobjekte und Keramik weisen in die Bronzezeit. Wissenschaftler der Universität Göttingen nehmen DNA-Proben. Die Bedingungen in der Höhle waren geradezu optimal. Konstante Temperaturen von höchstens neun Grad Celsius und ein chemisch günstiger Gipssinter haben das Genmaterial über die Jahrtausende so konserviert, dass es heute zuverlässig ausgewertet werden kann.

Das Ergebnis überrascht selbst die Spezialisten: Eine Großfamilie über drei Generationen und mehrere andere Verwandtschaftsverhältnisse, zudem eine bei Europäern sehr seltene Sequenz auf einem Y-Chromosom, die Laktoseunverträglichkeit kodiert – beste Voraussetzungen für einen Verwandtschaftstest mit heutigen Bewohnern der Gegend. Am 20. Januar 2007 treten 273 Personen an, um ihre Speichelprobe auf einem Wattestäbchen der Ahnenforschung zur Verfügung zu stellen. Die Auswertung dauert ein halbes Jahr. Dann steht fest: Mehr als 100 Menschen haben ihre genetischen Wurzeln in der bronzezeitlichen Großfamilie aus der Lichtensteinhöhle. Das ist weltweit die einzige Familie, deren Stammbaum 120 Generationen überbrückt. Ganz zu Ende ist die Bronzezeit also noch immer nicht.

Neue Waffen – neue Technik – neue Zeiten

Gipfeltreffen in Schleswig im Archäologischen Landesmuseum. Rüdiger Krause, Bronzezeitexperte an der Universität Frankfurt am Main, vergleicht die süddeutschen Schwerter mit denen aus dem Norden, die Claus von Carnap-Bornheim, Direktor des Archäologischen Landesmuseums Schleswig, in seinen Ausstellungsräumen zeigt.

Beide Schwertformen sehen auf den ersten Blick gleich aus:

Die Professoren Krause und von Carnap-Bornheim vergleichen Bronzeschwerter aus Nord (rechts) und Süd (links) im Archäologischen Landesmuseum Schleswig.

achtkantiger Griff, auf der einen Seite durch eine aufgesetzte Bronzescheibe mit Kreisaugenmotiven begrenzt, auf der anderen Seite durch eine halbrunde Manschette von der langgezogenen Klinge abgesetzt, die in der Mitte verstärkt ist. Der Griff selbst trägt ebenfalls Spiralornamentik, die vermutlich aus dem Süden stammt. Das norddeutsche Schwert ist zwar im Norden hergestellt, trägt aber noch ganz klare Bezüge zum süddeutschen Vorbild. Dessen Vorläufer wiederum gelangte in der Mitte des zweiten Jahrtausends aus dem Karpatenraum ins heutige Süd- und Mitteldeutschland.

Zusammen mit dem süddeutschen Kupfer, das aus den ostalpinen und karpatenländischen Lagerstätten stammt, gelangt das Schwert selbst in den Norden. Anfangs noch in Stein und Holz kopiert, verdrängt das neue Metall schnell die alten Werkstoffe. Aber nicht nur das Material ist neu. Die ganze Waffe ist es, mitsamt ihrem militärischen Konzept. Denn mit dem Wechsel vom

Dolch zum Schwert vollzieht sich auch eine Änderung in der Kampftechnik. Der Dolch, mit seiner kurzen Klinge eindeutig eine Stichwaffe, wird nun durch die breite und wuchtige Klinge der Schwerter ersetzt. Der Schwerpunkt liegt im vorderen Bereich der Waffe, was sie als Hiebwaffe ausweist.

Diese bronzezeitlichen Hightech-Waffen, oder – wie sie Claus von Carnap-Bornheim nennt – die «Kalaschnikovs der Bronzezeit», müssen einen ungeheuren Innovationsschub bedeutet haben, über den auch die Herrscher des Nordens verfügen wollten. Allerdings finden sich an den wenigsten Stücken Abnutzungsspuren an den Klingen, die eine tatsächliche Verwendung der teuren Waffen beweisen. Nur die Griffe sind regelmäßig stark abgescheuert. So scheinen die Schwerter vielmehr reinen Show-Charakter gehabt zu haben und sollten vielleicht bei Versammlungen oder Zusammenkünften den Rang ihrer Träger untermauern. Oder sind sie tatsächlich als Waffen eingesetzt worden? Um den Handel zu kontrollieren? Denn die Luxuswaffen finden sich nur in den Gräbern der Superreichen, die wahrscheinlich auch den Handel überwachten. Und die Ressourcen. Denn so arm das weite Waldland auf den ersten Blick wirkt, so viele Schätze hat es auf den zweiten Blick zu bieten: Felle, Honig, Salz, Sklaven oder – wie Krause meint – blonde Frauen. Und natürlich Bernstein, der im Gegenzug zu der teuren, nach Norden importierten Bronze in den Süden gelangt und seinerseits der dortigen Elite als Luxusgut und Statussymbol dient. Auf dem gleichen Weg wandern auch die neuen Techniken und das Know-how zur Bronzeverarbeitung. Hat der Bernstein diesen Technologiesprung des Nordens bewirkt? Und die Eliten, die am Anfang und auf den Zwischenstationen der Bernsteinstraßen saßen, reich gemacht? Konnten sie so auch die ungeheuren Goldschätze anhäufen, die als Beigaben und Opfer in Gräbern und Horten auftauchen?

Dafür spricht, dass reich ausgestattete Gräber sich besonders an Knotenpunkten des Handels konzentrieren, oft auch mit maritimer Anbindung. Die zahlreichen Schiffsdarstellungen besonders auf Felsen in Skandinavien, aber auch die in Norddeutschland häufigeren Abbildungen auf bronzenen Rasiermessern belegen die Wichtigkeit des Schiffs für den Warenverkehr, das aber gleichzeitig auch eine feste Rolle im Kult und in der Religion gespielt haben muss.

Auch wenn der Begriff Bernsteinstraße nur eine von vielen möglichen Bezeichnungen ist – eigentlich ist es das neue Metall, das auf den Straßen verhandelt wird und den Technologieschub auslöst –, sind es doch diese uralten Kommunikations- und Handelswege, die die gesamte europäische Welt miteinander verbanden. In diesem Sinne hat der Europarat 1994 die Bronzezeit als erstes Goldenes Zeitalter betitelt. Und betont: Es ist die Zeit, in der Europa zum ersten Mal als Einheit erkennbar wurde.

Für den Norden bringt es Claus von Carnap-Bornheim auf den Punkt: «Das sind diese kleinen Stücke, die der Motor dieser Entwicklung sind.» Gemeint ist der Bernstein, der die Bronzezeit auch an den Gestaden der Nord- und Ostsee einläutete und den Norden mit dem Rest Europas verband.

KAPITEL 11

Bernstein an der Samlandküste

Zornig branden die Wellen gegen die Küste, zermürben und zermahlen in ihrem unermüdlichen Rhythmus alles, was sich ihnen in den Weg stellt. Wer ihnen im kalten Wasser zumindest vorübergehend widerstehen will, muss viel Kraft aufwenden, einen starken Willen haben – so wie die kleine Gruppe von Männern, die in ihren tiefschwarzen oder grellorangefarbenen Anzügen gegen die pure Naturgewalt des Meeres ankämpfen: die Bernsteinfischer der Ostsee. Bewaffnet sind sie mit kleinen Keschern, mit denen sie im Wettlauf mit den Wellen das Meer durchpflügen und den Strand absuchen auf der Suche nach dem Schatz aus der Tiefe, ihrem leuchtenden, nichtmetallenen Gold, das die See ihnen für ihre Mühe jeden Tag schenkt.

Die Bernsteinfischer des Baltikums sind die Goldsucher der Samlandküste – raue Männer, die das Meer geprägt hat. Schweigsam, obwohl sie in der Gruppe fischen – gegen das Tosen des Meeres anzuschreien, ist anstrengend und lohnt sich nur bei einem besonders schönen Stück des petrifizierten Baumharzes, das die aufgewühlte und windgepeitschte Ostsee preisgibt. Es ist ein organisches Gold, das über Jahrmillionen unter dem gewaltigen Druck der Erdmasse geformt wurde zu Steinen mit einzigartigen Eigenschaften, in unzähligen Farbnuancen und Formen. Kein Stein leuchtet wie der andere, keiner fühlt sich an wie der nächste.

Den Stein, den einer der Fischer stolz zwischen seinen Fingern zeigt, hat noch nie ein Mensch in der Hand gehalten. Und so ist immer auch ein wenig Ehrfurcht dabei, wenn die Fischer einen besonders schönen, leuchtend gelben Bernstein aus dem Meer

Knochenarbeit mit Happy End: Bei einer Brunnengrabung in Wiskiauten entdeckten Wissenschaftler aus Schleswig auch Bernstein – ein Handelsgut auch in der Wikingerzeit.

fischen – Ehrfurcht vor seinem prähistorischen Alter und Dankbarkeit für das, was das Meer ihnen schenkt. Denn auch wenn die Fischer wissen, dass der Bernstein aus der Erde kommt, über Jahrmillionen im langsamen Strom der Plattentektonik und Erdverformung bewegt und erst durch die geduldige Kraft des Meeres mühsam dem Erdreich entrissen wurde, so denken sie doch immer wieder auch an eine andere Geschichte, die man sich an der Bernsteinküste erzählt – sie ist zu schön, als dass man nicht wenigstens ein wenig daran glauben möchte, dass ein Kern Wahrheit in ihr und ein Funke davon in jedem Bernstein steckt, den das Meer hier anspült.

Einer alten Legende nach, die man sich in verschiedenen Varianten im Baltikum erzählt, lebte die Meeresgöttin oder Meerjungfrau Jurate einst tief in der Ostsee in einem wunderschönen Unterwasserschloss, das ganz aus Bernstein erbaut war. Sie regierte das Meer und all seine Bewohner. Als der Fischer Kastytis zu viele Fische fing und ihren Frieden störte, beschloss Jurate, ihn zu bestrafen, verliebte sich aber in den schönen Jüngling und holte ihn in ihren unterirdischen Palast, wo sie eine Zeitlang glücklich gemeinsam lebten. Als aber ihr Vater, der Donnergott Perkunas, von der Verbindung mit einem Menschen erfuhr, tobte er vor Wut und zerschmetterte das Bernsteinschloss mit einem gewaltigen Blitz in viele Millionen kleiner Bernsteinstücke, die vor allem bei Sturm bis heute an die Küste gespült werden – und nicht selten in den Keschern der Bernsteinfischer landen.

Jenseits der Küste, weiter im Landesinneren, geht es da schon weniger romantisch zu: In großen offenen Bergwerken, die von Wachleuten beschützt und nur mit Ausnahmegenehmigungen besucht werden können, wird hier im Tief- und Tagebau Bernstein abgebaut und mit industriellen Förderanlagen in einer unwirtlichen Mondlandschaft der Erde entrissen. Bei Jantarnyi, dem ehemaligen Palmnicken, liegt die größte Abbaustätte. Mitten in die friedlich-herbe Schönheit der malerischen Ostseeküste sind tiefe Furchen gezogen, hat die Gier nach dem Gold aus der Erde eine Kraterlandschaft hinterlassen. Das prähistorische Harz wird hier seit Jahrzehnten als steingewordenes Baumblut der Erde entnommen, die es vor Jahrmillionen einfing, mit der Gewalt der Erdmasse neu gebar und mit der Macht der tektonischen Ströme hierherwälzte.

Heliadentränen oder Eridanostreibgut?

Der Bernstein war auch in der Antike bekannt und begehrt und Stoff für viele Legenden – wie die der Heliaden, der Phaetonschwestern, und ihrer kostbaren, steingewordenen Tränen, die das Licht eingefangen zu haben schienen. Eine zentrale Rolle spielten dabei schon immer die Samlandküste und jene Strände am Kurischen Haff, wo die Bernsteinfischer noch heute auf einen guten Fang hoffen – allerdings einen ohne Kiemen und Flossen.

Der legendäre Bernsteinstrom Eridanos, benannt nach ebenjenem Strom aus der griechischen Mythologie, in den Phaeton gestürzt sein soll, hat das Baumharz nach wissenschaftlichen Erkenntnissen vom skandinavischen Festland hierhertransportiert, wo es sich in dem rund 115 Kilometer breiten ehemaligen Flussdelta in der heutigen Bucht zwischen Karwia in Polen und Jantarnyi abgelagert hat und in den schlammigen Erdschichten versunken ist. Das zeigen unter anderem Sedimentanalysen. In den dunklen, lehmigen «Blauen Erden» wurde das Harz vor dem Verfall geschützt und konnte sich über Jahrmillionen in Bernstein verwandeln. Nord- und Ostsee schließlich schwemmten mit ihrer Strömung den goldgelb schimmernden Stein wieder aus.

So stiegen die goldgelben «Tränen der Götter», die leichter als Salzwasser sind, auf und wurden ans Ufer gespült – und rührten schon immer die Herzen der Menschen an, wie Funde beweisen.

Bernsteinartefakte, die im Kurischen Haff bei Schwarzort beim Bau der Fahrrinne von Memel nach Königsberg Mitte des 19. Jahrhunderts gefunden wurden, belegen, dass der baltische Bernstein schon im Neolithikum (hier im Norden etwa 3500 bis 1800 v. Chr.) auf der samländischen Halbinsel gefunden und bearbeitet worden war. Viele Jahrhunderte später begann der Bernstein, auch die großen Reiche und Hochkulturen rund um das Mittelmeer zu faszinieren, und schuf neue antike Absatzmärkte, die über unwegsame und gefährliche Handelswege aus den wilden Nordreichen des «Barbaricums», wie die Römer es nannten, über die Passstraßen bedient werden mussten – die Bernsteinstraßen, die die antike Neugier für den exotischen Stein aus dem Nebelland mit seinen besonderen Eigenschaften, aber auch die Profitgier befriedigten und anheizten.

Ob die Expedition des griechischen Geographen, Astronomen, Mathematikers und Seefahrers Pytheas von Massalia – des «Kolumbus des Nordens», wie man ihn auch bezeichnet hat – um 320 v. Chr. im Auftrag seiner Heimatstadt Massalia (oder lateinisch: Massilia), dem heutigen Marseille, gen Norden bis nach Norwegen und ins heutige deutsche Wattenmeer das Samland erreichte, ist nicht überliefert. Seine Reise war in der Antike so berühmt, dass sie der römische Schriftsteller und Gelehrte Plinius der Ältere rund drei Jahrhunderte später aufgriff und für die Nachwelt festhielt – und darin auch ein Stück Bernsteingeschichte: «Pytheas berichtet, dass ein Volk Germaniens am Wattenmeer wohnte, von diesem sei eine Tagfahrt die Insel Abalus (= Helgoland) entfernt; dorthin würde der Bernstein im Frühling durch die Meeresfluten angetrieben; er sei ein Auswurf des geronnenen (gemeint ist: des ‹gefrorenen›) Meeres; die Einwohner gebrauchten ihn statt Holz zum Feuer und verkauften ihn den benachbarten Teutonen.»

Offenbar war den antiken «Helgoländern» zur Zeit Pytheas' nicht bekannt, wie wertvoll der exotische Stein anderswo in der Welt längst war. Besonders mit dem Aufstieg Roms vom Stadtstaat zum Weltreich aber stieg die Nachfrage nach dem exotischen Stein aus dem Samland, den römische Handwerker zu Figurinen verarbeiteten und den die Römerinnen auch in Form von Fläschchen für Parfüm oder Öl oder als Löffel zum Anrühren ihrer Cremes schätzten. Dem Material haftete der Hauch des Exotischen an, kam er doch aus den wilden Nebellanden rund um die Nordmeere. So stieg der Bedarf: Der Bernstein gelangte in beträchtlichen Mengen, also tonnenweise, über die entstehenden Bernsteinstraßen, beispielsweise von Danzig über Handelsknotenpunkte wie Carnuntum oder Aquileia, in die Welthauptstadt Rom.

Wellen, Wikinger, Wiskiauten

Mit der Nachfrage stiegen die Exportchancen. Handelsrouten, auf denen Bernstein und andere Waren, aber auch viele Geschichten und Ideen transportiert wurden, bildeten sich aus. Die Bernsteinstraßen waren geboren, und der Schmuckstein dürfte immer mehr Begehrlichkeiten geweckt haben. Denn mit dem feurig leuchtenden Stein ließ sich offenbar gut Handel treiben und Geld verdienen. Aufgrund ihres seltenen und damals überaus begehrten Rohstoffs wurde die Samlandküste schon früh zu einem Handelsplatz, an dem nicht nur Felle und Salz gehandelt wurden, sondern auch das wertvolle Gold aus dem Meer – selbst wenn die Produzenten selbst, die einfachen Bernsteinfischer, schon immer am allerwenigsten von dem Reichtum abbekamen, der sich auf die verschiedenen Glieder der Handelskette mit ihren unterschiedlichen Gewinnmargen verteilte.

Auch für die skandinavischen Völker dürfte der Bernstein von der Samlandküste ein wertvolles Handelsgut gewesen sein.

Gold aus dem Meer: An den malerischen Stränden der Ostseeküste wie hier im Samland wird der Bernstein aus der Tiefe seit Jahrtausenden angespült, abgefischt und eingesammelt.

Das belegen nicht nur Funde wie etwa die Bernsteinobjekte im Fornsal-Museum in Visby auf Gotland, sondern auch der legendäre Ort Wiskiauten. Der beschäftigte bereits die Altvorderen der deutschen Archäologie nach der Entdeckung der ersten der rund 500 Grabhügel bei dem gleichnamigen Dorf nahe Selenogradsk, dem ehemaligen Cranz. Bis zum Beginn des Zweiten Weltkriegs wurden von mehreren Forschergenerationen rund 250 der Gräber freigelegt.

Kamen die Wikinger wegen des seltenen und wertvollen Handelsgutes hierher und richteten im Land der Prussen einen Handelsplatz ein, wo sie gemeinsam mit ihnen siedelten und von dem aus sie ihr Netz bis Birka, Haithabu, Paviken oder Wollin bedienten? Kamen sie auch wegen des Bernsteins, den die Natur hier vor allem bei stürmischer See dem Meeresgrund entreißt und an die sandigen Strände spült? Im Rahmen eines gemeinsamen Projekts des Zentrums für Baltische und Skandinavische Archäologie (ZBSA) in der Stiftung Schleswig-Holsteinische Landesmuseen auf Schloss Gottorf und der sogenannten Baltischen Expedition des Instituts für Archäologie der Russischen Akademie der Wissenschaften Moskau begann 2005 eine Forschergruppe mit der eingehenderen Untersuchung der Fundplätze. Mit einer großangelegten Magnetometerprospektion auf rund 150 Hektar und Grabungen an ausgewählten Orten mit einer Gesamtfläche von rund 2000 Quadratmetern wurde das weitläufige Gelände untersucht. Dabei förderte die deutsch-russische Forschergruppe vieles zutage, was darauf hindeutet, dass die Wikinger hier gemeinsam mit den Prussen eine Siedlung unterhielten, die damals noch an der Küste, heute aufgrund anderer Küstenverläufe ein wenig im Landesinneren liegt.

Pfostenlöcher, Feuerstellen, Abfallgruben, Öfen und Brunnen wurden ausgegraben, aber auch zahlreiche Funde wie Ringfibeln oder byzantinische Silbermünzen. Wurden sie vielleicht für Bernstein bezahlt? In jedem Fall sind sie ein Hinweis auf die weitreichenden Handelsbeziehungen bis in den Mittelmeerraum und darüber hinaus.

Bei den Grabungen in Wiskiauten tauchten immer wieder auch Objekte aus Bernstein auf. In einem der Brunnen etwa, den der Archäologe Timo Ibsen mit seinem Team in wochenlanger, mühevoller Pump- und Grabungsarbeit bis auf den Grund freigelegt und untersucht hatte, stieß das Team in mehreren Metern Tiefe schließlich neben zahlreichen anderen Objekten auch auf eine ganze Reihe gelblich-brauner Perlen und Objekte: Bernstein.

Egal ob man die Archäologen bei den Grabungen am und um das Waldstück Kaup begleitet oder auf dem freien Feld in der flachen Landschaft, wo die Siedlung damals nach dem einstigen Küstenverlauf noch am Wasser lag – man fühlt sich in dem streng überwachten militärischen Sperrgebiet mit seinen militärischen Anlagen, die man besser nicht fotografieren sollte, wie man uns sagt, immer wieder beobachtet. «Big Brother is watching you» – immer noch. Nicht nur bei den Ausgrabungen wird jeder Schritt genau beobachtet, so hat man das Gefühl – das manchmal auch mehr ist als nur ein Gefühl: Bei einer Brunnengrabung der Archäologen bekommt das Team um Timo Ibsen plötzlich unerwarteten Besuch. Als sie neben einer alten Werkzeughalle in der Nähe der Grabung gerade ein Gerät für die Magnetometeruntersuchungen aufbauen, fährt eine dunkle Limousine vor – ein Bonzenauto wie aus der Sowjetzeit, gepanzert vielleicht, so tief, wie es in den Stoßdämpfern hängt. Plötzlich öffnet sich die Fahrertür, ein Chauffeur in Uniform und Abzeichen steigt aus und öffnet die Tür mit den pechschwarzen Scheiben.

Ein Armeeoffizier steigt aus, hochdekoriert offensichtlich, wie die zahlreichen bunten und blinkenden Abzeichen und Orden auf seiner Uniform zeigen – ein filmreifer Auftritt. Das Gerät der deutschen Forscher wird genauestens inspiziert. Der Besucher stellt Fragen zu dem Gerät, zu dem Projekt. Die Ausgrabung selbst interessiert ihn dabei offensichtlich kaum, wohl eher schon die Schätze, die man dabei finden könnte. Auch Luftaufnahmen sind nicht gern gesehen und nur mit einer Genehmigung der Marineleitung und der KGB-Nachfolgeorganisation FSB in Moskau sowie der hiesigen Behörden erlaubt – vor allem, wenn Journalisten dabei sind. Irgendwann wird die Bewilligung erteilt, das Flugzeug ist gechartert. Dann aber erfolgt nach mehrmaliger Verschiebung doch die Absage, dieses Mal vom Piloten. Das Wetter, so sagt er. Der Wetterumschwung wäre uns gar nicht aufgefallen – ein Schelm, wer Böses dabei denkt.

Monopol und Todesstrafe – der Deutsche Orden und der Bernstein

Die Beobachtung und Überwachung an den Küsten des Samlands sind aber längst keine sowjetische Erfindung. Sie haben eine lange Tradition. Schließlich wollte der Schatz aus dem Meer gut bewacht sein. Der Bernstein, den das Meer hier so reich wie nirgendwo sonst anspült, stand schon immer unter Beobachtung und hoheitlicher Aufsicht – und hat bisweilen einen hohen Blutzoll gefordert. Wie die Blutdiamanten des Schwarzen Kontinents hat auch das Gold aus der Ostsee – natürlich in viel bescheidenerem Umfang – viele Opfer gefordert: Denn die Kontrolle über den Bernstein versprach bis ins 20. Jahrhundert hinein noch viel Reichtum.

Kaum jemand wusste das so gut für sich zu nutzen wie eine Organisation, die sich in ihrer Zeit zu einer der mächtigsten Europas aufschwang: der Deutsche Orden. Nach den Kreuzzügen dehnte der Orden seinen Machtbereich nach Ostpreußen aus, bezwang den stolzen baltischen Stamm der Prussen, der sich zuvor noch der Christianisierung durch den Benediktinermönch Adalbert mehr als nur widersetzt hatte: Das Adalbertkreuz an der Küste, an dem 1945 die Flüchtlingstrecks vorbeizogen, erinnert seit seiner Wiedererrichtung 1997 an dessen Ermordung durch die Prussen genau 1000 Jahre zuvor. Der Deutsche Orden schließlich brach den Widerstand dieses Volkes, das schließlich namensgebend für das spätere Preußen war. Was aber trieb den Orden zu dieser Osterweiterung? Der Ostseehandel mit dem Bernstein dürfte dabei keine unwichtige Rolle gespielt haben. Denn als der Orden Mitte des 13. Jahrhunderts das Samland eroberte, begann er auch, sich alsbald des lukrativen Bernsteinhandels zu bemächtigen. 1309 verlegte Hochmeister Siegfried von Feuchtwangen seinen Sitz auf die Marienburg. Sie wurde zum Machtzentrum eines der wichtigsten Reiche im Ostseeraum.

Über Jahrhunderte das Machtzentrum des Deutschen Ordens und damit auch der Herren über den Bernstein: die Marienburg

Die prachtvollen Räume der beeindruckenden Feste, die bei Sonnenlicht rot leuchtend über den stillen Wassern der Nogat thront, zeugen noch heute vom Reichtum, den der Orden anhäufte – nicht zuletzt durch den Bernsteinhandel. In den schlicht, aber dennoch prunkvoll eingerichteten Räumen sowie in Königsberg wurden Listen und Pachtverträge für das Sammeln und die Gewinnung des Bernsteins verwaltet. Ebenso Lieferabkommen mit den reichen Handelszentren der Hanse in Lübeck und Brügge oder mit Kaufleuten und Bernsteinhändlern wie Niclas Pflaum und George Cramer aus Königsberg, Ewert Rogge und Paul Jaski aus Danzig oder Claus Lange aus Lübeck, die den Bernstein zu Festpreisen einkauften und über die Bernsteindrehergilden und die

Lebensgefahr am Strand: Die Galgen signalisieren den Bernsteinfischern, was ihnen blüht, wenn man sie beim Stehlen ihrer Funde erwischt. Kupferstich von J. Wagner aus einem Wiener Flugblatt, 18. Jahrhundert

weitverzweigten Handelswege der Hanse weiterverarbeiten und vertreiben konnten – was natürlich hohen Gewinn versprach.

Schon bald nach seiner territorialen Ausdehnung im Samland schuf der Orden ein Paradebeispiel für ein Monopol in der Wirtschaftsgeschichte: das «Bernsteinregal». Weil der Bernstein damals ungleich wertvoller als heute war, sicherten sich die Ordensritter – wie schon ihre Vorgänger, die pomerellischen Herzöge in

Westpreußen und Pommern sowie die polnischen Könige bis hin zu Ladislaus I. bis 1308 – auch das alleinige Recht, den Bernstein zu gewinnen und damit zu handeln. Durch dieses Regalrecht konnten die neuen Machthaber Genehmigungen zum Sammeln von Bernstein vergeben.

Das Sammeln ohne Erlaubnis war dagegen nicht nur illegal, sondern wurde auch streng sanktioniert: Zuwiderhandlungen wurden zunächst mit hohen Geldstrafen, spätestens seit Anfang des 15. Jahrhunderts auch mit dem Tod bestraft – die massiven Galgen, die auf einem zeitgenössischen Kupferstich von J. Wagner, erschienen in einem Wiener Flugblatt 1774, warnend an den Küsten über den Bernsteinfischern drohen, zeigen deutlich die Gefahr. Dennoch wurde das Verbot aber offenbar immer wieder unterwandert. Der Orden sicherte sich daher gleichzeitig ein weiteres wichtiges Monopol, nämlich das des Ankaufs und damit der Kontrolle über die Verarbeitung und Vermarktung. Ab 1394 ging das alleinige Ankaufsrecht anscheinend auf den Orden über, und der Besitz unbearbeiteten Bernsteins galt als strafbar.

Die Bevölkerung war verpflichtet, den am Strand angespülten Bernstein zu sammeln oder durch das sogenannte Bernsteinstechen mit langen Stangen vom Grund zu lösen, zum Aufsteigen zu bringen und abzufischen und ihre wertvollen Funde bei den Ordensbeamten abzuliefern. Für die Sammler gab es zur Belohnung Geld und Salz. Die «Bernsteinherren», die etwa in Lochstädt, Balga, Fischhausen, Scharfau, Danzig und Oliva residierten, schickten den Bernstein sortiert und in Tonnen verpackt zum Ordensmarschall nach Königsberg. Der ebenfalls dort ansässige «Großschäffer» besorgte den zentralisierten Handel des Ordens mit dem wertvollen Gut, entlohnte die Ordensbeamten, den Bischof von Samland und den Abt von Oliva für den in ihren Gebieten gewonnenen Bernstein. Er betraute seine «Lieger» in Brügge und Lübeck mit dem Verkauf des begehrten Rohstoffs an die dortigen Bernsteindreherzünfte und die «Paternostermacher», die aus dem rohen petrifizierten Harz Rosenkränze – «Paternoster» genannt – fertigten.

In den beiden Hansestädten gab es eigene Lagerverwalter, die eng mit den Zünften zusammenarbeiteten. Gleichzeitig aber begann der Orden Mitte des 15. Jahrhunderts, Verträge mit fest vereinbarten Preisen für bestimmte Sorten mit den Kaufleuten zu schließen. Schließlich ging er darüber hinaus dazu über, den Schmuckstein auch direkt nach Augsburg und Venedig zu liefern – was zu einem Protest der Zünfte und zu einer ausführlichen Rechtfertigung des Hochmeisters Albrecht 1524 beim Reichstag in Nürnberg führte. Zusätzlich erhöhte der Orden immer wieder die Preise und verwässerte die Qualität durch die Einführung neuer Sorten.

Die Reformation aber dämpfte schließlich die Nachfrage nach Rosenkränzen und damit auch nach Bernstein empfindlich, sodass auch die Preise unter Druck gerieten. Der Orden gab sein Handelsmonopol in der ersten Hälfte des 16. Jahrhunderts an Danziger Kaufleute ab, ehe es schließlich 1642 vom Großen Kurfürsten Friedrich Wilhelm von Brandenburg gelöst wurde und in die Hand des Staates überging, der es angesichts sinkender Einnahmen auch immer wieder verpachtete. Dennoch blieb der goldgelbe Stein aus der Erde auch weiterhin eine wichtige Einnahmequelle sowie nach wie vor Symbol für Wohlstand und Reichtum.

Rätsel um das «achte Weltwunder»

Kein anderes Kunstwerk stand dafür mehr als das prunkvolle Bernsteinzimmer. Dieser über und über mit im Lichtschein gleißendem Bernstein besetzte Raum, der die Schönheit des Steins wohl so deutlich gemacht haben muss wie kein anderes Objekt, wurde im Auftrag des Preußenkönigs Friedrich I. gefertigt und schließlich von seinem Platz im Berliner Stadtschloss als eines der wohl prunkvollsten Geschenke der Geschichte 1716 vom preußischen König Friedrich Wilhelm I. an den russischen Zaren Peter den Großen gegeben. Allein der Ab- und Wiederaufbau dieses einzigartigen Kunstwerks mit seinen Abertausenden von Einzelteilen sowie der Transport müssen ein gewaltiger Aufwand gewesen sein. Im 20. Jahrhundert aber wurde das Kunstwerk erneut bewegt.

Von seinem Stammplatz im Katharinenpalast in Zarskoje Selo (heute Puschkin) bei St. Petersburg brachte man das Wunderwerk schließlich wieder in die Nähe der Bernsteinküste, in die ehemalige Bernstein-Hauptstadt: Unter den kritischen Augen von Rittmeister und Kunstschutz-Offizier Ernst-Otto Graf zu Solms-Laubach wurde das aufgrund seiner kunstvollen Schnitzereien «achte Weltwunder» genannte Gesamtkunstwerk 1941 von der Wehrmacht demontiert, in Kisten verpackt und nach Königsberg gebracht, wo man es noch einmal ausstellte – zum letzten Mal. Dr. Alfred Rohde, Direktor des Königsberger Schlosses und der Kunstsammlungen der Stadt Königsberg, stellte im dritten Stock im Südflügel des Schlosses einen Raum für das Bernsteinzimmer zur Verfügung. Zwei Jahre lang war es ab 1942 für die Öffentlichkeit zugänglich.

Dann kamen die Schreckensnächte für Königsberg, in denen auch das Bernsteinzimmer im Bombenhagel und Feuersturm verlorenging. Im August 1944 wurde das bis dahin verschonte Königsberg in zwei Nächten von britischen Bombern in Schutt und Asche gelegt. Das Königsberger Schloss brannte bis auf die Grundmauern nieder. In weiser Voraussicht hatte Rohde das Prunkzimmer zwar schon Monate vorher demontieren und in einem bombensicheren Kellergewölbe des Schlosses lagern lassen. Was aber danach aus ihm geworden ist, ist trotz intensiver Suche bis heute unklar. Spätestens als Königsberg 1945 von der Roten Armee erobert wurde, waren mögliche Antworten auf

Sackgasse Bernsteinzimmer: So wie dieser bei Grabungen in den Kellern des ehemaligen Stadtschlosses von Königsberg entdeckte Tunnel im Schutt endet, blieb die Suche nach dem «achten Weltwunder» bisher erfolglos.

viele Fragen für Jahrzehnte hinter dem Eisernen Vorhang eingesperrt. Auch die Rote Armee und DDR-Organe suchten gezielt nach Kunstschätzen, blieben aber offenbar erfolglos.

Im Lauf der Jahrzehnte hat das Prachtzimmer Historikern, Archäologen, aber auch Journalisten, Filmemachern, Kunstexperten, Privatdetektiven und vor allem vielen Schatzsuchern Rätsel aufgegeben. Aber wo sollte man es suchen? Es gibt viele Spekulationen, wohin das Prunkzimmer gelangt sein könnte. Von thüringischen Katakomben bei Weimar ist die Rede, vom Poppenwald im Erzgebirge, von der Halbinsel Wustow in der Wismarbucht. Aber muss man wirklich so weit von seinem letzten bekannten Aufenthaltsort weggehen, um es zu finden?

Eine weitere Theorie vermutet es in der «Sahara Europas», unter den bis zu 60 Meter hohen Dünen der Kurischen Nehrung, dem mit 98 Kilometern längsten Sandstrand Europas. Gauleiter Erich Koch hatte hier in Schwarzort, dem heutigen Juodkrantė auf der Kurischen Nehrung, ein Ferienhaus, wohin er die Kisten mit der einzigartigen Fracht gebracht haben soll. Wer durch die gewaltigen, weichen Sandmassen der Nehrung streift, kann sich das durchaus vorstellen.

Heinz Schön, Buchautor und einer der hartnäckigsten Jäger des honiggelben Meisterwerks, der als Chronist des Untergangs der Gustloff bekannt geworden ist, vermutet, dass das Meisterwerk mit seinen einzigartigen Schnitzereien Königsberg nie verlassen hat. Sollte es unzerstört irgendwo im unterirdischen, bombensicheren Gewölbesystem des alten Schlosses lagern? Schön, der selbst den Untergang der Gustloff überlebt hatte, gewann sogar den *Spiegel* für seine Theorie. Punktuelle Grabungen auf dem ehemaligen Schlossgelände sollten die Theorie belegen.

Der Eingang in das unterirdische Reich ist unscheinbar. Ein einfacher, dunkler Gang, ein abschüssiger Schacht, der sich von einer Mauer abgegrenzt seitlich in dem geöffneten Untergrund auftut. In mühsamer Kleinarbeit wurde hier Geschichte freigelegt, die unteren Geschosse des ehemaligen Königsberger Schlosses, über denen die monströse Bauruine des «Hauses der Räte» mitten im Zentrum Kaliningrads aufragt. An dem bläulich getünchten Gebäude blättert nicht nur die Farbe ab – es ist lange baufällig. Die Statik stimmt nicht. Die Architektursünde mit 20 Stockwerken, die nach der 1967 erfolgten Sprengung über den Resten des im Zweiten Weltkrieg zerstörten Königsberger Schlosses erbaut worden war und wohl die Überlegenheit des Sowjetkommunismus demonstrieren sollte, ist längst zu einem verfallenen Symbol für seinen Niedergang geworden.

Im Untergrund aber vermuten manche in den verschütteten Kellergemäuern des ehemaligen Wahrzeichens im Herzen der Stadt nach wie vor das legendäre Bernsteinzimmer. Doch die tiefen Grabungen haben nur Mauerwerk, viele Kleinfunde und Patronenhülsen hervorgebracht. Der dunkle Gang, der in das Erdreich führt, war ein Hoffnungsschimmer. Nach wenigen Metern macht er einen Knick, führt danach noch steiler in die Tiefe, in Richtung zum Fluss Pregel. Ist der Schatz per Schiff heimlich abtransportiert worden? Im Schein der Taschenlampen leuchtet über unseren Köpfen im Backsteinziegelrot des Königsberger Schlosses ein senkrechter Licht- oder Luftschacht auf, verrostete Rohre sind zu sehen, doch der Gang endet einige Meter unter der Erde im Nichts, in einer undurchdringlichen Schuttwand. Die medial inszenierten punktuellen Grabungen brachten vorerst keinen Erfolg. Endgültige Sicherheit könnte wohl nur eine vollständige Freilegung und Untersuchung des gesamten Schlossgeländes bringen und ein Abriss des Hauses der Räte, das nach wie vor wie ein Mahnmal über der hinter Bretterzäunen vor neugierigen Blicken geschützten Grabungsstelle aufragt.

Die aufflammende Euphorie um das Bernsteinzimmer und die Grabung in den Wunden der Königsberger Geschichte aber zeigen, wie faszinierend der Bernstein auch heute noch sein kann. Wie prächtig, von welch atemloser Schönheit das Bernsteinzimmer gewesen sein muss, zeigt längst der Nachbau, der heute wieder in Sankt Petersburg zu sehen ist – prächtiger denn je. Denn der Prunksaal, der im Berliner Stadtschloss als «Tabakkabinett» diente, war im Krieg schon etwas ramponiert. In einem Artikel über die feierliche Eröffnung des Nachbaus 2003 zitiert die *Süddeutsche Zeitung* einen Zeitzeugen, der das Original 1941 in schlechtem Zustand mit abgeplatztten Stücken und mit Siegellack gefüllten Löchern gesehen haben will.

Dennoch blieb das verschollene «achte Weltwunder» ein lebendiger Mythos, der bis heute fasziniert und begeistert und wohl symbolisch wie kein anderes Objekt für den einstigen Wert des Goldes aus dem Meer und den Reichtum, den man damit anhäufen konnte, steht. Auch der russische Präsident Wladimir Putin und Bundeskanzler Gerhard Schröder sonnten sich bei der feierlichen Eröffnung des Nachbaus gerne im goldgelb leuchtenden Glanz des mythischen Bernsteinzimmers.

Bei seiner Rekonstruktion lebte ganz nebenbei auch eine beinahe verlorene Kunst wieder auf: die der Bernsteinbearbeitung. Als der russische Ministerrat 1979 beschloss, das Bernsteinzimmer nachzubauen, war die Technik weitgehend vergessen, die Kunst seiner Bearbeitung mit den alten Bernsteinmeistern gestorben. Zehn Jahre dauerten daher allein die Vorbereitungen. Man hatte nur Schwarzweißfotografien des Prachtzimmers und musste erst das alte Wissen wiederbeleben: etwa dass Bernstein sich in Honig erhitzt rot einfärbt oder wie man ihn so befestigt, dass er nicht abfällt.

Während man also seit 2003 wieder einen Eindruck von der leuchtenden Pracht des Bernsteinzimmers bekommen kann, blieb die Suche nach dem Original spannend und liest sich bisweilen wie ein Kriminalroman. Zahlreiche Opfer soll die Suche nach dem Bernsteinzimmer gefordert haben – alleine die Geschichte von Georg Stein klingt nach einem Thriller. Der Obstbauer aus dem Alten Land bei Hamburg will am 27. Januar 1945 durch Zufall auf Teile des Bernsteinzimmers gestoßen sein. Er und seine Kameraden vom Pionierkorps Herzog hätten bei Pojerstieten westlich von Königsberg drei verlassene Armeelastwagen mit rund

80 Kisten Ladung entdeckt und darin Munition und geraubte Kunstschätze, darunter auch Paneele aus dem Bernsteinzimmer, gesehen.

Weil die Straße unter Artilleriefeuer gelegen habe, habe man die Kisten in einer Gruft unter den Trümmern der Kirche von Heiligenkreutz versteckt. Weder dort noch in den benachbarten Kirchen aber fand man viele Jahre später die wertvolle Fracht. Flüchtlinge berichteten laut dem *Spiegel* davon, dass es in der Kirche in Heiligenkreutz gar keine Gruft und kein Gewölbe gegeben habe.

Stein aber glaubt fest an seine Geschichte und folgt beinahe fanatisch jeder Spur, auf die er stößt. Sie führten ihn unter anderem zu dem Kalischacht «Wittekind» bei Göttingen, wo während des Krieges Munition, die Göttinger Universitätsbibliothek und anderes Schützenswertes eingelagert worden sind. Darunter sollen sich nach Informationen der *Berliner Zeitung* nachweislich auch zehn große sowie zwei kleinere Kisten aus Königsberg befunden haben – das Bernsteinzimmer? Nach Steins Recherchen kam es in der Nacht vom 28. auf den 29. September 1945 aber zu einer fürchterlichen Explosion. Die Bücher und die beiden kleineren Kisten konnten demnach gerettet werden, die großen Kisten dagegen nicht. Als der Schacht später mit seinem rätselhaften Inhalt mit vielen Tonnen Beton verplombt wird, wendet sich Stein an höchste Stellen in der Politik, verkehrt mit Franz-Josef Strauß und Helmut Kohl, um den Schacht öffnen zu lassen. Sogar der Deutsche Bundestag beschäftigt sich schließlich mit der Causa Stein. Aufgrund der Kosten in Millionenhöhe aber wird der Antrag schließlich abgelehnt.

Stein wendet sich anderen Spuren zu, nimmt 1986 Kontakt zu dem ostdeutschen Bernsteinforscher Paul Enke auf, als dessen *Bernsteinzimmer-Report* erscheint. Es heißt, Stein sei seinem Ziel ganz nahe. Wenig später aber liegt er nach einem ersten Mordanschlag auf ihn zwei Monate im Krankenhaus. Er plane, in die DDR zu flüchten, heißt es – ein Plan, den er aber nie umgesetzt hat. Seine Suche nach dem Bernsteinzimmer, sein Einsatz für die Rückgabe von Beutekunst aus dem Ikonen-Museum in Recklinghausen nach Russland und andere Nachforschungen zu historischen Themen hatten ihn nicht nur finanziell ruiniert, sondern ihm auch Feinde eingebracht. Und doch glauben nicht wenige, dass es seine hartnäckige Suche nach dem Bernsteinzimmer war, die ihn ein so schreckliches Ende finden ließ – dass eine Spur bei der Suche nach dem «achten Weltwunder» sogar auf alte Nazi- und Adelskreise gestoßen war. Man fand ihn schrecklich zugerichtet mit aufgeschlitztem Bauch in einem Waldstück bei Starnberg mitten in Bayern. Auch hier tun sich viele Rätsel auf: Andere Medien berichten vom Fund seiner Leiche im Wald bei Titting im Landkreis Eichstätt. Es bleiben viele Ungereimtheiten.

Bis heute wird darüber spekuliert, wie es dazu kommen konnte. Die Polizei ging von einem Selbstmord aus. Im Internet aber diskutieren nicht nur Verschwörungstheoretiker, sondern vor allem Menschen auf der Suche nach dem Bernsteinzimmer die Fakten und kommen zu anderen Ergebnissen. Die originalen Tatortfotos gibt es dort zu sehen, Handschriften von Stein und die Abschrift eines Drohbriefs: «Wir warnen Sie, Stein!», heißt es darin. Unterzeichnet ist der Brief mit «Freunde des alten Königsbergs», das jedenfalls behauptet ein Forumsteilnehmer, der auch im Besitz einer Kopie sein will.

Europäischer «Blutdiamant»

Die rätselhafte Geschichte um Georg Stein ist längst nicht die einzige, die mit dem Bernsteinzimmer in Verbindung gebracht wird. Mindestens drei Dutzend ungeklärte Todesfälle werden ihm zugeschrieben: Auf dem barocken Prunkzimmer, so heißt es, liege ein Fluch wie auf einer alten Mumie. Der Bernstein war immer auch eine Art nordeuropäischer Blutdiamant. Die unglücklichen Schatzsucher sind nur die letzten auf einer langen Liste namenloser Opfer. Wie viele Bernsteinsammler, die einen besonders schönen Stein, der der Familie ein paar Wochen das Auskommen gesichert hätte, in die eigene Tasche gesteckt haben und dafür zu Zeiten des Deutschen Ordens mit dem Tode am Strang bestraft wurden, bleibt ein Geheimnis der Bernsteingeschichte. Aber auch an anderer Stelle ist der Bernsteinboden mit Blut getränkt: an seiner größten Abbaustelle – in Palmnicken. Auch wenn die Gräueltaten dort mit dem Bernstein selbst nichts zu tun haben, so waren es doch ausgerechnet die Gräben, die der Bernsteinabbau hinterlassen hatte, in denen der Sand der industriell ausgebeuteten Dünen zur letzten Ruhestätte für Tausende Unschuldige wurde.

Es war in einer Nacht zwischen dem 30. Januar und dem 2. Februar 1945 – das genaue Datum ist unklar –, als hier an dem idyllischen Strandabschnitt wohl mindestens 3000 – andere sprechen von bis zu 7000 – Menschen ihr Leben verloren, wie Augenzeugen- und Medienberichte belegen. Unter dem Vorwand, gen Süden nach Pillau und dort auf ein Schiff nach Hamburg gebracht zu werden, werden die jüdischen KZ-Häftlinge von SS-Männern an die Küste geführt und auf dem Eis erschossen. Später spült die Flut Hunderte von Leichen an den Strand. Russische Truppen, die im April 1945 Palmnicken einnehmen, zwingen die Bevölkerung, Massengräber für die Toten auszuheben. Sie werden in den Bernsteindünen von Palmnicken verscharrt – ein trauriges Kapitel in der einst so stolzen Geschichte des Bernsteinlandes, dessen Glanz längst verblasst ist.

Verfallener Stolz

Wer sich von Kaliningrad mit seinem inzwischen durch moderne Glasfassaden und Einkaufstempel, vom mit Leuchtreklame aufgepeppten und auf modern getrimmten Zentrum der Stadt nicht blenden lässt und wenige Kilometer weiter in Richtung Küste fährt, spürt nur einen nostalgischen Nachgeschmack von dem Wohlstand, der hier an vielen Stellen einst geherrscht haben muss – vielleicht auch ein Stück weit dank des Bernsteins, der hier gefördert wurde wie nirgendwo sonst auf der Erde. Baufällige Häuser, schlechte Straßen aus schartigen Betonplatten, windschiefe Zäune und streunende Hunde, verfallene einstige Herrenhäuser oder Landschlösser, ausgehöhlte Kirchen und Ordensburgen wie in Insterburg, Balga oder die einst stattliche Komptursburg Ragnit, deren starker Mauerkranz noch heute von der einstigen Macht seiner Herren kündet – und von dem Reichtum, den man schützen wollte.

Von ihm ist heute wenig übrig, sogar das stolze Rot der bizarren Ziegelruinen scheint zu verblassen. Ruinen und Baufälliges, deren einstige Schönheit und Größe sich noch erahnen lassen, begegnen einem vielerorts und hinterlassen vor allem an grauen Tagen bei steifen Böen, die von der Ostsee durch die stiefmütterlich behandelte, lange vernachlässigte Enklave peitschen, einen nostalgisch-bitteren, traurigen Nachgeschmack eines vergessenen, einst stolzen Landstrichs, der längst vor allem eines ist: militärisches Sperrgebiet.

Auch die Küstenorte wie Selenogradsk, die sich zunehmend um Touristen bemühen, tun das mit eher sprödem Charme. Das ehemalige Seebad Cranz, das früher mit seiner prachtvollen Uferpromenade verzückte, wo sich im Café «Monopol» eine kleine, aber durchaus mondäne Welt öffnete, steht heute nicht nur an grauen Tagen im Schatten von Betonruinen. Das Land an den Nehrungen ist immer noch nicht ganz aus seiner Lethargie erwacht, die mit Weltkrieg, Vertreibung und anderen Gräueltaten, mit dem Kalten Krieg und einer hochgerüsteten Exklave-Lage zu tun hat – und vielleicht auch ein wenig mit dem Niedergang des Bernsteins, der über Jahrtausende als Schmuckstein vor allem Frauenherzen höherschlagen ließ, der aber seit Jahren aus der Mode gekommen ist.

An der Bernsteinküste, aber vor allem an den Ständen der Straßenhändler in Kaliningrad ist das Gold aus der Ostsee immer noch omnipräsent. Kaum ein Tourist verlässt das Bernsteinland, ohne nicht zumindest einen der Sonnensteine als Andenken mit nach Hause zu nehmen. Es gibt ihn immer noch im Überfluss und in allen Variationen: als Schmuck und zurechtgeschliffene Tränen der Sonne, als gravierte Souvenirs «with love from Kaliningrad», mit und ohne eine der Inklusen – der Einschlüsse von Insekten, für die das zähe Baumharz zu einem klebrigen Gefängnis wurde und die in Steven Spielbergs Erfolgsfilm *Jurassic Park* die Vision einer DNA-geklonten, wiederauferstandenen Dino-Welt hervorriefen.

Für reichlich Nachschub sorgten in den letzten rund 150 Jahren die Bernsteinfabriken an der Küste. Im Gegensatz zu dem mühsamen Aufsammeln des wertvollen Treibguts am Strand, dem Bernsteinfischen mit Fangnetzen, dem Bernsteintauchen oder -stechen steigerte der Tief- und Tagebau die Produktionsmenge erheblich. Denn Palmnicken heißt auf Russisch nicht umsonst «Jantarnyi»: «Jantar» bedeutet auf Russisch so viel wie «Bernstein». Hier befinden sich die wohl ergiebigsten bernsteinführenden Erdschichten der Welt. Die meist sechs bis acht Meter dicken, dunklen Blauen Erden sind gespickt mit rötlich gelb leuchtenden Augen, die einen trotz der eher trüben Verwitterungsrinde wie aus dem dunklen Fell eines Pumas anfunkeln würden – wenn man sie per Hand fördern würde. In Wirklichkeit sind es längst Bagger, die Erde und Stein aus ihrer Jahrmillionen alten Nachbarschaft reißen.

Industrielle Revolution in Sachen Bernstein

Die Industrialisierung des Bernsteinabbaus hat einen Namen: Stantien & Becker. Das 1858 gegründete Unternehmen revolutionierte den Abbau, sorgte durch gezielte Aufbereitung und Vermarktung sowie große Mengen und verlässliche Qualität für eine höhere Nachfrage und damit einen Aufschwung des Bernsteinabbaus, von dem auch der Staat profitierte. Zuvor waren Generalpachtverträge mit Kaufleuten wie Karl Douglas abgeschlossen worden, die eine vereinbarte Summe als Pacht zahlten und faktisch die Bernsteingewinnung kontrollierten. Die Pachtsumme betrug im ersten Drittel des 19. Jahrhunderts etwa 10 000 Mark pro Jahr. Nach zwei Gutachten auf Verfügung König Friedrich Wilhelms III. wurde die Verpachtung schließlich an die Strandanlieger vergeben, die den Bernstein nun sammelten und insgesamt eine ähnlich hohe Summe aufbringen konnten – allerdings stieg dabei der staatliche Verwaltungsaufwand erheblich.

Für den Tagebau aber waren die Kleinpächter weder ausgebildet, noch hatten sie genug Kapital. Es kam zu einer Art unkontrolliertem Bergbau mit ungelernten Arbeitern, die mancherorts die malerische Landschaft zerstörten, die Strände mit ihren sanft ansteigenden Dünen, den Gräsern, dieser schönen, unkomplizierten Landschaft, die so viel Reines, so viel Ursprüngliches hat. Das zeigt auch die intakte Natur, wie die Waldlandschaft der Rominter Heide, der «ostpreußische Zauberwald», die «Elchniederung» mit ihren Moorlandschaften am Ostufer des Kurischen Haffs, der «tanzende Wald» mit seinen verschlungenen Bäumen auf der Kurischen Nehrung, die zahlreichen malerischen Küstenabschnitte mit ihren sanften Sandstränden oder ihrer wildromantischen, bis zu 60 Meter aufragenden Steilküste bei Kap Taran, dem ehemaligen Brüsterort.

In Palmnicken sollte sich das ändern: Die Regierung entzog

aufgrund der wenig zufriedenstellenden Zustände beim ungeordneten «Tagebau» an den Küstenböschungen 1867 den Bernstein gänzlich dem Recht der Grundeigentümer. Zudem wurde ein Staatsvorbehalt beim Tagebau eingeführt. Damit konnte die Regierung den Tagebau separat abwickeln und kontrollieren. Es begann der Abbau im großen Stil. Nachdem der Kaufmann Moritz Becker und sein Partner Friedrich Wilhelm Stantien, der bereits zuvor im Bernsteinabbau tätig gewesen war, das nach ihnen benannte Unternehmen gegründet hatten, entwickelte sich der Bernsteinabbau rasant weiter – was auch den Staat erfreute: Denn mit der enormen Steigerung der Produktion stiegen die Einnahmen explosionsartig: Lag die jährliche Pacht aus dem Sammeln, Schöpfen und Stechen seit den 1830er Jahren zwischen 20 000 und 30 000 Mark, so sank sie seit Mitte der 1870er Jahre ständig und betrug vor der Aufhebung des Pachtsystems nur noch rund 6000 Mark. Zum Vergleich: Die Gesamtpachtsummen aus den Becker'schen Betrieben – Stantien stieg nach einigen Jahren aus dem gemeinsamen Unternehmen aus – betrugen im Jahr 1870 bereits rund 200 000 Mark und bewegten sich seit Ende der 1870er Jahre meist zwischen 600 000 und 800 000 Mark, bisweilen sogar darüber.

Die enormen Umwälzungen, die sich durch den industriellen Tagebau und die professionelle Vermarktung und bedarfsgerechte Aufbereitung für die verarbeitende Industrie ergaben, schlugen sich auch in einer steigenden Nachfrage und einer gewaltigen Ausweitung der Produktion nieder: Während sich die Produktion von Strandbernstein vor dem Ersten Weltkrieg auf jährlich rund 10 000 bis 12 000 Kilogramm summierte, lieferten die Förderbänder aus dem Tief- und Tagebau jährlich rund 400 000 Kilogramm – also rund die vierzigfache Menge. Das Großunternehmen hatte es verstanden, den Bernstein in vielen verschiedenen Sorten – bis zu 200 Handelssorten für die unterschiedlichsten Zwecke – und stabiler Qualität sowie vorbearbeitet ohne die Verwitterungsrinde und in großen Mengen verlässlich zu liefern. Der

Bernstein erlebte einen erneuten Aufschwung – es kam zu einer Massenproduktion.

Wien entwickelte sich zu einem Zentrum der Weiterverarbeitung – vor allem für ein Produkt: Pfeifen. Vier Fünftel der Erzeugnisse aus Bernstein waren um 1913 Utensilien, die in Rauch aufgegangen sind, wie man scherzhaft sagen könnte: Spitzen, Pfeifenmundstücke oder Saugkolben für Wasserpfeifen wurden größtenteils in Wien gefertigt und von dort aus nach Europa mit seinen Kolonien, in den Orient und andere Teile der Welt exportiert. Auch in Deutschland gab es bernsteinverarbeitende Betriebe – in Ruhla und Eisenach in Thüringen oder Nürnberg etwa eine Pfeifenspitzenproduktion. Die Perlenherstellung dagegen saß in Danzig oder im litauischen Polangen, wo in Heimarbeit kostengünstig produziert werden konnte. Beckers Unternehmen verfügte über eigene Vertriebsbüros in Kalkutta, Hongkong, Shanghai und Tokio, die den Export in exotische Winkel des Planeten ankurbelten – in denen der Stein von der Ostseeküste seinerseits exotisch erscheinen musste.

Die steigende Nachfrage konnte nur durch einen industriellen Abbau bedient werden. Nach Hacke und Spaten folgten gewaltige Baggerschaufeln, die fortan tiefe Schneisen in den sandigen Boden und die dunklen, bernsteinführenden Erden rissen. Tiefe Gruben entstanden, aus denen Loren oder Förderbänder das wertvolle Material heraustransportierten. Die Bernsteinküste machte ihrem Spitznamen damals alle Ehre: In Sassau und an anderen Stellen wurde in einer Bernsteingräberei Stück für Stück eine Schneise in die Steilküste geschnitten, bei Palmnicken entstanden riesige Abbaukrater, und im Tiefbau wie im Annaschacht wurden befestigte Stollen in die bernsteinführenden Schichten getrieben. In Brüsterort stach jeden Morgen eine Flotte von Bernsteintauchern in See, die, über lange Schläuche mit Luft versorgt, das wertvolle Gut vom sandigen Grund lösten, und im Kurischen Haff war an der Küste der leise Rhythmus der Baggerschiffe zu vernehmen, die auf dem Wasser schwammen. Mit ihrer Förderschaufeln pflügten die dampfbetriebenen Baggerschiffe den bernsteingespickten Grund um und förderten die goldgelben Steine an Bord. «Ja kaum 800 Schritt vom Ufer liegt im hellen Sonnenschein die ganze Flotille der Dampfbagger vor Anker. Wie weiße Schäfchen heben sich die ruckweise aufsteigenden Rauchwölkchen von dem reinen Blau des Himmels ab; nur leise und gedämpft tönt das Geräusch der arbeitenden Paternosterwerke herüber», beschrieb die *Leipziger Illustrierte Zeitung* in einem Artikel vom 14. Dezember 1867 die «Bernsteinbaggerei bei Schwarzorth im Kurischen Haff».

Durch die Erfindung des Pressbernsteins 1870, der unter Druck und Hitze aus kleineren Bernsteinstücken hergestellt wird, entstand zwar ein Konkurrenzprodukt, das die Gewinnmargen für die größeren Stücke etwas drückte, aber der Bernsteinabbau blieb bis auf weiteres ein einträgliches Geschäft, und Stantien & Becker nutzte seine marktbeherrschende Stellung, um den Verkauf kleinerer Sorten an die Pressbernsteinhersteller zu erhöhen, begann schließlich sogar selbst, den Bernstein aus dem Autoklav, in dem der gepresste Bernstein hergestellt wurde, zu fertigen.

Aus dem harten Vorgehen des Quasi-Monopolisten entwickelte sich schließlich ein Konflikt in der «Bernsteinfrage», der kurz vor der Jahrhundertwende eine erneute Wende in der wechselvollen Bernsteingeschichte einleitete: Am 1. Mai 1899 erwarb der Staat sämtliche Liegenschaften und Anlagen sowie das Rohbernsteinlager von Stantien & Becker für 9,5 Millionen Mark und wurde somit selbst zum Bernsteinproduzenten.

«Deutscher Schmuck» wird sowjetisch

Viel Freude hat die Regierung aber schon bald nicht mehr an dem Bernsteinabbau in ihren eigenen Händen: Nach dem Ersten Weltkrieg verfallen die Preise. Die Nachfrage ist gesunken. In den USA sind Bakelitharze aufgekommen, die den teureren Pressbernstein ersetzen. Die verlorenen Marktanteile lassen sich nicht mehr zurückgewinnen. Die Bernsteinwerke produzieren Verluste, weil der kleinteilige Bernstein, der als Grundlage für den Pressbernstein diente, nur noch wenig einbringt. Die Regierung sucht private Teilhaber wie die Preussag AG, investiert gemeinsam mit dem Partner in bernsteinverarbeitende Unternehmen in Danzig und Pressbernsteinspezialisten in Wien. So sollen die Absatzkanäle verbessert und die Konkurrenz verringert werden. Die Preussag investiert im Ausland, unter anderem in den USA, und in den dreißiger Jahren wird der Absatz durch staatliche Behörden angekurbelt – Winterhilfswerks- und Tagungsplaketten werden daraus gefertigt. Bernstein wird als «deutscher Schmuck» propagiert. Aber immer mehr Absatzmärkte brechen weg. Kunstharze und Kunststoffe laufen dem versteinerten Harz den Rang ab.

Im Deutschen Reich denkt man ernsthaft darüber nach, die Produktion zu drosseln. Doch 3500 Menschen arbeiten an der von Fischerei und Landwirtschaft geprägten Samlandküste um Palmnicken im Abbau, weitere 1000 in der Verarbeitung, viele weitere in nachgeordneten Verwertungsstufen. Der Zweite Weltkrieg aber macht der Produktion im alten Ausmaß schließlich zunächst ein Ende. Die Produktion wird als nicht kriegswichtig eingestuft – obwohl Bernsteinharze auch in Gasmasken zum Einsatz kommen.

Nach dem Krieg nimmt die Sowjetunion die Produktion wieder auf – und zwar zunächst mit Zwangsarbeit: Mit bis zu 6000 Gefangenen begann man, mit Bergbauspezialisten aus dem ganzen Land die Abbaustellen trockenzulegen und den Betrieb wiederaufzunehmen. Allerdings erwies sich der Abbau durch die Gefangenen als schwierig, die sowjetische Industrie produzierte keine Maschinen zur Verarbeitung, und die Nachfrage war gering. Denn in der Sowjetunion waren der Bernstein und seine Produkte weitgehend unbekannt – sie wurden bisweilen für Kolophonium gehalten und verheizt. Schließlich entließ man die Gefangenen und organisierte den Abbau in ziviler Hand neu. In den sechziger und siebziger Jahren erweiterte man den Abbau – trotz mancher Havarie – schrittweise, benutzte schließlich neue Techniken wie das Abpumpen mit Hydromonitoren, mit denen man die Schichten in Meeresnähe ausbeutete und den Abraum ins Meer pumpte. Bis 1991 wurde das Meer so um rund 500 Meter zurückgedrängt.

Immer noch wühlen sich heute die Bagger tief in die malerische Landschaft, immer noch fördern die gewaltigen Pumpen Wasser und den Schlamm aus blauer Erde und das fossile Harz, das in den Sieben hängenbleibt, immer noch sortieren Männer im Rhythmus der Förderbänder die geeigneten Steine aus, längst abgestumpft für die Schönheit der goldgelb schimmernden Schätze aus dem Boden. Immer noch sitzen die Frauen in Reih und Glied in einfachen Hallen, an deren Wänden die Farbe abblättert, und schleifen und polieren ihn wie mit überdimensionalen Schuhputzmaschinen, bis das besondere goldgelbe Leuchten des Bernsteins zum Vorschein kommt.

90 Prozent der weltweiten Vorkommen schätzt man, liegen hier noch in den Blauen Erden der idyllischen Ostseeküste – manchmal nur zwei Meter unter der Erdoberfläche. Im einzigen Bernsteintagebau der Welt in Palmnicken müssen sich die Bagger aber meist mehr als 50 Meter tief in die Erde eingraben. 300 000 Tonnen Succinit, so der wissenschaftliche Name für den baltischen Bernstein, sollen es nach Expertisen russischer Geologen aus den neunziger Jahren sein – jeden Tag werden es in Jantarnyi ein paar Tonnen weniger.

Edelsteine und Bernsteindiebe

All das ist immer noch schwer zu sehen, gut verborgen von den Dünen, der Bernstein wird immer noch gut bewacht, seine Nutzung ist immer noch Sache des Staates. Erst im Dezember 2011 sind nach Medienberichten in der Nähe von Selenogradsk, jenem ehemals mondänen Seebad Cranz, bei Polizeieinsätzen insgesamt 85 Menschen festgenommen worden. Der Gouverneur habe den illegalen Schatzgräbern den Kampf angesagt, heißt es. Löchrig wie Tilsiter Käse sei die Landschaft hier, sagen die Leute spöttisch mit Blick auf die illegalen Kleingruben. Bei den Festgenommenen fand die Polizei Rohbernstein, Werkzeuge, eine Motorpumpe, an anderer Stelle sogar einen Bagger, mit dem die Männer den Bernstein allzu offensichtlich aus der Erde holten.

Denn sosehr sich vieles im Lauf der Jahre verändert hat: Das Sammeln des Bernsteins ohne Genehmigung und «Lizenzgebühren» stand unter wechselnden Herren immer unter Strafe. Auch wenn heute nicht mehr die Galgen wie in den Gemälden Pieter Bruegels des Älteren drohend in der Landschaft stehen – auch unter russischem Regiment ist das Bernsteinsammeln verboten. Das «leuchtende Gold der Samlandküste» gilt nach russischem Gesetz als Edelstein, seine Förderung ist Staatsmonopol.

Selbst die Bernsteinfischer, die hier vor allem bei stürmischer See, insbesondere nach den Frühlings- und Herbststürmen, mit ihren Keschern immer noch auf guten Fang hoffen, brauchen eigentlich ebenfalls eine solche staatliche Lizenz. Die meisten Männer an der Küste, so sagt man uns, haben dennoch keine. Die Behörden tolerieren das. Der Job ist anstrengend und gefährlich, die Ausbeute gering. Sie werden trotzdem weiterfischen, still und stolz – so wie Generationen von Bernsteinfischern an der Küste dieses so einladend-freundlichen, aber auch manchmal unwirtlich-traurigen Landstrichs mit seiner wunderbaren, friedvollen

Bernstein im Fokus: Bei den Grabungen in Wiskiauten fanden die Archäologen auch Bernstein. Siedelten die Wikinger deswegen hier an der Samlandküste? Fest steht: Sie ist die Heimat des brennenden Steins, der von hier aus die Welt eroberte.

Küste, deren goldgelb leuchtender Schatz aus der Tiefe zu so viel Reichtum und Leid gleichermaßen geführt hat.

Eine andere Variante der alten Jurate-Sage erzählt, dass die Meereskönigin den Fischer Kastytis in einem Sturm vor dem Ertrinken gerettet habe. Der zürnende Perkunas aber tötete den Jüngling, als sich Jurate in den schönen Fischermenschen verliebte. Jurate beweint seinen Tod bis heute. In Sturmzeiten, so sagt die Legende, kann man ihr Weinen und Wehklagen noch jetzt hören, und ihre Tränen werden als Bernstein an Land gespült.

Ein Käfer, eingeschlossen im Harz eines Baumes des versunkenen Bernsteinwaldes. Solche Inklusen lassen Wissenschaftler von *Jurassic Park* träumen. ➤

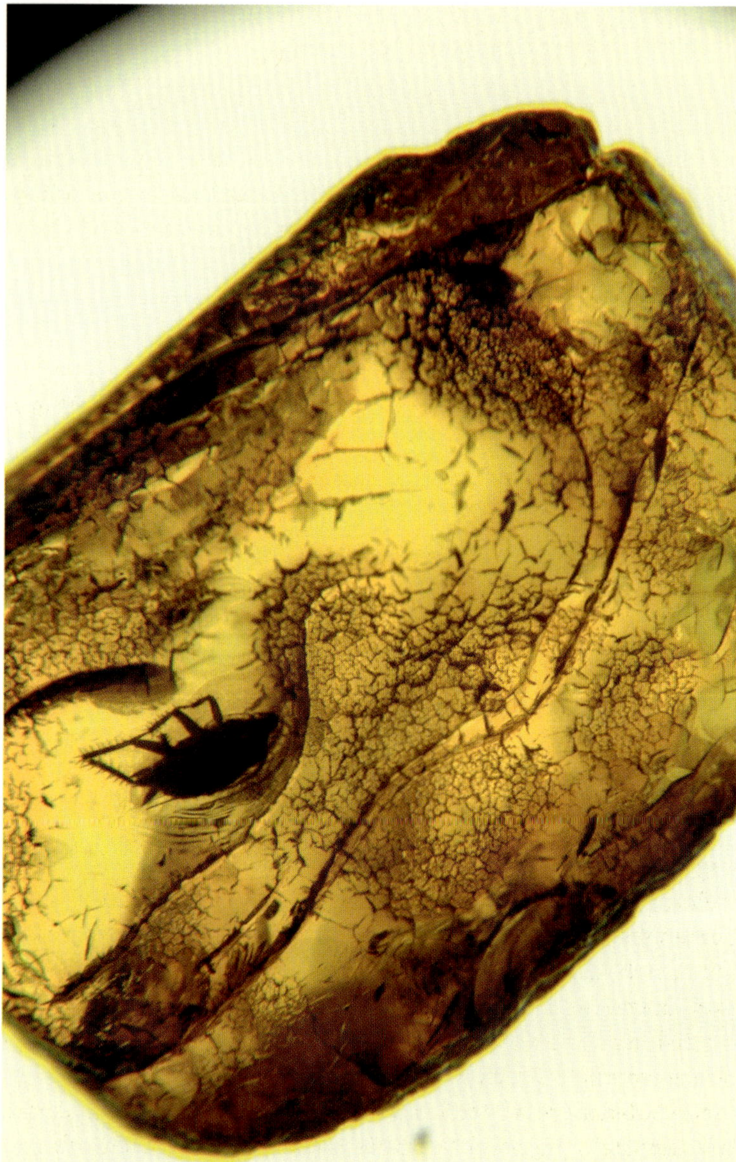

KAPITEL 12

Bernstein – ein magischer Stoff Eigenschaften, Ursprung und Vorkommen

«Nomen est omen», behauptet das lateinische Sprichwort. Mag es auch aus breiter kollektiver Erfahrung formuliert worden sein – beim Bernstein irrt es, zumindest zur Hälfte. Die erste Silbe verrät tatsächlich eine der charakteristischen Eigenschaften dieses rätselhaften Materials: Bernstein ist brennbar. So weit, so richtig, doch zu den Steinen zählt «Bern-Stein» nicht. Dieser Frage gilt es später noch genauer nachzugehen. «Bern» leitet sich von dem niederdeutschen Verb «börnen» oder auch «bernen» ab, was brennen bedeutet. Es wurzelt tief im indo-europäischen Sprachschatz. In Schweden heißt er «Bärnsten» oder «Bernsten», in den Niederlanden «Barnsteen» oder auch «Brandsteen», und sogar in Polen nennt man ihn «Bursztyn».

Auch in anderen Sprachen nimmt der Name des Bernsteins Bezug auf dessen Brennbarkeit. Im Althochdeutschen hieß er «Aitstein», da «aiten» «brennen» bedeutete. El ámbar (spanisch), amber (englisch), ambra (italienisch) oder ambre jaune (französisch) leiten sich nach Ansicht einiger Forscher vom lateinischen Verb «amburere» für «anbrennen» ab. Andere hingegen halten eine Verwechslung für die Ursache dieser Namensgebung: In einer zweiten, vermutlich älteren Wortbedeutung ist Ambra eine stark duftende Substanz aus dem Verdauungstrakt der Pottwale. Sie wird wie Bernstein gelegentlich an die Strände gespült. Dies soll Anlass zur Verwechslung gewesen sein. Da Ambra zur Parfümherstellung verwendet wird und Bernstein beim Brennen ebenfalls Duft verströmt, erscheint diese Interpretation vielen Experten auch schlüssig.

Namen fand man im Laufe der Geschichte viele für den Bernstein. Meistens standen dessen Eigenschaften – vermeintliche wie tatsächliche – Pate. So schrieb man dem Bernstein heilende Kräfte unter anderem bei Augenleiden zu und nannte ihn «Aug(en) stein». Man hielt ihn für in der Sonne getrockneten Luchsharn mit Heilwirkungen gegen allerlei und nannte ihn «Luchsstein» und «Lyngurion». Zu den tatsächlichen Eigenschaften gehört seine strahlende Leuchtkraft, auf die die altgriechische Bezeichnung «to aelektron» Bezug nimmt – wobei es auch hier verschiedene Auffassungen gibt. Die Römer latinisierten den Begriff in «electrum». In diesem Fall ist der Bernstein sogar seinerseits aufgrund einer ganz besonderen Eigenschaft zum Namenspatron geworden – und das kam folgendermaßen:

William Gilbert (1544–1603) praktizierte als Arzt seit dem Jahr 1573 in London. Er genoss einen ausgezeichneten Ruf bei seinen Patienten, zu denen am Ende seiner Karriere sogar Königin Elizabeth I. und König James I. zählten. Gilbert war ein begnadeter Mediziner, doch seine wahre Leidenschaft gehörte der Physik, genauer gesagt: dem Phänomen des Magnetismus. Viele Jahre lang rückte er mit minutiös vorbereiteten Versuchen magnetischen Erzen zu Leibe, um dem Geheimnis ihrer Anziehungskraft auf die Spur zu kommen. Auch mit Bernstein, dem electrum, experimentierte er. Dessen Eigenschaft, sich bei Reibung negativ aufzuladen und dann leichte Materialien wie Haare oder Flusen anzuziehen, kannten schon die alten Griechen. Thales von Milet berichtete bereits 600 v. Chr. als Erster darüber. In der Antike dienten Bernsteinbrocken als Kleiderbürsten. Man strich mit dem «Stein» über die Gewänder. Die Kraft, mit der der Bernstein den Stoff von feinen Partikeln befreite und die Gilbert auch in seinen Experimenten beobachtete, nannte der Engländer «vis electrica», die Kraft des Bernsteins. Er erkannte, dass sich der Magnetismus der

Erze von der statischen Elektrizität des Bernsteins unterschied. Er trennte beide Phänomene und wurde so zum Begründer der Elektrizitätslehre, deren Namen auf den Bernstein verweist.

Die Römer haben jedoch nicht nur bei den Griechen abgeschaut. Aus Germanien brachten sie die Bezeichnung «gles» oder «glaes» mit, die sie zu «glaesum» latinisierten. «Gles», etymologisch mit dem deutschen «Glas» verwandt, bedeutete eigentlich «Baumharz» und bezog sich auf Klarheit und Glanz des Bernsteins. Es wurde von den Germanen später auf das für sie neuartige Glas der Römer übertragen. Vermutlich ist «glaesum» das älteste germanische oder – wenn man so will – deutsche Lehnswort im Lateinischen. Die Germanen hielten also Bernstein für Baumharz, auch wenn ihnen dies Tacitus in Unkenntnis der genauen Wortbedeutung von «gles» abspricht. Die Römer jedenfalls hatten klare Vorstellungen von der Natur des Bernsteins. Sie nannten ihn von alters her «sucinum» – Saftstein, abgeleitet von «sucus», der Saft. Plinius der Ältere schilderte die Kenntnisse der Römer sehr genau. Er erkannte wie schon Generationen vor ihm im Bernstein das verhärtete Harz von Bäumen und ordnete es den Fichten zu, weil Bernstein beim Reiben den Duft dieser Nadelbäume verströmte. Damit lag er schon ziemlich richtig.

Kein echter Stein

Doch was weiß man heute noch alles über den Stein, der gar kein Stein ist? Und warum zählt Bernstein nicht zu den Steinen, obwohl selbst in den wissenschaftlichen Bezeichnungen «Stein» als Wortelement selten fehlt? Darüber gibt die wissenschaftliche Nomenklatur selbst Auskunft – etwas kompliziert, aber gründlich und exakt. Geologen rechnen Bernstein zu den Kaustobiolithen – das bedeutet: brennbare Steine *organischen* Ursprungs. Stein- und Braunkohle zählen auch dazu. Anders als diese kommt Bernstein aber nicht in kompakten Schichten oder Flözen vor, sondern in Form von Einzelstücken. Daher gruppieren ihn die Wissenschaftler innerhalb der Kaustobiolithen zu den Liptobiolithen, den «alleingelassenen» Steinen *organischen* Ursprungs – als einzige, übriggebliebene Reste eines Lebewesens. Und wieder stecken in jeder Fachbezeichnung die Steine. Man hat einfach keine andere Bezeichnung gefunden.

Aber da es sich bei ihm um ein Stoffwechselprodukt von Nadelbäumen handelt, das zwar ausgehärtet, aber nicht wie viele Fossilien von urzeitlichen Pflanzen und Tieren versteinert ist, ist Bernstein kein echter Stein, auch kein Edelstein – nicht einmal ein Mineral im engeren Sinne, sondern ein «organisches Mineral». Er besteht im Wesentlichen aus Kohlenstoff (C; 73,7–78,6 %), Wasserstoff (H; 9,45–10,5 %), Sauerstoff (O; 10,2–10,5 %) und Schwefel (S; 0,1–0,4 %). Die chemische angenäherte Summenformel lautet: $C10H16O+(H2S)$. «Succinit» ist der wissenschaftliche Name des in Ost- und Nordsee hauptsächlich gefundenen Bernsteins – umgangssprachlich auch «Baltischer Bernstein» genannt. Bis heute hat man neben Succinit mehr als 80 verschiedene Bernsteinarten entdeckt.

Wenn die Wissenschaft Bernstein trotz allem zu verschiedenen «Lithen» – lithos ist das altgriechische Wort für Stein – rechnet, dann weist sie damit nur darauf hin, dass es sich um harte Objekte handelt. Allerdings: So hart ist Bernstein auch wieder nicht. Gerade einmal 2 bis 2,5 Einheiten erreicht das fossile Baumharz auf der bei 10 endenden Mohs-Härteskala und übertrifft damit Gips nur knapp. Zum Vergleich: Quarz hat die Härtezahl 7, und der Diamant erreicht die 10. Man kann also manchen Bernstein mit dem Fingernagel ritzen. Mit einer Münze oder gar einem Flintstein klappt es auf jeden Fall. In Relation zu echten Steinen ist er also doch recht weich – und sehr leicht. Die Dichte von Bernstein liegt etwa zwischen 1,05 und 1,09 g/cm^3 und damit nur wenig über der von Süßwasser (1,0 g/cm³ bei 4 °Celsius). In reinem H_2O ist Bernstein daher leicht beweglich, schwebt aber nicht. Im Salzwasser sieht das anders aus. Je höher der Salzgehalt, desto dichter ist das Wasser, und desto leichter schwimmt Bernstein auf. Deswegen findet man ihn an Stränden von Nord- und Ostsee zwischen Muschelschalen, Schneckengehäusen und allerlei sonstigem Angespül. Kenner schauen nach nächtlichen Stürmen im sogenannten Rollholz bestimmter Strandabschnitte nach. In diesem dunkel abgesetzten Spülsaum ist besonders leichtes angeschwemmtes Treibgut versammelt. Der erste Schnelltest ist dann auch das Abwägen in der Hand. Ist das Fundobjekt erstaunlich leicht, stehen die Chancen nicht schlecht, einen Bernstein entdeckt zu haben.

Ein solcher See-Bernstein gibt sich dem ungeübten Auge auf den ersten Blick nicht immer zu erkennen. Er ist zwar an der Oberfläche meistens durch Wellen und Sand deutlich besser

«Ein Stein, der brennt»: magische Exotik für die Mittelmeerländer. Und deshalb heiß begehrt und sündhaft teuer.

poliert als der Land-Bernstein mit seiner Verwitterungskruste. Aber manche Stücke erscheinen dennoch rau, sind unscheinbar und unterscheiden sich optisch kaum von ähnlich aussehenden Steinen. Die Farbskala umfasst Beige-, Gelb- und Brauntöne. Nur sehr selten wird der suchende Strandwanderer ein klares, transparentes Stück finden. Wer seinen «Bernsteinsinn» noch nicht entsprechend geschärft hat, kann seine Fundstücke einigen Tests unterziehen: Einfach an einem Wolltuch reiben und schauen, ob sich der «Stein» elektrostatisch auflädt – an Härchen auf der Haut zum Beispiel. Oder in einem Glas mit Salzlösung prüfen, ob der «Stein» schwimmt. Oder versuchen, mit einem Messer oder einer Münze eine kleine Linie einzuritzen. Oder einfach darauf beißen; den Unterschied zu einem harten Kiesel merkt man durchaus. Oder mit einem Feuerzeug den «Stein» entzünden – ein Versuch, bei dem der Fund allerdings Schaden nimmt. Enden die Tests positiv, kann man ziemlich sicher sein, einen Bernstein zu besitzen. Die Trennung in See- und Land-Bernstein bezieht sich im Übrigen auf den Fundort. Entstanden sind beide ausschließlich an Land. Im Meer gibt es keine Bernsteinbildung.

Tausendsassa Bernstein

Dieser «Stein» ist ein wahrer Tausendsassa. Er brennt, er schwimmt, er duftet, er entwickelt die im Wortsinn haarsträubende «vis electrica», leitet jedoch keinen Strom. Sein elektrischer Widerstand übertrifft den von Porzellan. Daher kommt baltischer Bernstein in Spezialgeräten als Isolator zum Einsatz. Aber auch sonst ist er vielseitig verwendbar. Ab etwa 170 °Celsius wird er weich. So lässt er sich gut verarbeiten – beispielsweise unter hohem Druck und entstehender Hitze zu Pressbernstein. Dabei ändern sich Gestalt und eventuell Farbe, nicht aber seine Natur. Eingeschlossene Bläschen, die meist Wasser oder terpentinhaltiges Öl enthalten, lösen sich heraus, und die Masse wird klar. Kühlt die Masse ab und verfestigt sich wieder – härter als zuvor –, ist sie optimal zur Schmuckherstellung geeignet. Weder durch Kochen geklarter noch gepresster Bernstein darf sich jedoch Naturbernstein nennen, da ihm etwas fehlt: Während der Erwärmung sind flüchtige Inhaltsstoffe wie etwa ätherische Öle zumindest in Teilen entwichen. Er duftet beim Anschleifen nicht mehr so harzig wie das naturbelassene fossile Harz. Bei Erhitzung über 300 °Celsius beginnt Bernstein zu zerfließen und zersetzt sich. Das hat bereits Georgius Agricola im 16. Jahrhundert beobachtet. Er war einer der ersten Forscher, die der Zusammensetzung des vorzeitlichen Pflanzensaftes systematisch nachspürten, und er machte eine bis heute in vielen Bereichen angewandte, sehr wertvolle Entdeckung.

Der deutsche Universalgelehrte Georg Bauer – er übertrug seinen Namen ins Lateinische, wie es im 16. Jahrhundert chic war, und nannte sich Georgius Agricola – forschte auf vielen Gebieten der Wissenschaften. Auch mit Bernstein experimentierte er. Eines Tages im Jahr 1546 hatte sich Agricola – damals gerade Bürgermeister von Chemnitz – in seinem Laboratorium wieder einmal das harte Harz vorgenommen. Behutsam erhitzte er den rätselhaften «Stein», ohne ihn jedoch zu verbrennen. Das Harz wurde weich, begann zu schmelzen und in verschiedene Bestandteile zu zerfallen. Pyrolyse oder trockene Destillation heißt dieses Verfahren, mit dessen Hilfe Agricola einen ganz besonderen Bestandteil des Bernsteins entdeckte: die Bernsteinsäure – ein kristalliner farbloser Stoff, heute wissenschaftlich Succinylsäure genannt.

Eigentlich beschrieb Agricola nur ihre Herstellung. Eigenschaften und Zusammensetzung fanden später andere heraus, aber dem Chemnitzer gebührt die Entdecker-Ehre. Bernsteinsäure fand vielfältige Anwendungen. Heute wird sie auch biotechnologisch durch Fermentation zum Beispiel von Stärke und durch

Bakterien wie *Basfia succiniciproducens* industriell hergestellt. Bernsteinsäure ist ein natürliches Zwischenprodukt auch des menschlichen Stoffwechsels und daher bestens als Geschmacksverstärker in Lebensmitteln geeignet. Unter der Nummer E363 ist sie in Europa als Lebensmittel-Zusatzstoff zugelassen. Neuerdings wurden phthalatfreie Weichmacher aus Bernsteinsäure entwickelt – als Alternative zu herkömmlichen Weichmachern, die jüngst als Mitverursacher hormoneller Störungen und von Diabetes erkannt wurden.

Agricolas Pyrolyse erbrachte noch zwei weitere Substanzen. Die eine braun, zähflüssig und intensiv riechend, dickte allmählich zu einer schwarzen Masse ein. Aus ihr ließ sich eine klare, ins Gelbliche wechselnde Flüssigkeit destillieren: das Bernsteinöl. Dieses Oleum succini wurde in der Folge als Arzneimittel eingesetzt, heute unter anderem als Anti-Allergikum. Auch als Insektizid und als Pflege- oder Konservierungsmittel empfindlicher Oberflächen wird es verwendet. Und die andere, die dritte Substanz: Kolophonium. Es kommt unter anderem bei der Herstellung von Lacken, Klebstoffen und pyrotechnischen Produkten zum Einsatz. Mit weiteren Substanzen veredelt, entfaltet es als Bogenharz seine wohl bekannteste Wirkung beim Erklingen von Streichinstrumenten.

Bernstein besitzt ein enormes Potenzial auf den verschiedensten Gebieten. Vielen Chemikalien gegenüber zeigt er sich recht unbeeindruckt. In Wasser nicht löslich, widersteht er weitgehend sogar organischen Lösungsmitteln. Auch mit Blut reagiert er nicht, weshalb bis Mitte des 20. Jahrhunderts viele Gefäße für Bluttransfusionen aus Bernstein hergestellt wurden. Die Liste der Bernstein-Eigenschaften ist lang. Last but not least ist Bernstein wunderschön und daher seit frühester Zeit als Schmuck wertgeschätzt, oft in Verbindung mit dem Glauben an heilende oder schützende Wirkkräfte. So spannt sich das Spektrum seiner Verwendung entsprechend seiner tatsächlichen und vermeintlichen Eigenschaften vom ganz profanen Einsatz als Brennmaterial über technische und industrielle Verwendung, Be- und Verarbeitung in Schmuckherstellung und Kunst und über den Einsatz als Heilmittel bis hin zu sakralen Riten der katholischen Kirche – als Bestandteil des Weihrauchs und von Rosenkränzen. Doch woher stammt dieser vielseitige und wundersame «Stein»?

Uralte Herkunft

Bereits der römische Historiker Tacitus (55–118 n. Chr.) hatte im Bernstein erhärtetes Baumharz erkannt, und zwar anhand der in einigen Stücken eingeschlossenen Insekten. Seine Erklärung, die Tiere seien am noch flüssigen Harz haften geblieben und dann von dem Baumsaft umschlossen worden, entspricht genau dem heutigen Stand des Wissens. Doch wie viele andere antike Kenntnisse versank dieses Allgemeingut in den Wirren der Völkerwanderung. Die Menschen des Mittelalters tappten hinsichtlich der Herkunft des Bernsteins wieder völlig im Dunklen. Allerlei abstruse Vorstellungen geisterten in den Köpfen der Menschen umher. Manche hielten ihn sogar für versteinerten Samen geheimnisvoller Tiere. Erst der russische Universalgelehrte Michail Wassiljewitsch Lomonossow (1711–1765) fand wieder zur klaren Argumentation von Tacitus zurück. In einer Rede zur feierlichen Versammlung der Petersburger Akademie im Jahre 1757 sagte er: «Ich kann mich nicht genug wundern, dass gelehrte Männer (…) gar nicht auf so viele Gewürme und Ungeziefer als Bewohner der Wälder und auf die Blätter der verschiedenen Pflanzen (…) Acht gegeben haben, da doch alle diese Dinge (…) augenscheinlich zeigen, dass die Insekten und Blätter an dem pechartigen Stoffe der Bäume, da derselbe noch flüssig gewesen, hangend geblieben und allmählich durch den Fluss dieser sehr zähen Feuchtigkeit bedeckt und eingeschlossen sind.» Diese Erkenntnis setzte sich in den folgenden Jahren durch. Heute bezweifelt niemand mehr, dass Bernstein fossiles Harz von vor Jahrmillionen untergegangenen Bäumen ist.

In Nordosteuropa, dort, wo sich heute schier endlose Tundra und nordische Nadelwälder erstrecken, sah es vor 40 bis 50 Millionen Jahren völlig anders aus. Große Teile der heutigen Ostsee – der Bottnische und der Finnische Meerbusen und große Flächen der mittleren Ostsee – lagen trocken. Sie waren von dichter subtropischer Vegetation bewachsen. Die Jahresdurchschnittstemperatur lag bei 20 °Celsius, in höheren Bergregionen etwas niedriger. Riesige Wälder reichten vom heutigen Südschweden über das südliche Finnland und das Baltikum bis weit nach Russland hinein. Je nach geographischem Mikroklima unterschieden sich die artenreichen Pflanzengemeinschaften dieses Waldgürtels. Einen ganz besonderen Teil – Schätzungen zufolge ein Gebiet von mindestens 40 000 Quadratkilometern – bedeckte der sogenannte Bernsteinwald. In «Fennoskandien» hat man ihn lokalisiert, im Gebiet von Südschweden, dem Bottnischen Meerbusen und Südwest-Finnland.

Über den Charakter diese Waldes hat die Wissenschaft noch keine abschließende Einigung erzielt – nicht etwa, weil es zu wenige Funde gibt, sondern im Gegenteil: Die zahllosen Einschlüsse – Inklusen – sind von verwirrender Vielfalt. So viel weiß man: Zwischen Baumgiganten wucherten zahllose kleinere Pflanzen, die dichtes Unterholz oder eine üppige Krautschicht bildeten. Neben Eichen, Buchen, Ahorn und verschiedenen Nadelbäumen wie Kiefern, Zedern und Zypressen gediehen vor allem Moose und Farne in dem warmen, feuchten Klima des Paläogen vor über 40 Millionen Jahren. Auch Ölbäume, Magnolien und Zimt-Palmen waren verbreitet. Diese Wärmeperiode dauerte fast 20 Millionen Jahre an und garantierte relativ stabile klimatische Verhältnisse – geradezu paradiesisch für Flora und Fauna.

Bernsteinbäume

Keineswegs alle, sondern lediglich einige wenige Baumarten bildeten Harz in so großen Mengen, dass sie als «Bernstein-Produzenten» in Frage kommen. Immerhin könnte das fennoskandische Bernsteinland der Nachwelt schätzungsweise vier Milliarden Tonnen fossiles Harz überliefert haben. Das klingt immens. Daher dachte man früher, eine schwere Krankheit habe den Bernsteinwald heimgesucht und die Bäume zu extremer Harzbildung gezwungen. «Succinosis» taufte man die imaginäre phytomedizinische Katastrophe. Auch wetter- oder klimabe-

Das Gold der Ostsee mit eingeschlossenen Fliegen. Die schwirrten zuletzt vor ca. 50 Millionen Jahren.

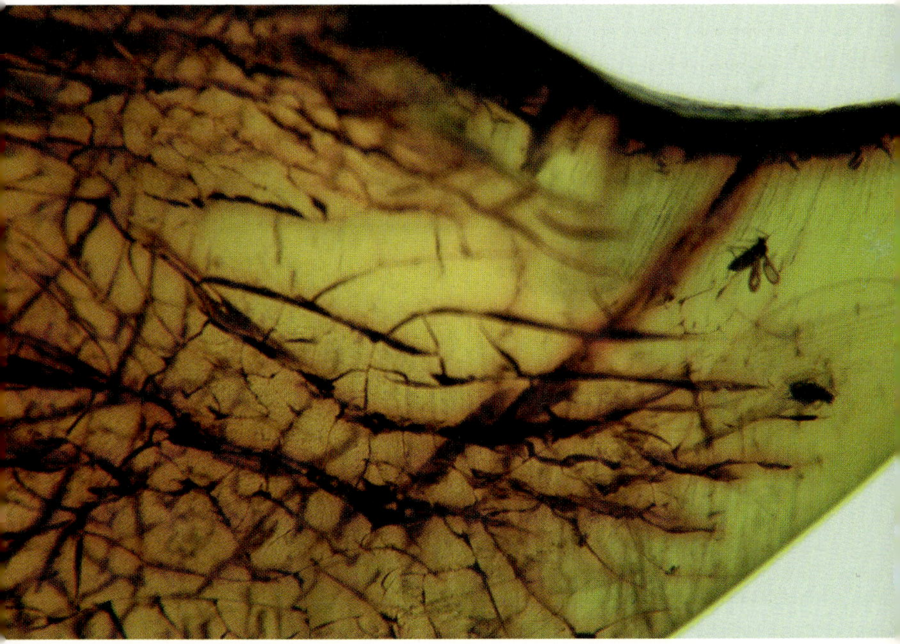

dingte Naturereignisse oder außergewöhnlicher Parasitenbefall standen unter Verdacht, zu anomal hoher Verletzungsrate bei den Bäumen geführt zu haben – denn auf offene Wunden hätten sie mit Harzbildung reagiert. Aber auch erhöhter Stress durch Umweltveränderungen wie Temperaturschwankungen, extreme Trockenheit oder Überschwemmungen kann – auch bei rezenten Pflanzen – zu deutlicher Zunahme der Harzproduktion führen. Wenn jedoch die Phase der Harzbildung «nur» zehn Millionen Jahre angedauert hätte, läge die Jahresproduktion pro Quadratkilometer bei etwa zehn Kilogramm – die vier Milliarden Tonnen einmal als gegeben angenommen. Das ist kein exorbitant hoher Wert, zumal von bis zu 20 Millionen Jahre währender Harzbildung ausgegangen werden kann. Andererseits ist nur ein Bruchteil des erzeugten Harzes zu Bernstein geworden und hat die Jahrmillionen bis heute überlebt.

Zum Vergleich: In Österreich erzielen die Pecher – sie ernten Harz zur Kolophonium- und Terpentinproduktion von angerissenen Schwarzkiefern – etwa vier Kilogramm pro Baum und Jahr. Allerdings gilt Pinus nigra als eine der harzreichsten Baumarten überhaupt – und die Pecher wenden spezielle Tricks an, um den Harzfluss zu fördern. Welche Baumarten im Bernsteinwald besonders viel Harz freigesetzt haben, ist bis heute nicht geklärt. Lange stand eine als ausgestorben deklarierte Kiefernart ganz hoch im Kurs der Spekulationen: die Bernstein-Kiefer *Pinus succinifera.* Tatsächlich hat man aber keine Reste einer solchen Kiefer gefunden. Dafür entdeckten Forscher Teile anderer möglicher Harzproduzenten: Bäume aus der Verwandtschaft von Zedern und von Lärchen ebenso wie von Araukarien. Der baltische Bernstein selbst steht chemisch dem Harz von Kiefern- und Araukarien nahe. Daher wird heute ein ausgestorbener Vorfahre beider Baumgruppen als der «Bernsteinbaum» angenommen. Aber das ist bislang auch nur eine Theorie.

Sosehr Bernstein die Menschen seit der Frühzeit fasziniert – das eigentlich Interessante für die Wissenschaft sind seine Einschlüsse, die Inklusen, oder etymologisch genauer und auch etwas persönlicher: die Eingeschlossenen. Eine Vielzahl von Tieren und Pflanzen bzw. deren Teilen hat das fossile Harz wie in gläsernen Särgen perfekt konserviert. Und diese Inklusen sind es, die den Wissenschaftlern die besten Informationen über den Bernsteinwald verraten.

Oft befinden sich in einem «Stein» Reste mehrerer Lebewesen und stellen so Momentaufnahmen aus einem längst untergegangenen Ökosystem dar. Das erlaubt weitreichende Rückschlüsse auf die damalige Fauna und Flora, auf Klima und Lebensräume. So sprechen die zahllosen Funde von Insekten, deren Larven ihre Entwicklung im Wasser durchlaufen, für viele Tümpel, Bäche und Flüsse. Einschlüsse von Bienen sprechen für die Anwesenheit von Blütenpflanzen – Einschlüsse von Blüten oder deren Teilen liegen allerdings ebenfalls vor. Aber wofür sprechen Funde von Pflanzen, die offenbar im Bernsteinwald vorkamen, heute aber in ganz unterschiedlichen Klimazonen und an weit entfernten Ecken der Erde leben? Gab es doch eine klimatische Zonierung innerhalb des riesigen Waldgebietes? Oder wechselte das Klima im Laufe der Jahrmillionen? Oder lebten an tropisch-warmen Südhängen andere Arten als in kühleren Tälern und nördlich exponierten Lagen? Einige Wissenschaftler halten einen Wald, wie er heute im Süden Floridas anzutreffen ist, für möglich: Inmitten subtropisch-gemäßigter Vegetation kommen dort inselartig isolierte Standorte tropischer Pflanzen vor – hohe Biodiversität auf begrenzter Fläche.

Zeitkapsel Bernstein

Weit mehr als 200 verschiedene Pflanzenarten wurden im baltischen Bernstein identifiziert – darunter auch einige Bakterien und Pilze. Allein 44 Arten von Nadelhölzern konnten bisher bestimmt werden. Pflanzliche Einschlüsse nennt der Spezialist «Phytoinklusen», eingeschlossene Tiere entsprechend «Zooinklusen». Ungleich stärker als Pflanzen sind bei den Einschlüssen Insekten und Spinnen vertreten, gefolgt von Würmern, Krebstieren und Tausendfüßern. Sogar Schnecken hat das Harz ereilt und konserviert. Einer der sensationellsten Funde gelang 1997, als in der Nähe von Danzig ein klarer Bernstein mit einer eingeschlossenen Eidechse zu Tage gefördert wurde. Ihr Name: *Succinilacerta succinea* – «Bernsteinechse aus dem Bernstein». Auch für andere Wirbeltiere hält baltischer Bernstein Beweise bereit: Federn und Haare zeigen, dass Vögel und Säugetiere den Bernsteinwald bewohnten. Insgesamt hat man in sämtlichen Inklusen-Steinen aus der kompletten Zeitspanne der Bernsteinwälder Hinweise auf fast 10 000 verschiedene Arten erhalten.

So viele Funde, und doch bleiben noch immer viele offene Fragen. Leider sind die Gebiete des Bernsteinwaldes durch geologische Prozesse vernichtet oder unzugänglich gemacht worden, sodass es außerordentlich schwierig ist, diese versunkene Lebenswelt zu rekonstruieren. Außer den Bernsteinen existieren keinerlei andere Fossilien wie etwa Versteinerungen oder Abdrücke. Bernsteine und ihre Inklusen sind die letzten Zeugen jener rätselhaften Wälder.

Diese Zeugen zeigen sich meist in fantastischem Zustand und erweisen sich als entsprechend aussagekräftig. Feinste Details ihrer äußeren Gestalt sind erhalten geblieben: winzige Härchen und fragile Fühler ebenso wie mikroskopisch kleine Poren und andere Oberflächenstrukturen. Neueste bildgebende Verfahren ermöglichen sogar gestochen scharfe 3-D-Darstellungen der meist sehr kleinen Objekte. Lange Zeit galten die «Eingeschlossenen» allerdings als hohle Hüllen, deren innere Organe vergangen waren. Doch bereits Anfang des 20. Jahrhunderts ließen Funde von Muskelresten in inkludierten Insekten auf mehr hoffen. Insbesondere bei Spinnen fanden Forscher durch elektronenmikroskopische Untersuchungen Spinndrüsen, Fächerlungen und andere Organe, wenn auch in deutlich geschrumpftem Zustand.

Jurassic Park

Obwohl Bernstein einen gewissen Gasaustausch zulässt und so über sehr lange Zeit Austrocknung und Oxidation des eingeschlossenen organischen Materials nicht verhindert, wirken doch seine antibakteriellen und fixierenden Eigenschaften konservierend. Als 1982 in baltischem Bernstein eine Mücke mit erhaltenen Zellkernen, Ribosomen, Mitochondrien und anderem Zellmaterial entdeckt wurde, beflügelte dies nicht nur den Forschungseifer vieler Wissenschaftler, sondern auch die Fantasie des amerikanischen Mediziners und Schriftstellers Michael Crichton (1942–2008). 1990 erschien sein Thriller *DinoPark*, der, unter der Regie von Steven Spielberg verfilmt, 1993 als *Jurassic Park* in die Kinos kam. Er avancierte auf Anhieb zum Welterfolg.

Der «wissenschaftliche» Teil der Story: Forscher finden einen in Bernstein eingeschlossenen Moskito, der einst einen Dinosaurier gestochen hatte, kurz darauf von jurazeitlichem Harz umflossen wurde und nun in seinem Verdauungstrakt gut konserviertes Blut des Urzeitreptils enthält. Aus der isolierten Dino-DNS erschaffen sie lebendige Replikate der Echse. Wie weit Crichton an die Möglichkeit geglaubt hat, dass Naturwissenschaftler ein solches Projekt wirklich realisieren könnten, ist ungewiss. Tatsächlich hat

Crichton nach eigenen Aussagen davor warnen wollen, alles umzusetzen, was machbar erscheint. Wissenschaft war für ihn ein «wunderbares, aber begrenztes Mittel» der Erkenntnisgewinnung. Die Konsequenzen wissenschaftlichen Handelns rechtzeitig zu überprüfen, war ihm ein Anliegen.

In *DinoPark* bzw. *Jurassic Park* stellten wesentliche Elemente der Story sehr freie Weiterentwicklungen der wissenschaftlichen Wirklichkeit dar. Autor und Regisseur spielten mit der Mischung aus Fakten und Fiktion. Zwar gibt es Bernstein aus der Jura-Zeit, bei dem es sich aber nicht um baltischen Bernstein handelt, doch er enthält keine Moskito-Einschlüsse aus jener Epoche. Kriebelmücken- und Bremsen-Inklusen sind hingegen aus der Dino-Zeit (Jura und Kreide) bekannt. Ob diese Plagegeister die Schreckensechsen heimgesucht haben, ist jedoch unbewiesen. Und dass es gelingt, aus dem angedauten (das heißt: noch nicht zu Ende verdauten) Blut genügend geeignete DNS zu gewinnen, um einen Saurier-Klon herzustellen, ist nach heutigem Kenntnisstand eher unwahrscheinlich. Bisher verlief jede Suche nach DNS in Mücken-Inklusen erfolglos. Spezialisten des Natural History Museum in London sind daher zu der Auffassung gelangt, keine Exemplare mehr für derartige Untersuchungen zur Verfügung zu stellen. Die Fundstücke seien für Paläozoologie und Paläoökologie zu wertvoll. Dennoch werden ähnliche Träume immer noch geträumt, wie die gegenwärtige Diskussion um das Klonen von Mammuts zeigt.

Wie der Bernstein selbst entstanden ist, weiß man hingegen recht genau. Vor allem Nadelbäume, aber auch einige Laubbäume bildeten damals ebenso wie heute eine klare, zähflüssige Substanz: das Harz. Dabei handelt es sich nicht um «Pflanzensaft», der Stamm, Stängel und Blätter in den dafür vorgesehenen Leitungsbahnen durchströmt, sondern um eine spezielle Ausscheidung, wissenschaftlich Exsudat genannt. Sie wird in besonderen Harzgängen bevorratet. Bei Verletzungen der Pflanze, beispielsweise einem Astbruch oder einem Anriss der Rinde, quillt das Harz hervor, schiebt Verunreinigungen aus der Wunde und verschließt die offene Stelle – ähnlich dem Bluten einer Wunde bei Mensch und Tier. Es ist quasi ein natürliches Heftpflaster.

Harz schützt die Pflanze vor Infektionen durch Pilze und Bakterien, aber auch vor zu großen Schädigungen durch Insekten. Tritt Harz aus – einige Forscher glauben, dass das Harz des Bernsteinwaldes dünnflüssiger war als heutiges –, tropft es zu Boden. Dabei entsteht fast immer ein trüber «Tropfen», üblicherweise irgendwo zwischen Kirschkern- und Walnussgröße. Oder das Harz rinnt auf der Pflanzenoberfläche entlang, kann in mehreren Schichten übereinanderfließen und eine klare, flache «Schlaube» bilden. Oder es bleibt als «Stalaktiten» hängen, wobei sich verschiedene Formen ausbilden können: «Zapfen» beispielsweise oder auch «Stecknadeln». Letztere können ihrerseits wieder von späteren Harzflüssen eingeschlossen werden; man spricht dann von «Bernstein im Bernstein». Für jede Form hat der Fachmann einen Terminus parat. Tritt das Harz nicht aus, bleibt es in verschiedenen inneren Räumen der Pflanze erhalten: in Harztaschen zwischen den Jahresringen, als innere Rissfüllung oder als Harzmasse innerhalb oder unter der Borke. Je nach Größe des Hohlraumes, den das Harz ausfüllte, entstanden Bernsteinstücke von mehreren Kilogramm Gewicht.

Sobald Harz an Licht und Luft gelangt, beginnen chemische Prozesse wie Oxidation, Polymerisation und Austrocknung an ihm zu arbeiten. Niemand weiß genau, wie lange es brauchte, bis das Harz des Bernsteinwaldes ausgehärtet war. Vermutlich mussten dazu viele hunderttausend Jahre vergehen. Bleibt das härtende Harz an trockener Luft, entstehen bereits nach wenigen Jahrzehnten feine Haarrisse. An der Oberfläche bildet sich eine Verwitterungskruste, die immer tiefer ins Innere wächst. Der «Stein» droht zu zerbröseln. Wichtig zur Erhaltung des entstehenden Bernsteins waren auf alle Fälle weitgehender Abschluss von Licht und Luft sowie ein feuchtes Milieu. Das konnte im Waldboden sein oder – noch besser – in einem der zahlreichen Gewässer.

Erzwungene Wanderschaft

Dort geschützt und ungestört gehärtet, erlebte der Bernstein vor etwa 30 Millionen Jahren erste unstete Zeiten. Der Meeresspiegel stieg allmählich. Die vorzeitliche «Ostsee» drang von Süden her in den Bernsteinwald vor. Der Boden weichte auf. Neue Flussläufe entstanden zur Entwässerung der wachsenden Sumpfgebiete. Dabei gelangte viel Erdreich und mit ihm darin lagernder Bernstein in Bewegung. Der Hauptstrom «Eridanos» führte große Mengen des fossilen Harzes Richtung Süden davon. Er ist benannt nach dem Fluss, an dessen Ufer der griechischen Mythologie zufolge die Heliaden in Pappeln und ihre Tränen in Bernstein verwandelt wurden.

Im Gebiet der heutigen Danziger Bucht fächerte sich der Eridanos zu einem 115 Kilometer breiten Delta auf. Dort und im südlich anschließenden Flachmeer lagerte er den Bernstein wieder ab. Auf dem Meeresgrund entstand mit der Zeit eine tonig-sandige Schicht. Hier sammelten sich auch viele Reste der verschiedensten See-Organismen an wie Muschelschalen, Haizähne oder Seeigel-Gehäuse. Wegen eines in diesem Sediment vorkommenden Eisenminerals – Glaukonit genannt – erscheint die Schicht leicht bläulich. Aus dem Gemenge dieser Ablagerungen entstand die berühmte «Blaue Erde», in der noch heute große Mengen des baltischen Bernsteins gefunden werden.

Millionen Jahre später zog sich die See wieder zurück, und große Flächen des Meeresgrundes fielen trocken. Die Blaue Erde gelangte erstmals ans Tageslicht. Für den eingelagerten Bernstein bedeutet dies eine erneute Phase der Wanderung. Regen wusch ihn frei. Bäche und Flüsse transportierten die leichte Fracht fort. So wurde der Bernstein zusammen mit Braunkohlensanden über größere Gebiete, vor allem im heutigen nördlichen Polen, verstreut und unregelmäßig abgelagert. Doch auch jetzt durfte er nicht zur Ruhe kommen. Die Eiszeit nahte. Dreimal schoben sich gewaltige Eismassen südwärts. Dabei hobelten sie den Boden des ehemaligen Bernsteinwaldes ebenso ab wie den ehemaligen Meeresgrund. Die vorrückenden Gletscher zermalmten das Gestein oder schoben es vor sich her – immer dabei: das fossile Harz. Das hatte zur Folge, dass kein Bernstein mehr an dem Ort seiner Entstehung übrig blieb. Auch die sekundären Lagerstätten wurden umgewälzt und versetzt.

Erst diese eiszeitlichen Ereignisse verdrifteten den baltischen Bernstein bis nach England, Holland und tief nach Deutschland hinein. Bis auf das Gebiet der heutigen Ukraine und weit nach Russland verschoben die Gletscher das bernsteinhaltige Erdreich. Und damit nicht genug: Während der wärmeren Phasen, wenn sich die Eismassen zurückzogen, spülte das Schmelzwasser den Bernstein wieder frei und trug ihn über verschiedene Fließgewässer abermals ins Meer.

«Ein Stein, der magische Kräfte hat»: Die elektrische Aufladung bewirkt das Anziehen von Fusseln. Das altgriechische Wort für Bernstein ist *elektron*.

Noch heute kommt der baltische Bernstein nicht zur Ruhe. An der Küste des Samlandes nördlich von Kaliningrad, dem ehemaligen Königsberg, nagt die Brandung der Ostsee und spült beständig Bernstein aus der dort zutage tretenden Blauen Erde. Ins Meer gerissen, treibt die leichte Beute der Wellen mit der Strömung davon, um irgendwo wieder an den Strand geworfen zu werden – zur Freude des Sammlers, der das «Gold der Ostsee» finden darf.

Gigantische Lagerstätten

Auf der Halbinsel Samland im früheren Ostpreußen lagern vermutlich die weltweit größten Succinit-Vorkommen. Seit dem frühen 19. Jahrhundert wird hier Bernstein planmäßig abgebaut. Die Blaue Erde steht in Strandnähe bis zu zehn Meter, im uferferneren Untergrund bis zu 55 Meter mächtig an. 300 bis 5900 Gramm fossiles Harz pro Kubikmeter Erde lassen sich in dem heute zum russischen Oblast Kaliningrad gehörenden Gebiet gewinnen; in Ausnahmefällen sogar 23 Kilogramm. Seit 1947 bauten zunächst die Sowjets die zerstörten Förderanlagen von Palmnicken, dem heutigen Jantarnyi, wieder auf. Jantarnyi bedeutet «aus Bernstein», nach «jantar», der russischen Bezeichnung für Bernstein. Etwa 90 Prozent des auf der ganzen Welt geförderten Bernsteins kommt aus Jantarnyi.

Baltischer Bernstein lagert nicht nur im ehemaligen Ostpreußen. An vielen Orten Mecklenburgs und Brandenburgs werden immer wieder Funde gemacht – oft bei Erdbewegungen im Rahmen von Bauarbeiten. Besonders dicke Brocken stammen normalerweise aus bernsteinhaltigen Erdschichten und nicht vom Strand. So wurde ein 9750 Gramm schwerer «Stein» im Jahr 1890 bei Rawin nahe dem pommerschen Cammin ausgegraben. Bisherige Rekordfunde von den Gestaden Usedoms hingegen bringen lediglich 1200 bis 1785 Gramm auf die Waage – geradezu mickrig im Vergleich zu dem Klumpen, den ein dänischer Hummerfischer 1969 vor der Küste von Bohuslän aus dem schwedischen Skagerrak bergen konnte: Mit 10478 Gramm hatte der Mann den wohl schwersten je gewogenen Bernstein im Netz.

Aber bei solchen Schlagzeilen machenden Entdeckungen handelt es sich fast immer um Einzelfunde. Das größte Massenvorkommen von Succinit im heutigen Deutschland liegt bei Bitterfeld, im Grenzgebiet zwischen Sachsen-Anhalt und Sachsen. Bereits im 17. Jahrhundert kam man dem Bernstein im Raum zwischen Mulde und Elbe auf die Spur. Er hat sich quasi selbst verraten – durch sein Aroma. Bei Schwelbränden im Braunkohle führenden Erdreich fiel ein auf Harz hinweisender Geruch auf. Bodenproben wurden nach Dresden zur Untersuchung geschickt. Die chemische Analyse ergab: Im Erdreich befand sich Bernstein. In den folgenden Jahrzehnten fanden die Menschen an verschiedenen Stellen dieser Gegend kleinere Bruchstücke.

Im 19. Jahrhundert fielen beim Braunkohleabbau nahe Bitterfeld immer wieder Bernsteinbrocken auf. Doch erst im Rahmen des Braunkohle-Tagebaus begann die DDR, den Bernstein abzubauen, da der Nachschub aus dem damals sowjetischen Oblast Kaliningrad versiegte. Die Schmuckhersteller in Ribnitz-Damgarten brauchten jedoch dringend den wertvollen Rohstoff. Er bildete die Existenzgrundlage des «VEB Ostseeschmuck». So gewann man den Bernstein von 1975 bis 1990 im Trockenabbauverfahren. Über die Herkunft des Bitterfelder Bernsteins konnte in Fachkreisen noch keine Einigung erzielt werden. Vermutlich war er zu großen Teilen aus dem fennoskandischen Bernsteinwald hierher verdriftet und später von Auenwäldern überwachsen worden. Als diese Wälder untergingen, entstand aus ihrem Holz die Braunkohle. Allerdings ist der baltische Bernstein nicht die einzige Bernsteinsorte in Bitterfeld. Es soll auch autochthone, also eigene, im Bitterfelder Gebiet entstandene fossile Harze geben. Nach der

Flutung des Tagebaugebietes barg ein Schwimmbagger bis 1993 Bernstein im Unterwasserabbau. Danach wurde die Bernsteingewinnung bei Bitterfeld eingestellt. Immerhin hatte die Jahresausbeute bis zu 50 Tonnen erreicht. Neben Succinit kommen hier auch verwandte Harze wie Gedanit, Glessit oder Siegburgit vor.

Unter Bernstein im engeren Sinne versteht man allgemein den baltischen Bernstein, das Succinit. Doch er ist, wie das Beispiel Bitterfeld zeigt, nicht das einzige fossile Harz. Zu Bernstein im weiteren Sinne zählen mehr als 80 verschiedene Arten. Der mit Abstand häufigste Bernstein ist jedoch das Succinit. Über 640 000 Tonnen werden noch in den natürlichen Lagerstätten vermutet.

Bernstein ist nicht gleich Bernstein

Für alle Bernsteinarten gilt die bereits erwähnte Unterscheidung in See-Bernstein und Land-Bernstein. Darüber hinaus differenziert der Fachmann Varietäten, wobei er sich an der Transparenz des jeweiligen «Steines» orientiert. «Schier» oder «klar» sind Stücke, die durchsichtig wie Glas sind. «Matt» heißen durch kleinste Bläschen getrübte, halbtransparente Stücke. Als «Flohm» oder auch «Flum» werden Exemplare bezeichnet, die durch feinen Staub leicht getrübt sind. Unter «Bastard» wird stark getrübter Bernstein verstanden, wobei die Trübung unterschiedlich ausgeprägt sein kann, von homogen bis wolkig. «Knochen», auch «Kreidebernstein» genannt, ist völlig undurchsichtig und meist weißlich bis elfenbeinfarben. Unter «Schaum» versteht man die Verwitterungsform der Varietät «Knochen»: vollkommen undurchsichtig, sehr weich und porös, nicht polierbar und leichter

Goldglänzende Tränen der Götter! Sagenumwobener Bernstein aus dem Baltikum – Luxusgut für Könige und Fürsten, Zaren und Pharaonen

als Süßwasser. Bis zu 900 000 Bläschen pro Kubikmillimeter können das Harz trüben. Die schon genannten «Schlauben» bestehen aus mehreren Schichten, sind meist klar und enthalten oft Inklusen. Beim «Brack», auch «Schlack» genannt, überwiegt der Pflanzenanteil gegenüber dem aus verschiedenen Harzen bestehenden Bernstein. Er ist meist von wissenschaftlichem Wert, für die Schmuckbearbeitung jedoch ungeeignet.

Unter Bernstein im weiteren Sinne werden fossile Harze zusammengefasst, die dem Succinit ähnlich sind, sich jedoch von diesem chemisch und physikalisch unterscheiden. Sie wurden nicht vom «Bernsteinbaum» produziert, sondern von verschiedenen anderen Pflanzen. Da sie oft neben dem Succinit gefunden werden, allerdings in geringer Zahl, werden sie als «akzessorische Harze» bezeichnet. Früher unterschied man die Bernsteinarten nach ihrem Gehalt an Bernsteinsäure. Für Succinit hatte der Danziger Apotheker Otto Helm Ende des 19. Jahrhunderts für baltischen Bernstein Werte zwischen 3,2 und 8,2 Prozent ermittelt, während er in sizilianischem Bernstein keine Säure fand. In der Folge wurden Bernsteine in Succinit mit einem Säuregehalt über drei Prozent und in «Retinite» mit Säuregehalten unter drei Prozent differenziert. Heute orientieren sich die Mineralogen an anderen Eigenschaften und bestimmen die Harze mittels Infrarot-Spektroskopie, Massenspektrometrie und anderen modernen Untersuchungsmethoden.

Bernstein ist keine Erfindung des fennoskandischen Bernsteinwaldes. Fossile Harze sind aus allen Teilen der Welt – die Antarktis ausgenommen – bekannt. Und sie sind bereits im Erdaltertum, dem Paläozoikum, erstmals vor mehr als 300 Millionen Jahren von Farnlaubgewächsen gebildet worden, wenn auch in wesentlich bescheidenerem Maße als vom späteren «Bernsteinbaum». Paläozoische Harze hat man unter anderem in Elsass-Lothringen, im Ruhrgebiet und in Oberschlesien gefunden, also in den großen Steinkohlerevieren. Kohle und Harz stammen beide aus dem Karbon. Auch im Erdmittelalter, dem Mesozoikum, haben Pflanzen Harz gebildet, und zwar während der Triaszeit vor über 200 Millionen Jahren. Eingeschlossene Algen, Bakterien, Sporen und Einzeller geben wertvolle Hinweise auf die Lebenswelten jener Epoche. Auch aus der folgenden Jurazeit sind fossile Harze bekannt. Und erst im Jahre 2011 haben Wissenschaftler der University of Alberta in einem Bernstein aus der späten Kreidezeit Federn von Dinosauriern und frühen Vögeln entdeckt. Die Inklusen wurden vor 70 bis 85 Millionen Jahren gebildet.

Es gibt auch Bernstein, der jünger ist als das 35 bis 55 Millionen Jahre alte Succinit. Harz aus Borneo oder Sumatra ist erst vor 15 bis 20 Millionen Jahren entstanden. Bernstein aus der Dominikanischen Republik ist teils noch jünger. Überall auf der Welt, wo harzbildende Pflanzen wachsen, geht auch die Bernsteinbildung weiter. Gelegentlich finden Strandwanderer im Spülsaum der Nordsee eigenartigen «Bernstein». Dabei handelt es sich oft um einen sogenannten Kopal – subfossiles Baumharz, das manchmal nur einige Jahrzehnte, manchmal einige Jahrtausende alt ist. Es zählt noch nicht zu Bernstein, sondern ist quasi ein Jugendstadium. Wie Bernstein kommt Kopal weltweit vor und kann auch Inklusen enthalten. Zur Schmuckherstellung ist Kopal jedoch viel zu weich.

Aus dem Spülsaum von Nord- und Ostsee haben sehr wahrscheinlich auch jene frühen Bernsteinsammler das «Gold des Nordens» gefischt, die es als Handelsgut verkauften. Über mehrere Zwischenstationen gelangte es schließlich bis in den Mittelmeerraum. Analysen durch den bereits erwähnten Apotheker und Bernsteinspezialisten Otto Helm ergaben, dass 1290 Perlen, die Heinrich Schliemann aus einem bronzezeitlichen Schachtgrab in der Zitadelle von Mykene geborgen hatte, aus baltischem Bernstein gefertigt waren. Auch in ägyptischen Königsgräbern wie dem von Tutanchamun gehörte Bernstein wohl zu den Beigaben. Die Mobilität des fossilen Harzes ist also auch nach der letzten großen, die Bernsteinlager umschichtenden Eiszeit nicht zum Erliegen gekommen.

Anhang

Literatur

Kapitel 1
Die Bronzezeit – eine weite Welt

Archäologische Schriften des Landkreises Osterode am Harz 3: Höhlen im Westharz und Kyffhäuser. Holzminden 2001

Berichte zur Denkmalpflege in Niedersachsen, 1 / 2012

Freeden, Ulla von; Schnurbein, Siegmar von: Spuren der Jahrtausende. Archäologie und Geschichte in Deutschland. Stuttgart 2002

Graichen, Gisela: Das Kultplatzbuch. 3. erw. Aufl. Hamburg 1988

Dies.: Schliemanns Erben. Von den Herrschern der Hethiter zu den Königen der Khmer. Bergisch Gladbach 2001

Dies.: Goldfieber. Von den Minen der Skythen zu den Schätzen Timbuktus. München 2002

Jockenhövel, Albrecht; Kubach, Wolf: Bronzezeit in Deutschland. Stuttgart 1994

Korn, Wolfgang; Bau, Flemming: Unsere Geschichte. Von der Urzeit bis zum Mittelalter. Stuttgart 2006

Mai, Klaus-Rüdiger: Die Bronzehändler. Eine verborgene Hochkultur im Herzen Europas. Frankfurt a. M. 2006

Meller, Harald: Der geschmiedete Himmel. Die weite Welt im Herzen Europas. Stuttgart 2004

Menschen Zeiten Räume. Archäologie in Deutschland. Stuttgart 2002

Probst, Ernst: Deutschland in der Bronzezeit. München 1996

Kapitel 2
Bernstein in der Geschichte – Faszination und Mythos

Appel, Reinhard: Das neue Bernsteinzimmer. Bergisch Gladbach 2003

Bick, Almut: Die Steinzeit. Stuttgart 2006

Clark, Neil D. L.: Mythos Bernstein. Darmstadt 2012

Cunliffe, Barry (Hg.): Illustrierte Vor- und Frühgeschichte. Frankfurt a. M. 1996

Dollinger, Philippe: Die Hanse. Stuttgart 1998

Egg, Markus; Pare, Christopher: Die Metallzeiten in Europa und im Vorderen Orient. Kataloge Vor- und Frühgeschichtlicher Altertümer 26. Mainz 1995

Erichson, Ulf; Weitschat, Wolfgang: Baltischer Bernstein. Ribnitz-Damgarten 2008

Finkenzeller, Karin: Fund bei Ingolstadt «nicht mit Geld aufzurechnen». In: Süddeutsche Zeitung vom 13. 07. 1996

Fuhrmann, Manfred (Hg./Übers.): Tacitus, P. Cornelius: Germania. Lat./Dt. Stuttgart 2007

Ganzelewski, Michael; Slotta, Rainer (Hg.): Bernstein. Tränen der Götter. Essen 1997.

Daraus:

- Barfod, Jörn: Bernstein in Volksglauben und Volksmedizin (S. 453–456)
- Döpp, Siegmar: Die Tränen von Phaetons Schwestern wurden Bernstein. Der Phaeton-Mythos in Ovids «Metamorphosen» (S. 1–8)
- Geerlings, Wilhelm: Die Tränen der Schwestern des Phaeton – Bernstein im Altertum (S. 395–399)
- Miron, Andrei; Miron, Auguste V. B.: Bernsteinschmuck und -amulette aus einem keltischen Fürstinnengrab (S. 427–430)
- Müller-Jahncke, Wolf-Dieter: Bernstein in der Medizin (S. 457–464)
- Slotta, Rainer: Die Bernsteingewinnung im Samland (Ostpreußen) bis 1945 (S. 169–214)
- Weisgerber, Gerd: Vor- und frühgeschichtliche Nutzung des Bernsteins (S. 413–425)

Giebel, Marion (Hg./Übers.): Plinius, d. Ä.: Naturalis historia/Naturgeschichte. Lat./Dt. Stuttgart 2011

Hinrichs, Kerstin: Bernstein, das «Preußische Gold» in Kunst- und Naturalienkammern und Museen des 16.–20. Jahrhunderts. Phil. Diss. Berlin 2007

Knopp, Guido; Hartl, Peter: Das Bernsteinzimmer. Dem Mythos auf der Spur. Hamburg 2003

Koenigswald, Wighart von; Hahn, Joachim: Jagdtiere und Jäger der Eiszeit. Fossilien und Bildwerke. Stuttgart 1981

Reinicke, Rolf: Bernstein. Gold des Meeres. Rostock 2008

Riedel, Gerd: Das Geheimnis des Bernstein-Colliers. Ingolstadt 1998

Waldherr, Gerhard H.: Nero. Eine Biografie. Regensburg 2005

Kapitel 3
Die Bernsteinstraßen im Mittelmeerraum

al-Maqdissi, Michel; Morandi Banacossi, Daniele; Pfälzner, Peter: Schätze des Alten Syrien. Die Entdeckung des Königreichs Qatna. Stuttgart 2009

Schliemann, Heinrich: Mykenae. Bericht über meine Forschungen und Entdeckungen in Mykenae und Tiryns. Leipzig 1878

Yalcin, Ünsal; Pulak, Cemal; Slotta, Rainer (Hg.): Das Schiff von Uluburun – Welthandel vor 3000 Jahren. Bochum 2005

Kapitel 4
Das Mykene Bayerns – Bernstorf, die versunkene Stadt

Hänsel, Alix: Das Bernstorf-Orakel. Eine lange Reise in der Bronzezeit. Hamm 2011

Moosauer, Manfred; Bachmeier, Traudl: Bernstorf – Das Geheimnis der Bronzezeit. Stuttgart 2005

Kapitel 5
Im Auftrag des Pharao – Ägyptische Handelsexpeditionen

Aufrère, Sydney: Études de lexicologie et d'histoire naturelle I–III. In: BIFAO 83 (1983), S. 1–17

Carter, Howard, Tut=ench=Amun. Ein ägyptisches Königsgrab. 2. Bd. Leipzig 1927

Daumas, François: Quelques notes sur l'Ambre jaune dans l'ancienne Égypte. In: CdE 46, Nr. 91 (1971), S. 50–58

Germer, Renate: Katalog der altägyptischen Pflanzenreste der Berliner Museen. In: ÄA 47. Wiesbaden 1988, S. 57

Germer, Renate: Die Pflanzenmaterialien aus dem Grab des Tutanchamun. In: HÄB 28. Hildesheim 1989, S. 78–82

Harris, John R.: Lexicographical Studies in Ancient Egyptian Minerals. Berlin 1961

Helck, Wolfgang; Otto, Eberhard; Westendorf, Wolfhart: Lexikon der Ägyptologie (LÄ). 7 Bände. Wiesbaden 1975–1992

Hood, Sinclair: Amber in Egypt (with pl. XVI.). In: Beck, C. W.; Bouzek, J. (Hg.): Amber in Archaeology. Proceedings of the Second International Conference on Amber in Archaeology, Liblice 1990. Prag 1993, S. 230–235

Schipper, Bernd: Die Erzählung des Wenamun. Ein Literaturwerk im Spannungsfeld von Politik, Geschichte und Religion. In: OBO 209. Göttingen 2005

Schulz, Regine; Seidel, Matthias: Die Finderringe des Tut-Anch-Amun. In: Daoud, K.; Bedier, S.; Abd el-Fatah, S. (Hg.): Studies in Honor of Ali Radwan. In: ASAE Suppl. 34, Vol. 2. Kairo 2005, S. 301–327

Scheele, Katrin: *Hnt (mAa) = Libysches Wüstenglas? In: GM 201 (2004), S. 87–90

Sethe, Kurt: Urkunden (Urk.) der 18. Dynastie. In: Historisch-Biographische Urkunden, IV. Abteilung, Band 2, Heft 5, Leipzig 1906 / 07, S. 8–11

Shaw, Ian; Nicholson, Paul: The British Museum Dictionary of Ancient Egypt. London 2008

Wiese, André; Brodbeck, Andreas: Tutanchamun. Das goldene Jenseits. Grabschätze aus dem Tal der Könige. Eine Ausstellung des Antikenmuseums Basel und Sammlung Ludwig in Zusammenarbeit mit dem Supreme Council of Antiquities Cairo, 7.3. bis 3. 10. 2004. München 2004

Internetquellen:

Digital Karnak: http://dlib.etc.ucla.edu/projects/Karnak

The Griffith Institute Archive, Oxford: Tutankhamun. Anatomy of an Excavation. The Howard Carter Archives. Photographs by Harry Burton: http://www.griffith.ox.ac.uk/perl/gi-ca-qsearch.pl

Kapitel 6
Detektivarbeit im Labor: Der Fingerabdruck des Bernsteins

Beck, C. W.: Applied Spectroscopy Reviews 22 (1), 1986, S. 57–110

Ders.; Wilbur, E.; Meret, S.; Kossove, D.; Kermani, K.: Archaeometry 8, 1965, S. 96–109

Ders.; Southard, G. C.; Adams, A. B.: Greek, roman and byzantine studies 9 (1), 1968, S. 5–18

Dies.: Greek, roman and byzantine studies 13 (4), 1972, S. 359–385

Bossart, Roman; Keller, Holger; Kellerhals, Hanspeter; Oelichmann, Joachim: Journal of Molecular Structure, 2003, S. 661 f. u. 319–323

Davies, Tony: Büchi NIRFlex N-500 and NIRWare. In: NIR news, Vol. 16, No. 2, 5. 2005, S. 5

Golloch, Alfred; Lühr, Christoph: Bernsteinanalytik. Analytiker Taschenbuch 21, 179. Berlin u. a. 2000

Lühr, Christoph: Charakterisierung und Klassifikation von fossilen Harzen, PHD Thesis. Duisburg 2004

Ders.; Golloch, Alfred: Near Infrared Spectroscopy (Burling-Claridge GR, Holroyd SE, Sumner RMW, eds). Proceedings of the 12th International Conference, Auckland, New Zealand. 2005, S. 207–210

Otto, M.: Chemometrie. Statistik und Computereinsatz in der Analytik. Weinheim 1997

Rice, Patty C.: Amber – the golden gem of the ages. The Kosciuszko Foundation Inc., New York, USA. 1993

Savkevich, S. S.: Phys Chem Minerals 7: 1. 1981

Kapitel 7
Die Himmelsscheibe von Nebra – gefunden am Knotenpunkt alter Handelswege

Meller, Harald (Hg.): Der Geschmiedete Himmel. Die weite Welt im Herzen Europas vor 3600 Jahren. Begleitband zur Sonderausstellung, Landesmuseum für Vorgeschichte, Halle (Saale) vom 15. Oktober 2004 bis 24. April 2005. Halle 2005

Ders.; Bertemes, François (Hg.): Der Griff nach den Sternen. Wie Europas Eliten zu Macht und Reichtum kamen. Internationales Symposion in Halle a. d. Saale 16. bis 21. Februar 2005. Tagungen des Landesmuseums für Vorgeschichte Halle Bd. 5. Halle a. d. Saale 2010

Schöne, Thomas: Tatort Himmelsscheibe. Eine Geschichte mit Raubgräbern, Hehlern und Gelehrten. 2. Auflage. Halle a. d. Saale 2008

Probst, Ernst: Deutschland in der Bronzezeit. Bauern, Bronzegießer und Burgherren zwischen Nordsee und Alpen. München 1996 / 1999

Zich, Bernd: Studien zur regionalen und chronologischen Gliederung der nördlichen Aunjetitzer Kultur. Vorgeschichtliche Forschungen 20. Berlin / New York 1996

Kapitel 8
Mitteleuropäische Handelsrouten in der Bronzezeit

Diemer, Georg: Der Bullenheimer Berg und seine Stellung im Siedlungsgefüge der Urnenfelderkultur Mainfrankens. In: Bayer. Lda. Bodendenkmalpfl. (Hg.): Ma-

terialh. Bayer. Vorgesch. Reihe A – Fundinventare und Ausgrabungsbefunde (1995) 78
Freeden, Uta von: Spuren der Jahrtausende. Stuttgart 2002
Jockenhövel, Albrecht: Bronzezeit in Deutschland. Stuttgart 1994
Menghin, Wilfried: Menschen, Zeiten, Räume. Stuttgart 2002
Probst, Ernst: Deutschland in der Bronzezeit. München 1999

Internetquellen:
Forschung zu Stonehenge und der Wessex-Kultur: www.wessexarch.co.uk/Spektrum der Wissenschaft: www.spektrum.de/alias/bronzezeit/eis-gibt-aeltesten-schuh-norwegens-frei/875187
Informationen zum Schuhwerk der Bronzezeit: www.deutsches-strumpfmuseum.de
Informationen zu Brotlaibidolen: www.archaeology.ro/mcs_brot.htm; www.tavoletteenigmatiche.it/indexdeu.html

Kapitel 9
Massaker im Tollensetal – Das älteste Schlachtfeld Mitteleuropas

Archäologisches Landesmuseum und Landesamt für Bodendenkmalpflege Mecklenburg-Vorpommern (Hg.): Mythos und Magie. Archäologische Schätze der Bronzezeit aus Mecklenburg-Vorpommern. Ausstellungskatalog. Schwerin / Lübstorf 2004
Bodendenkmalpflege in Mecklenburg-Vorpommern. Jahrbuch 1999, Band 47. Lübstorf 2000
Brinker, U.; Hauenstein, K.; Heinemeier, J.; Jantzen, D.; Krüger, J.; Lampe, R.; Lidke, G.; Lorenz, S.; Lübke, H.; Orschiedt, J.; Piek, J.; Schult, M.; Terberger, T.: A Bronze Age battlefield? Weapons and trauma in the Tollense Valley, north-eastern Germany. Antiquity 85, 2011, S. 417–433
Franz, A.: Gemetzel im Tollense-Tal. Bild der Wissenschaft 4 / 2012, S. 80–85
Jantzen, D.; Terberger, T.: Gewaltsamer Tod im Tollensetal vor 3200 Jahren. Archäologie in Deutschland 4, 2011, S. 6–11

Internetquellen:
http://www.phil.uni-greifswald.de/bereich2/histin/ls/ufg/projekte/tollensetal.html

http://idw-online.de/pages/de/news472358
http://www.ndr.de/regional/mecklenburg-vorpommern/tollensetal101.html
http://www.ndr.de/geschichte/kriegsendedemmin102.pdf
http://www.travelholics.de/auf-seerohrtiefe-die-torpedoversuchsanstalt-tol lensesee/

Kapitel 10
Im Land der Nebelgötter – Norddeutschland in der Bronzezeit

Egg, Markus; Pare, Christopher: Die Metallzeiten in Europa und im Vorderen Orient. Mainz 1995

Hänsel, Alix; Hänsel, Bernhard: Gaben an die Götter – Schätze der Bronzezeit Europas. Berlin 1997

Jockenhövel, Albrecht; Kubach, Wolf (Hg.): Bronzezeit in Deutschland. Stuttgart 1994

Jöns, Hauke; Lüth, Friedrich (Hg.): Mythos und Magie – Archäologische Schätze der Bronzezeit aus Mecklenburg-Vorpommern. Lübstorf 2004

Keiling, Horst: Die Kulturen der mecklenburgischen Bronzezeit. Museum für Ur- und Frühgeschichte, Schwerin 1987

Koch, Friederike (Hg.): Bronzezeit – Die Lausitz vor 3000 Jahren. Museum der Westlausitz. Kamenz 2007

Probst, Ernst: Deutschland in der Bronzezeit. München 1996

Purtul, Güven: Zeitreise durch die Pipeline. Süddeutsche Zeitung vom 28.4.2012

Internetquellen:
www.archaeologieportal.niedersachsen.de

Kapitel 11
Bernstein an der Samlandküste

Ganzelewski, Michael; Slotta, Rainer (Hg.): Bernstein – Tränen der Götter. Essen 1997. Daraus:

- Ganzelewski, Michael: Entstehung und Lagerstätten des Baltischen Bernsteins (S. 11–18)

- Ders.: Aufbereitung und Verarbeitung von Bernstein im Samland bis 1945 (S. 215–235)
- Geerlings, Wilhelm: Die Tränen der Schwestern des Phaethon – Bernstein im Altertum (S. 395–400)
- Kosmowska-Ceranowicz, Barbara: Bernstein – die Lagerstätte und ihre Entstehung (S. 161–168)
- Kostiaszowa, Zoja: Die Nachkriegsgeschichte des Kombinats für Gewinnung und Bearbeitung von Bernstein in Jantarnyi / Palmnicken (S. 237–248)
- Slotta, Rainer: Die Bernsteingewinnung im Samland (Ostpreußen) bis 1945. (S. 169–214)
- Ders.; Ganzelewski, Michael: Die heutige Bernsteingewinnung und -verarbeitung in Jantarnyi. (S. 249–268)

Graichen, Gisela; Gretzschel, Matthias: Die Prussen. Der Untergang eines Volkes und sein preußisches Erbe. Frankfurt a. M. 2010

Militzer, Klaus: Die Geschichte des Deutschen Ordens. Stuttgart 2005

Sonthofen, Wolfgang: Der Deutsche Orden. 800 Jahre Geschichte. Freiburg im Breisgau 1990

Voigt, Johannes: Geschichte Preussens, von den ältesten Zeiten bis zum Untergange der Herrschaft des deutschen Ordens. Erster Band. Königsberg 1827 (zitiert nach Google Books)

Wiedemann, Erich: Operation Puschkin. Die Jagd nach dem Bernsteinzimmer (I). In: Der Spiegel, Heft 48 / 2000, S. 76–98

Ders.: Operation Puschkin. Die Jagd nach dem Bernsteinzimmer (II). In: Der Spiegel, Heft 49 / 2000, S. 82–107

Internetquellen:

Reuth, Georg; Schwilk, Heimo: Der ewige Fluch des Bernsteinzimmers: www.welt.de/print-wams/article128249/Der-ewige-Fluch-des-Bernstein zimmers.html.

Wermusch, Günter: Sogar der Bundestag suchte das Bernsteinzimmer: www.berliner-zeitung.de/archiv/kurz-bevor-der-hobby-sucher-georg-stein-in-die-ddr-fluechten-konnte-wurde-seine-leiche-im-wald-gefunden-sogar-der-bundestag-suchte-das-bernsteinzimmer,10810590,9010232.html

Zekri, Sonja: Bernsteinzimmer. Stromschnellen in Buttercreme: www.sueddeutsche.de/kultur/bernsteinzimmer-stromschnellen-in-buttercreme-1.243295

Kapitel 12
Bernstein – ein magischer Stoff
Eigenschaften, Ursprung und Vorkommen

Barford, Jörn: Bernstein – Entstehung, Gewinnung und Verarbeitung. 3. Aufl. Husum 2008

Bock, Giesela Reineking von: Bernstein – Das Gold der Ostsee. München 1981

Botherroyd, Sylvia; Botheroyd, Paul: Das Bernstein-Buch – Die Tränen der Götter. Kunst, Schmuck, Medizin und Magie. München 2004

Clark, Neil D.: Mythos Bernstein. Darmstadt 2012

Ganzelewski, Michael; Slotta, Rainer (Hg.): Bernstein – Tränen der Götter. Essen 1997

Grzonkowski, Jens: Bernstein. 3. Aufl. Hamburg 2004

John, Johann Friedrich: Naturgeschichte des Succins, oder des sogenannten Bernsteins / 1. Köln 1816

Krumbiegel, Günter; Krumbiegel, Brigitte: Bernstein – Fossile Harze aus aller Welt. 3. überarb. u. erw. Aufl. Wiebelsheim 2005

Reinicke, Rolf: Bernstein – Gold des Meeres. 9. Aufl. Rostock 2008

Richter, Joannes: Der Brenner-Codex – Die Bernsteinstraße. BoD 2009

Rudat, Klaus: Bernstein – ein Schatz an unseren Küsten. Entstehung, Gewinnung, Verarbeitung. Husum 1985

Selden, Paul A.; Nudds, John: Fenster zur Evolution – Berühmte Fundstellen der Welt. München 2007

Weitschat, Wolfgang; Wichard, Wilfried: Szenen aus dem Bernsteinwald. Spektrum der Wissenschaft, Dossier 1 / 05, S. 74–82

Personenregister

Ortsregister

Die Autoren

Marina Anselm studierte Journalistik in Eichstätt und Moskau. Als freie Journalistin und Korrespondentin schrieb sie für «Die Welt» und «Welt am Sonntag» und arbeitete als Produktionsassistentin an mehreren Wissenschaftssendungen des ZDF (u.a. «Terra X»). Sie lebt in München und studiert dort Regie an der Hochschule für Fernsehen und Film. Für das vorliegende Buch schrieb sie das Kapitel «Mitteleuropäische Handelswege in der Bronzezeit».

Kathrin Gabler studierte Ägyptologie sowie Klassische Archäologie und Religionswissenschaft. Sie ist Promotionsstipendiatin der Studienstiftung des deutschen Volkes und promoviert derzeit an der LMU München über die bronzezeitliche Arbeitersiedlung Deir el-Medine. Für das vorliegende Buch schrieb sie das Kapitel «Im Auftrag des Pharao. Ägyptische Handelsexpeditionen».

Gisela Graichen studierte Publizistik, Rechts- und Staatswissenschaften und ist Diplom-Volkswirtin. Für das ZDF hat die Buch- und Filmautorin unter anderem die erfolgreiche Archäologiereihe «Schliemanns Erben» und die Wissenschaftsserie «Humboldts Erben» entwickelt. Sie lebt in Hamburg. Gisela Graichen wurde unter anderem mit dem Deutschen Preis für Denkmalschutz und dem Bundesverdienstkreuz ausgezeichnet. Für das vorliegende Buch schrieb sie die Kapitel «Goldene Zeiten – Die ersten Eliten im Herzen Europas», «Die Bronzezeit – eine weite Welt» und «Massaker im Tollensetal – das älteste Schlachtfeld Mitteleuropas».

Alexander Hesse studierte Publizistik, Politikwissenschaften und Betriebswirtschaftslehre in Frankfurt und Mainz. Er ist Geschäftsführer einer TV-Produktionsfirma in Köln. Von 2006 bis 2012 war er Redaktionsleiter für Geschichte und Gesellschaft beim ZDF. Zuletzt gab er den Band «Deutschlands Supergrabungen» heraus. Für das vorliegende Buch schrieb er die Kapitel «Im Land der Nebelgötter – Norddeutschland in der Bronzezeit» und «Bernstein – ein magischer Stoff. Eigenschaften, Ursprung und Vorkommen».

Dr. Timo Ibsen studierte Ur- und Frühgeschichte, Klassische Archäologie und Bodenkunde in Bonn und Kiel. Er ist Mitarbeiter des Zentrums für Baltische und Skandinavische Archäologie in Schleswig. Seit 2003 leitet er Ausgrabungen im Baltikum. Er lebt in Kiel. Für das vorliegende Buch schrieb er das Kapitel «Die Himmelsscheibe von Nebra – Tatort am Knotenpunkt alter Handelswege» und Teile des Kapitels «Im Land der Nebelgötter».

Dr. Christoph Lühr studierte analytische Chemie in Hannover und Duisburg. Seit 2001 ist er bei der Firma Büchi Labortechnik GmbH als Produktspezialist im Bereich Spektroskopie tätig. Er war Co-Autor des Analytiker-Taschenbuch-Beitrags über Bernsteinanalytik. Er lebt in Krefeld. Für das vorliegende Buch schrieb er das Kapitel «Detektivarbeit im Labor: der Fingerabdruck des Bernsteins».

Peter Prestel studierte an der Hochschule für Fernsehen und Film in München, Abteilung Dokumentarfilm. Seit 1986 ist er Autor, Regisseur und Produzent zahlreicher TV-Dokumentationen für den Bayerischen Rundfunk, den Südwestrundfunk und das ZDF. 2007 wurde Peter Prestel mit dem Deutschen Preis für Denkmalschutz ausgezeichnet. Für das vorliegende Buch schrieb er die Kapitel «Das Mykene Bayerns – Bernstorf, die versunkene Stadt» und «Die Bernsteinstraßen im Mittelmeerraum».

Sonja Trimbuch studierte Mittlere und Neuere Geschichte, Filmwissenschaft und Jura in Mainz und Wolverhampton (England). Sie ist Redakteurin im Ressort «Geschichte und Gesellschaft» beim ZDF und lebt bei Mainz. Für das vorliegende Buch schrieb sie das Kapitel «Bernstein in der Geschichte – Faszination und Mythos».

Stephan Zengerle studierte Diplom-Journalistik in Eichstätt und Valparaíso (Chile) und ist freier Journalist, Autor und Herausgeber sowie Fotograf. In den letzten Jahren arbeitete er unter anderem als Rechercheur und Aufnahmeleiter an zahlreichen historischen Dokumentationen unter anderem für das ZDF sowie BR, SWR und Arte. Für das vorliegende Buch schrieb er das Kapitel «Bernstein an der Samlandküste».

Bildnachweis

Stephan Zengerle: S. 12, 15, 17, 19, 74, 82, 98, 108, 116, 120, 123, 129, 136, 151, 158, 172, 178, 186, 196, 204, 206, 208, 213, 226, 234, 237, 241, 243, 246, 261, 266, 273, 280, 284, 289, 293, 298, 314, 316, 321, 327, 335, 339
Maximilian Schecker: S. 22, 28, 44, 142
Rainer Breuer: S. 30
Volker Minkus / Niedersächsisches Landesamt für Denkmalpflege: S. 39, 252
Plamp, C. / Museum für Vor- und Frühgeschichte, Berlin: S. 51
Fotograf: Peter Kneffel / picture-alliance / dpa: S. 56
GZG Museum: S. 61
© Wessex Archaeology: S. 64
Fotograf: DB Zwietasch / Frankenstein / picture-alliance / dpa: S. 90
Peter Prestel: S. 96
Fotograf: Krammig / picture-alliance / dpa: S. 149
Dr. Christoph Lühr: S. 163, 167ff.
aus: «Le Petit Prince» © Editions Gallimard, Paris, 1946: S. 166
Fotograf: Hans-Werner Hausmann, Universität Greifswald: S. 216
ARGE Archäologie NEL-West / Niedersächsisches Landesamt für Denkmalpflege: S. 251
Wikipedia / Gklug: S. 294
Karte: Peter Palm, Berlin: S. 366 / 367

Im Buch erwähnte vor- und frühgeschichtliche Fund- und Handelsplätze entlang der Bernsteinstraßen (Auswahl)

1 Demmin
2 Altentreptow
3 Helmsdorf
4 Kyffhäuserhöhlen
5 Nebra
6 Leubingen
7 Jantarnyi (Palmnicken)
8 Wiskiauten
St. Petersburg
(Leningrad)
Moskau
enogradsk (Cranz)
iingrad (Königsberg)
rk (Marienburg)
Lemberg
Wolga
Kaspisches Meer
Karpaten
Donau
Schwarzes Meer
Kaukasus
Halys
Boğazkale
(Hattuscha)
Vansee
Urmiasee
Troja
Athen
ykene
Nafplio
Peloponnes
Antalya
Taurus
Euphrat
Tigris
Ugarit
Qatna
Bagdad
Rhodos
Kap Uluburun
Kadesch
(Tell Nebi Mend)
Babylon
Zypern
Kreta
Byblos
Beirut
Syrische Wüste
Mittelmeer
Megiddo
Kairo
Memphis
Sinai
Nil
Östliche Wüste
Rotes Meer
Theben/Karnak
Luxor

MIX
Papier aus verantwortungsvollen Quellen
FSC® C014496

Das für dieses Buch verwendete Papier ist FSC®-zertifiziert.